项目基金：
中央高校基本科研业务费专项资助项目
"东南少数民族村寨景观遗产保护与研究"（课题号20720151150）

东南地区的村寨景观：历史、想象与实践

葛荣玲 著

厦门大学出版社 国家一级出版社 全国百佳图书出版单位

图书在版编目(CIP)数据

东南地区的村寨景观:历史、想象与实践/葛荣玲著.—厦门:厦门大学出版社,
2016.7

(东南族群关系与海洋文化丛书)

ISBN 978-7-5615-6190-4

Ⅰ.①东…　Ⅱ.①葛…　Ⅲ.①乡村地理-研究-中国　Ⅳ.①K928.5

中国版本图书馆 CIP 数据核字(2016)第 173041 号

出 版 人	蒋东明
责任编辑	薛鹏志
装帧设计	蒋卓群　张雨秋
责任印制	朱　楷

出版发行 厦门大学出版社

社　　址	厦门市软件园二期望海路 39 号
邮政编码	361008
总 编 办	0592-2182177　0592-2181406(传真)
营销中心	0592-2184458　0592-2181365
网　　址	http://www.xmupress.com
邮　　箱	xmupress@126.com
印　　刷	厦门市金凯龙印刷有限公司

开本	720mm×1000mm　1/16
印张	14.5
插页	2
字数	250 千字
印数	1~2 000 册
版次	2016 年 7 月第 1 版
印次	2016 年 7 月第 1 次印刷
定价	58.00 元

厦门大学出版社
微信二维码

厦门大学出版社
微博二维码

本书如有印装质量问题请直接寄承印厂调换

东南族群关系与海洋文化丛书总序

从"东南"到"南洋"：跨越世纪的再出发

张先清

　　凡是具有悠久学科传统的人类学、民族学研究机构，其学科发展几乎都与某个区域紧密联系在一起，形成一种"地缘—流派"的学术格局。相反，假若飘忽无根，则很难发展出连贯的学科积淀与学派风格，由此也不易被学界同行所认可。回顾厦门大学的人类学、民族学学科史，这一特征也颇为鲜明。除了人类学、民族学、考古学三科并重之外，厦门大学人类学、民族学所具有的另一个重要特色就是其一直以东南与东南亚地区作为重点研究区域，深挖根植。在相当长一段时期内，从南方民族史与百越民族史的历史民族志考察，到东南民族与海洋考古及东南地区畲族、回族、台湾原住族群以及客家人、疍民、惠东人等族群社会与文化研究，再到东南亚诸族及华侨华人的探索，围绕上述议题迄今为止已经历经了前后四代人、将近一个世纪的积累，成果可谓荦荦大观。

　　这种立足东南与东南亚地区的研究取向，是与当初厦门大学人类学、民族学、考古学科的创始人林惠祥先生（1901—1958）的学术构想分不开的。早在20世纪三四十年代，立志要在厦大发展人类学、民族学的林惠祥先生已经酝酿了一个庞大的研究计划，那就是以厦门大学所在的东南区域为中心地，着力研究这一区域的族群文化，然后由此扩展到广袤的"南洋"地区。在林惠祥先生看来，厦门大学地处东南，因此，本校的人类学、民族学发展方向应该重点研究分布在本区域的"畲族、疍民、黎族和台湾的高山族"。众所周知，畲族是分布于东南地区的一个主要少数民族，疍民则是东南地区极富特色的水上族群，至于台湾原住民，则更是理解南方族群源流上重要的一环。以上都是东南地区族群分布格局中的重要组成部分，自然是东南人类学、民族学首先要重视的研究方向。

在林惠祥先生的研究设想中，除了东南地区之外，"南洋"似乎又是重中之重。而且这两个区域在学术脉络上又是互联互动，不可分割的。他认为，东南地区与"南洋"即东南亚地区，在地缘与族缘上有着十分密切的关系。因此，厦门大学的人类学、民族学科也要注重从东南延伸到"南洋"，重点研究"南洋诸族"，因为"南洋民族繁多，地方广大，人类学材料极为丰富，欧美学者尚远来研究采集，中国东南部密迩南洋，自然更可就近取材"。他还特别指出，"我们如和这些南洋各民族互助合作，必须对他们的情况能够了解，所以对南洋民族应加以研究"。换言之，他很早就以一种学者的敏锐眼光，看到了东南亚区域在沟通海上通道与文化接触的枢纽作用，而中国要发展与东南亚地区的关系，推进地区间的互助交往，实离不开人类学的学科参与。厦门大学人类学、民族学以"南洋"为主要研究方向，还有不可多得的地利之便，"南洋到处都有华侨，如要到南洋做短期的采集考察或长期的居留研究，都因有侨胞的帮助而方便得多。华侨半数属福建南方人，又以厦门为出入港口，故厦门大学要做这种工作比别地大学容易"。他还认为，这也是一种学术反哺，因为"厦门大学原是南洋华侨创办的，本来应负研究南洋的责任"。此外，从民族考古学角度而言，在探讨大洋洲族群起源诸问题上，因为历史上东南与"南洋"族群互动的紧密关联性，也使得这一区域成为一个无法绕开的田野，"南洋太平洋民族的来源，究从何方，也是人类学上一个问题，这个问题的解决，似乎也须看华南，尤其是中国东南部的史前发掘。"

很显然，林惠祥先生所擘画的这个以东南与"南洋"为中心的研究计划，其构想是十分宏大的，而其背后所蕴含的学术价值也是十分突出的，对于今天我们发展人类学民族学科而言，至少有着以下两点重要的启发意义：

一是人类学研究中的区位坚守问题。人类学研究以田野为基石，因此无一不是依赖一定的区域社会，通过长久的研究以获取深度的地方经验，洞察地域人群的生活智慧，进而提炼出人类文化的一般规律。最先发展现代人类学的欧美各国，就是因为依托海外殖民地建立起了最早的一批稳定的田野点，撰写出了许许多多经典民族志，并形成了上述鲜明的"地缘—流派"格局，如英法学界的非洲与澳洲田野、美国学界的美洲、大洋洲田野、荷兰学者的印尼群岛田野，等等。一些欧美学者甚至坚持在同一个区域社会中开展长时段的田野工作，通过数十年的耐心沉淀，生产出杰出的学术成果，而这些长时段的田野点也相应地变成了人类学史上具有重要象征意义的名区。这方面一个经典的案例就是美国加州大学以赞比亚河谷为中心的长时段人类学田野调查计划（Gwembe Tonga Research Project，GTRP）。虽然这种在一个较为固定的区域中开展持久观察的研究方式，在当下这个讲究速战速决的时代似乎不合时宜，一些人类学者更热衷于天马行空式的田野旅行，或采用游击战策略，打一枪换一个地方，但窃以为，要真正达至对于人类文化逻辑的深度理解，除了这种长时段的田野外，确实别无他法可以更好地累积出丰富的民族志资料。这也是人类学科能真正对于世界文明做出贡献的必由之路。因此，对于中国人类学民族学科而言，目前应该大力倡导基于传统优势区位的田野研究，尤其是在这些田野点开展类似 GTRP 这样的长时段调查计划，以一种足够的耐心来经营我们的田野工作。在这方面，厦门大学人类学民族学科必须要坚守东南地区田野区位，这是我们必须紧握的沃土。

二是人类学研究中的海外民族志问题。人类学本质上是一门跨文化学科，因此不能只局限于研究熟悉的文化，否则就难以摆脱马林若夫斯基所谓的本文化束缚。凡能称为人类学强国的，必然都有着丰富的海外研究成果。而在相当长时期之内，中国人类学民族学因为缺乏这种必要的海外民族志调查与研究，由此也就无法积累起足够丰富的不同文化的民族志经验，从而完成应有的跨文化比较，自然也就无法自如地运用本文化的认知体系发展出更多的具有世界意义的核心学术概念。林惠祥先生在 20 世纪 40 年代提出要从东南到南洋，到东南亚去开展"南洋民族"研究，甚至明确点明有机会要做"长期研究"。尽管此处林惠祥先生所提的"南洋"研究，还离不开当时文化区域说的影响，但他应该是中国最早倡导并身体力行从事海外民族志的先驱之一。而且，他已敏锐地认识到东南亚民族志经验对于中国人类学发展的重要作用，尤其是有助于理解中国文明发展的一些核心问题。例如，他很早就认识到要理解中国南方民族起源问题，是无法绕开东南亚海外民族志研究，这种重视海外民族志研究的视野，也是他随后得以据此提出"亚洲东南海洋地带"这一统领性学术概念的原因。

由东南而南洋，尽管林先生英年早逝，幸运的是，他的继任者一直都没有偏离这个指导思想。20 世纪五六十年代，厦门大学人类学民族学学科广泛开展了畲族、回族、蜑民、惠东人等领域的研究，尽管在"文革"中有所中断，但 20 世纪 80 年代改革开放后，很快又重新恢复了东南研究传统，在百越民族史、东南民族史、东南畲族、东南回族、台湾原住族群以及惠东人、客家人研究方面，涌现出了一大批研究成果。此时期的研究视角，也逐步拓展到了东南亚地区,尤其是东南亚华侨华人研究方面。经过长时期的积累,可以说,厦门大学目前已经成为研究上述领域的重要中心。

这套"东南族群关系与海洋文化丛书"也是由林惠祥先生的思想延伸而出,它体现了新一代厦门大学人类学民族学研究者对于东南研究传统的珍视与继承。近年来,厦门大学人类学民族学科一直十分重视东南与东南亚地区研究,不仅每年的研究生田野实习工作都安排在东南地区进行,其中还克服重重困难,到台湾地区开展了为期七周的研究生密集田野实习,这在大陆高校中尚属首次。此外,借助厦门大学开展哲学社会科学繁荣计划的有利时机,我们也适时启动了"东南族群关系与海洋文化研究"这一研究计划,其初步设想是继承东南与"南洋"研究传统,围绕东南族群关系与海洋社会文化开展扎实的田野调查工作。编入本丛书的就是这个研究项目的第一批成果,其讨论范围主要包括东南民族村寨景观、东南民族艺术、台湾兰屿族群、东南海洋族群、东南科技考古以及东南汉人社区、客家民系等,这里面既有针对传统议题的新阐发,也有新问题的初步探索。

需要特别说明的是,本项目研究是厦门大学哲学社会科学繁荣计划的人类学专项组成部分,为此我们特别感谢厦门大学社科处的大力支持,尤其是陈武元处长,一直十分关心这套丛书的出版。当然,由于研究工作量大,时间仓促,书稿中一定存在着不少需要改进的地方,也请读者诸君指正。

目　录

图表目次

第 一 章

导 论

一、从中国传统村落到世界文化景观遗产

自从《世界文化与自然遗产保护公约》于 1972 年在联合国教科文组织（UNESCO）通过以来，世界上绝大多数国家都签约加入了这项旨在保护人类共同财富的工程。1992 年，联合国教科文组织世界遗产委员会第 16 届会议又决定将"文化景观"列入世界遗产名录，并强调人类社会文化在景观有机进化过程中的特殊意义。中国自 1985 年加入《世界文化与自然遗产保护公约》以来，一直把对文化与自然遗产的保护作为我国一项基本国策。我国是一个地域宽广、文化多元、多民族共居的国家，历史性的形成了多元共生的文化景观遗产，尤其是各种民族村寨文化景观，可谓是全人类的一笔宝贵财富。今天，中国的经济发展成为第三世界国家的样板，国际社会希望看到像中国这样"经济奇迹"的发展中国家，在民族文化遗产保护方面也能成为值得借鉴的成功范例。然而，随着我国经济的高速发展，农村现代化步伐加快，民族村寨文化景观遗产日益受到威胁，加速消失。

近年来我国加大了对具有民族、地域多元生态和文化特色的村落文化景观的保护力度。2005 年 10 月中国共产党第十六届五中全会提出了"美丽乡村"作为社会主义新农村建设的目标，要求"生产发展、生活宽裕、乡风文明、村容整洁、管理民主"，由此可见，美丽乡村不只是建设美丽的外在形貌，更重要的是在社会管理和可持续发展等经济、制度、社会文化层面达致良好预期。2010 年 11 月，由中国民间文艺家协会主持的中国民间文化遗产抢救工程重点项目——《中国古村落代表作》编纂工作在北京正式启动。2011

年,时任中国民间文艺家协会主席冯骥才在全国两会上提出,进一步加强对我国文化遗产的保护工作,落实对古村落的文化保护,从文化层面进一步提升我国的软实力。议案顺利通过,国家已经决定第一批要保护 2 万个古村落,其中重点保护 5000 个。在此基础上,从 2012 年起,由住房和城乡建设部、文化部、财政部三部门(后增加国家文物局、国土资源部、农业部、国家旅游局,共七部门)联手审查和支持的"中国传统村落"保护项目在全国范围内展开,并成立了包含建筑学、民俗学、艺术学、美学、经济学、社会学等领域专家的"传统村落保护和发展专家委员会"提供专业和学术支持。截至目前,共已评出四批传统村落名录由中央财政专项资金支持其保护和发展,这四批名录分别包含 646(2012 年)、915(2013 年)、491(2015 年),750(2016 年)个传统村落,可见其数量之大,范围之广。此外,在联合国教科文组织和世界遗产基金的推动下,一些"村落文化景观"保护项目(以贵州为主)在 2012 年初也开始尝试实施。

1992 年,世界遗产委员会召开专家会议,对《世界遗产公约行动指南》进行修订,将"文化景观"(cultural landscapes)正式加入世界遗产名录的申报范畴之中,弥补了世界自然遗产和世界文化遗产两分法的不足,使世界遗产名目的申报种类更加丰富和具有实践性意义。"混合遗产"或者"自然文化双遗产"(mixed heritage),便属这种混合遗产范畴。

根据联合国教科文组织的文件阐释,文化景观代表《保护世界文化和自然遗产公约》第一条所表述的"自然与人类的共同作品"。文化景观包含以下类型:

(1)由人类有意设计和建筑的景观。包括出于美学原因建造的园林和公园景观,它们经常(但并不总是)与宗教或其他概念性建筑物或建筑群有联系。

(2)有机进化的景观。它产生于最初始的一种社会、经济、行政以及宗教需要,并通过与周围自然环境的相联系或相适应而发展到目前的形式。它又包括两种次类别:一是残遗物(化石)景观,代表一种过去某段时间已经完结的进化过程,不管是突发的或是渐进的。它们之所以具有突出、普遍价值,就在于显著特点依然体现在实物上。二是持续性景观,它在当地与传统生活方式相联系的社会中,保持一种积极的社会作用,而且其自身演变过程仍在进行之中,同时又展示了历史上其演变发展的物证。

（3）关联性文化景观。这类景观列入《世界遗产名录》，以与自然因素、强烈的宗教、艺术或文化相联系为特征，而不是以文化物证为特征。此外，列入《世界遗产名录》的古迹遗址、自然景观一旦受到某种严重威胁，经过世界遗产委员会调查和审议，可列入《处于危险之中的世界遗产名录》，以待采取紧急抢救措施。

文化景观遗产的提出，表明景观的文化性，或者人类文化活动对于景观的重要影响获得了联合国的官方认可，人类以文化的方式对自然进行改造的能力和创造的结果，是人类共同的遗产。这一主张随即获得了世界各个国家的认同，中国也积极响应进行申报。

从联合国教科文组织对"文化景观"的定义与阐释可以看出，这种类型的遗产注重自然与文化的和谐，区域内文化景观的独特性、系统性与历史延续性，由此采用"整体性保护"原则可以对之产生行之有效的保护与发展。这些主张与我国传统村落的遗产精神不谋而合，为中国传统村落提供了与世界遗产保护工作接轨的契机，"整体性保护"原则对传统村落的保护工作也具有启发性。中国是个多民族国家，各民族分别经由历史的发展和相互的文化传播，形成了多元并存又相互影响的文化景观，这其中，村寨特别成为一个集生态、生产、生活、文化等多层单位为一体的传统社群组织单位，也是呈现地方整体性景观的单位。正如《尔雅》所云："邑外谓之郊，郊外谓之牧，牧外谓之野，野外谓之林。"中国的城郭景观和村寨景观，自有其特别的系统与组成方式。因此，将村寨景观作为一个文化遗产整体来考察，可以成为解读中国历史上形成的村寨这一基本社会单位的一把钥匙，尊重这一单位的整体性和经验性，有可能从中探寻其在新世纪的可持续发展之路。

然而，我国从"文化景观遗产"入手研究与保护中国传统村落仍旧任重道远。目前我国入选世界遗产名录的"文化景观"遗产只有 4 项。幸运的是，红河哈尼梯田文化景观于 2013 年 6 月 15 日已经成功进入世界遗产名录，这也是我国首项进入联合国教科文组织文化遗产名录的民族村寨文化景观类遗产。

对于我国多样性的村寨景观，需要社会各界的大力挖掘、研究，才能在世界舞台上展现这些村寨的魅力。在学术领域，需要地理学、建筑学、艺术学、景观设计等学科的研究成果，同时也需要民族学、人类学、民俗学深入的田野调查，解读村寨景观各自形成的历史及社会文化意义。在应用开发方面，需要杜绝旅游单边切入、规划照搬照抄、开发只重皮毛的现象。要做到这一点,首先要对景观、文化景观遗产以及景观人类学的一些概念有所了解,并对于一些个体村寨文化景观蕴含的历史文化脉络、族群认同纽带和非物质文化遗产精神进行民族志的调查记录。只有将概念与范畴、理论与实例相结合,才能更清晰地看到当前村寨保护和研究的文化脉络、时代脉络以及未来达致可持续性的发展脉络。

二、景观遗产与整体性保护原则

(一)景观遗产

"景观"一词在当今社会已经变为人们耳熟能详之词,一是因为大众旅游发展的如火如荼,人们对风景观光趋之若鹜,二是因为一些世界组织特别是联合国教科文组织的推动作用。"文化景观"成为世界文化遗产中的一种代表性类型,具体表述为"文化景观遗产是指被联合国教科文组织和世界遗产委员会确认的人类罕见的、目前无法替代的文化景观,是全人类公认的具有突出意义和普遍价值的自然和人类的共同作品。"[①]同时,"景观学"在一些学科中也在不断升温,特别在那些与地理学相关的学科和研究领域中。

"景观"概念在中西方不同的文化语境和价值观中有着不同的源流和意义。对"景观"一词进行词源学考释,我们就会发现,在中国古代,有"景"有"观",却无二字连缀之用法,《辞源》中甚至没有"景观"条。《辞海》、《现代汉语词典》虽有条目,却大都是现代的解释,且将其定位于自然类型的景色,语义与"景致"、"景物"、"景色"相通或相近。《说文解字》释:"景,光也,从日京声",清代段玉裁对《说文》之释注为:"日光也。日字各本无。依文选张孟阳七哀诗注[②]订。"因日月之外皆有光,而光所在处物皆有阴,因而后人名阳曰

---

① "文化景观"这个概念于 1992 年 12 月在美国圣菲召开的联合国教科文组织世界遗产委员会第 16 届会议时提出并纳入《世界遗产名录》中的。从此,世界遗产被分为自然遗产、文化遗产、自然与文化复合遗产和文化景观。文化景观代表《保护世界文化和自然遗产公约》第一条所表述的"自然与人类的共同作品"。

② 颜延年《登石门最高顶》中诗文:"神行埒浮景,争光溢中天。"张孟阳注曰:"浮景忽西沉"。载《文选》卷二十二。

光，光中之阴曰影。由此，"景"由原先的"光"之义渐渐引申为"影"之义。在中国古代景亦即"影"，指日影，原系古天文学测日定时的一种仪器日晷，有"测景日晷"之称，[①]所谓"立等见影"即对其之生动描述。从景的构形来看，"日"取意，"京"取音。所以，最早的"景"就是根据日而来的。由于它是用来观天计时的，故所观之"景"涉及我国最早时空制度——宇宙观，即通过"天象"（空间）以确定"地动"（时间）——契合哲学上的宇宙论，正如《淮南子·原道训》所云："紘宇宙而章三光。"高诱注："四方上下曰宇，古往今来曰宙，以喻天地。"

今天人们使用的"景观"却是一个典型外来词的中文现代译用。简单来说，景观（landscape），有时也被翻译为地景，指的是人们从某个地点所能观看的地球的某部分表面[②]，因而，景观包括两个部分：被观看的景（地，land），和对景的视觉理解与成像（scape）。在人文地理学者克莱斯维尔（Tim Cresswell）看来，景观的特殊之处在于"观者位居地景之外"[③]。"景观"一词最早出现在希伯莱文本的《圣经》（the Book Psalms）中，用于描述耶路撒冷（包括所罗门寺庙、城堡、宫殿在内）的总体景致。"景观"英文为 landscape，德文为 landachaft，法文为 payage。据考，Landscape 的古英语形式如 Landscipe、Landskip 等，同源的有古日耳曼语系的如古高地德语 Lantscaf 等，它们的本义无不与土地、乡间、地域、地区或区域等相关。英语中的 landscape 一词的意义还与荷兰绘画艺术有渊源关系。在荷兰语中，landschap 指的是大陆自然风景或者乡村风景绘画。16 世纪荷兰兴起了摈除人物的新写实主义绘画取向，并一时引领了欧洲画风。荷兰语 landschap 最早仅指"地带，或者一片土地"，后来在艺术家们的实践中，开始增加并强调具有"艺术感觉"的"描绘地上风景的绘画"意义。[④]被介绍到英国之后，landscape 一词便与"自然风景"或"景色"（scenery）、如画（picturesque）等意思关联起来。

---

① 潘鼐主编：《中国古天文图录》，上海：上海科技教育出版社，2009 年，第 9 页。

② D. Cosgrove, *Social Formation and Symbolic Landscape*. London：Croom Helm, 1984.

③ T. Cresswell, *Place：A Short Introduction*. Oxford：Blackwell Publishing, 2004. p. 10.

④ E. Hirshand M. O'Hanlon, *The Anthropology of Landscape：Perspectives on Place and Space*. Oxford：Clarendon Press，1995. p. 2.

在西方的语义中，景观从形式上来说应该至少分为三类：

1.纯粹自然之景，是指尚未被人类所触及的自然景观，例如无人居住的沙漠、冰原、火山等；

2.人为雕琢之景，是经由人类生活实践开垦和建设起来的居住环境，例如梯田、民居、神庙等；

3.观看意象之景，是人们通过观察、观看，借由自己的文化背景等形成的对景观的意象解读，既包括对纯粹自然之景的解读，也包括对人为雕琢之景的解读。

可以看出，不论是在中国还是在西方语境中，人与景观之间是一种密切互动的关系。即便是纯粹自然之景，没有人观看，也就谈不上景观的存在。中国传统中，与景观一词比较接近的是"山水"，更多强调的是一种无我之境，在自然面前忘乎自我的一种境界。另外一个与"景观"有关的词是"园林"，与山水相比，更多体现了景观中人的参与的因素。

人类与景观的互动有多种形式。"艺术是人类能够得以认知景观的原初方式"[①]，人类对于景观的欣赏和感知，自古以来就在不断尝试。在人们远距离旅行活动受限的时代，人类的祖先通过风景画来获得对景观的认知和旅行。17世纪的荷兰绘画如此，中国古代山水画的盛行也能说明这一点。人们通过艺术作品、教堂彩绘、来自远处的传说、纪念品等，对景观进行丰富的想象、欣赏和敬畏。《山海经》就是古代人们通过想象来了解世界奇景的一个典范之作。随着人类活动范围的扩展和交通水平的发展，人们对于景观的认知有了新的方式，例如建造园林、围场狩猎、旅行等等。

由此可见，景观是一个包含了规划、风水、园林、旅游、休闲等诸多内容的概念，也包含了古代与现代文化遗产的交错，中西方文化价值的交汇，以及地理学、历史学、社会学、心理学等多学科的交叉。景观不仅仅是对景之观，更是对人之观，人与景、自然与文化互动共生，构成了景观的整体性、系统性与延续性，这也必然要求"整体性保护"作为文化景观遗产的保护的方法论原则。

---

① N. Graburn：《旅游与景观》，葛荣玲译，载刘冰清、徐杰舜、吕志辉主编：《旅游与景观：旅游高峰论坛2010年卷》，哈尔滨：黑龙江人民出版社，2011年，第45页。

（二）整体性保护的原则

在景观遗产保护领域，"整体性保护"已成为核心要旨。1931 年,《关于历史古迹修复的雅典宪章》中已经出现了对遗产的整体保护思想,不仅是历史古迹本身,其周围的环境、生长的族群和景观结构都应当得到保护。1962年,法国制订了第一部保护历史性街区的法令,"区域性整体保护"的概念被提出,1964 年《国际古迹保护与修复宪章》(《威尼斯宪章》)继承并强调了《雅典宪章》古迹及环境整体保护的思想。1966 年,日本制定《古都保护法》规定,除了个别的历史遗迹,一个古都的历史"风貌"也应该作为整体性对象得到保护。整体保护的思想在 20 世纪 60 年代得到世界公认。[①] 景观的整体性保护,意味着对一个对象的自然景观、文化景观、非物质文化景观的全面挖掘,并且努力探究它们之间互为印证的关系机理,以了解人在适应和改造环境过程中生产的景观形态和形成的文化意义。

景观与时、空相通,与天、地相连,与人、文相关,要想解读和诠释文化景观遗产,我们必须考虑微观与宏观、自然与人文、中西与古今、主位与客位多重视角的结合,方能观之要义。除了地理学、美学、园林学等直接进行景观操作的学科和方法,以整体观和比较法为基本原则的人类学,为考察景观的整体要义,贯通景观的时空宇宙观、人文价值观、语义文脉观等,也提供了具有全视视野的理论视角和方法论。

三、人类学的视角与经验

众所周知,人类学是个遵循"整体观"原则的学科,同时,又是个讲究"文化多样性"的学科。在人类学家看来,一个社会的生态区位、文化表征和内在价值观往往是一个相辅相成、整体性的存在,一些独特的文化景象一般都有其社会文化脉络的支撑。同时,立足于田野方法的考察,人类学者通过民族志描述,将一个个社会文化案例的独特性呈现出来,从而表现出人类文化的差异性与多样性、丰富性。应用于村落文化景观研究领域,人类学既可以

[①]　肖竞:《历史村镇文化景观构成与保护研究》,重庆大学硕士学位论文,2008 年,第 12 ～13 页。

从整体观视角理解和阐释文化景观的整体性，又可以从田野方法入手，呈现民族志案例的多样性，发掘对于村落文化景观进行差异化管理的可能性，从而具有学术与实践的双重指导价值。

然而从学科发展史上来看，早期人类学对于景观的专门性研究却是隐性的、跳跃的、不连贯的。最早的研究可以追溯到路易斯·摩尔根（L. H. Morgan）在 1881 年出版的最后一本著作《美洲土著的房屋与家庭生活》，书中考察了易洛魁印第安人的"长屋"（longhouse）及其聚落环境。长屋的形式与易洛魁人的世界观、家庭秩序、宗教信仰等社会组织形式密切相关。易洛魁人称自己为"长屋的民族"[①]，可以看出建筑景观对于族群认同的重要象征意义。可惜的是，摩尔根对于原住民住屋和聚落的人类学研究视角在人类学学科上没有得到提炼和延展。20 世纪 50—60 年代，爱德华·霍尔（E. Hall）提出了跨文化交往中人与人之间的空间距离的四重划分法[②]，令人耳目一新，也暗含了人类学对于非物质性的社会交往景观的研究新视角。有意思的是，这一时期的建筑学家、人文地理学家首先认识到了人类学对于景观研究的重要价值。拉普卜特（A. Rapoport）将摩尔根的长屋研究重新挖掘出来，结合罗伯特·雷德菲尔德（R. Redfield）的"小社区"、"乡民社会"等概念及对詹克姆村空间变迁的研究等案例，将人类的建成形式包括住屋和聚落划分成三种类型，即"原始型"（primitive）、"前工业乡土型"（pre-industrial vernacular）及"高雅和现代型"（high style and modern）[③]，并在现代化背景之下开始倡导建筑多元主义。

1989 年 6 月，伦敦政治经济学院[④]召开了一次主题为"关于景观的人类学"[⑤]的学术会议，来自各个不同领域的专家学者一致认为，景观的人类学时代已经来临。赫希（Eric Hirsch）和汉隆（Michael O' Hanlon）基于此次会议

---

① L. H. Morgan, *Houses and House Life of the American Aborigines* (1881), Re-published Chicago：University of Chicago Press，1965. p. 34.

② E. T. Hall, *The Hidden Dimension*. （1966）Re-published New York：Anchor Books，1990. pp. 116-125.

③ A. Rapoport, *House Form and Culture*. Upper Saddle Rivers，N. J.：Prentice Hall，1969. p. 8.

④ London School of Economics and Political Science.

⑤ The Anthropology of Landscape.

的研究成果,主编了论文集《景观人类学:关于地方与空间的观点》①,成为景观人类学的开山之作。不独有偶,本德尔(Barbara Bender)于 1993 年编辑出版了《景观:政治与视角》,②汇集了地理学、人类学和考古学学者的诸多研究成果,探讨人们在与周围世界的接触中通过经验而创造出来的各种景观,这种创造因时因地而变,人类赋予了景观以主观性、复杂性和权力色彩。至此,景观成为人类学研究的主题,在 20 世纪 90 年代初凸显出来。

人类学者不只是在民族志撰写中作为外部观察者描述对象的环境世界和的景观意象,而是关注当地人在他们的生活场域中按照各自的经验和记忆形成的对生活世界的多样性认知,而这些认知与外部观察者在头脑中形成的景观意象通常并不一致。③

因此,景观人类学对于景观的研究,不同于建筑学、景观规划等学科将景观作为人类认知的客体和可塑的意象来研究,而是注重对具体田野案例的考察并在此基础上探究本地人对于生活环境的经验、记忆与认同塑造。不同的地方、不同的历史形成了不同的景观,以及生活在当地人群对于景观独特的理解、感知、想象和实践方式。在大众旅游蓬勃发展的今天,许多地方都在整合自己的景观资源进行旅游事业的发展。然后整合的方法、标准、策略却不应使用一套管理模式来对待之,否则地方景观的多元化、差异化吸引力也就消失了。针对具体的社区、人群,采用田野方法调查其殊异性,挖掘其背后的历史文化意义,观察其居民人群的意义阐释与行为实践特色,是找到因地制宜差异化管理景观的可行之路。

通过对本地人居住观念与生态观念的调查,人类学者可以帮助制定更加符合本地文化习俗的可持续性社区发展计划。在这方面人类学已经有许多的尝试和成功经验。小乔治·埃斯伯(George S. Esber,Jr.)与阿帕契印第安人一起设计房子就是其中一个比较有名的应用人类学案例。埃斯伯在就读人类学研究生期间,美国正在进行对本土印第安人的社区改造和住房改善工程,从事改造工程的建筑设计人员并没有按照当时流行的美国中产阶级住房样式进行统一规划,而是先委托人类学者进行本地社会文化的调

---

① E. Hirsh and M. O'Hanlon (eds.), *The Anthropology of Landscape:Perspectives on Place and Space*,Oxford:Clarendon Press,1995.

② B. Bender (ed.) *Landscape:Politics and Perspectives*,Oxford:Berg,1993.

③ 河合洋尚:《景观人类学视角下的客家建筑与文化遗产保护》,《学术研究》2013 年第 4 期,第 55～56 页。

查,从而设计出适合当地人社会文化习俗的新居与新社区。[①] 正在读人类学硕士学位的埃斯伯,受阿帕契社区设计人员委托,通过长达半年的田野调查,发现阿帕契人有一些特殊的生活习俗,比如生活空间完全公开,成员之间的互相观察和评价是指导当地人行为的准则,经常性招待客人等等,因此得出结论,新的阿帕契社区不能按照美国白人的住房模式来设计,而是要保证空间的公开性,厨房与生活空间的通连性和厨房碗柜等用具的大尺寸等等。埃斯伯花费的半年田野调查时间被证明是物有所值。新社区规划在改善阿帕契人生活条件的同时,本地传统、文化习俗、族群认同都得到了维护。经由人类学者的预先考察,坚持从本地人的视角进行景观的整治,则地方景观的整体性、延续性、文化传统都得到了保障;从超越地方的视角来看,地方文化景观的多样性也得到了保护。

在中国,村寨社区同样是一个集生态、生产、生活、文化等多层单位为一体的传统社群组织单位,也是呈现地方整体性景观的单位。将民族村寨景观作为一个文化遗产整体来考察,不仅可以解读其历史和文化意义,而且相对尊重了这一单位的整体性和经验性,继而可以探寻其在新世纪的可持续发展之路。

四、东南地区的村寨景观

2015 年 8 月,厦门大学"中央高校基本科研业务费专项资助项目"批准资助"2015 年度校长基金·专项项目(人类学与民族学系)"八项课题,从族群、艺术、景观、民间医疗、民族植物学等方面系统展开对中国东南地区的民族志调查,我们所进行的是"东南少数民族村寨景观遗产保护与研究"(课题号:20720151150)项目。人类学曾经流行过一阵"文化区"的概念。单个的村寨自有其殊异性,但是一个地区的村寨也有其相似性。借由课题经费的资助,在短短的半年时间内,我们选取了福建、浙江、安徽等东南地区的 8 个传统村落社区案例,进行了仓促而密集的田野调查,采用了"整体观"与"多

---

① G. S. Esber, Jr., Designing Apache houses with Apaches. in Robert M. Wulff & Shirley J. Fiske (eds.) *Anthropological Praxis: Translating Knowledge into Action.* Boulder, Co: Westview Press, 1987. pp. 187-196.

样性"两个人类学视角进行分别的资料搜集和描述,并在此基础上进行比较,总结东南区域的村寨景观是否存在一些共性。

(一)福建的六宗个案

具有"八闽"之称的福建,具有多山傍海的地形,陆地多为山地丘陵,闽江、九龙江、晋江、汀江游走其间并汇入台湾海峡。海岸线达3000多公里,岛屿上千个,蜿蜒曲折的海岸线与众多岛屿形成了众多优良港湾,特别是适宜大型轮船停靠的深水港湾有20多处,因而自古以来就成为海上丝绸之路的起点,连接起中国与东南亚、西亚、东非等地区的贸易网络,同时也在陆上丝绸之路起到重要作用,并且成为主要的侨民来源地。福建民族组成以汉族人口为主,畲族为最大的少数民族,占比约1‰,此外还有少量回族、满族人口,但是因为多山的内陆地理环境,山地与海洋生态的共存,以及长期以来陆路交通的不便,汉族内部群体分化明显,形成了多个汉族亚群体,如客家、疍民等支系以及方言群为特征的闽南、闽东、闽北等语言文化群体,由于历史原因而归国的一些华侨也聚居形成了自己的社区。这些山地、海洋、少数民族、侨乡等不同群体,历时性地形成了各具特色的村寨聚落或者族群社区,既有共性,也有相当大的差异性。

位于泉州湾北岸、晋江入海口的蟳埔,是一个比较典型的渔业村落社区,展现出以"渔"为主的地貌与聚落景观特色。在景观人类学研究中,地名(place names)与地志谱(topogeny)①分别是地方景观形态与地方起源记忆的重要表征。考察其地名"蟳埔"(应为"蟳浦")二字,就能看出这个村落作为大江入海口、盛产蟹类的滩涂景观形貌,虽然近几十年来蟳埔经历了填海造地、修建工厂以及现代房地产、滨海公园等建设发展,我们仍旧能从其物质性的村寨建筑景观(蚵壳厝)、口头记忆、岁时习俗、人生礼仪等非物质文化遗产景观,以及其生计、交换、饮食等生活行为中观察到其传承至今的渔业景观形貌。作为一个渔业社区,蟳埔与相邻的其他社区建立了长久的交

---

① James J. Fox, "Genealogy and Topogeny: Towards an Ethnography of Rotinese Ritual Place Names", inJames J. Fox(ed.) *The Poetic Power of Place: Comparative Perspectives on Austronesian Ideas of Locality.* Canberra: Australian National University, 1997, pp.91-102. 转引自胡正恒、余光弘:《兰屿的地名:兰屿地志资料库介绍》,《民族学研究所资料汇编》第20卷,2007年,第185页。

换网络,形成了以水源、食物、修建房屋及装饰物品等资源为基础的互惠交换体系,并且在这一体系中通过保有一定的身体表征和祖先记忆来固定自己的交换位置和身份认同。我们看到,尽管蟳埔与周围的法石、云麓、后埔、东梅等社区比邻而居,却各自掌握不同的生计与交换资源,而且分别形成了不同的身份认同和通婚圈。在祖先叙事与身体装饰上,蟳埔人保留了大量关于对阿拉伯祖先的想象与记忆,这些行为不仅是对于曾经所处丝绸之路起点的历史追忆和口传佐证,也可以看做是蟳埔人谋求身份认同和互惠交换的一种方法。

百崎回族乡是福建省唯一的一个回族乡,乡政府所在驻地为白奇村,同样位于泉州湾北岸,地处泉州湾另一大江洛阳江的入海处,三面环海,因而也有着一些海洋渔业社区特征。与蟳埔相比,百崎具有更强烈确实的阿拉伯历史记忆,它是古代泉州港所居阿拉伯商人后裔与汉人通婚之后形成的族群,至今仍保留大量的墓碑、信仰、饮食等伊斯兰文化遗存,与蟳埔相比,其工商业传统和伊斯兰民族特色更为明显。因为长时间与汉人通婚,再加上历史上一些强制改俗政策,百崎人已经接受了大量汉族文化,比如修族谱、祖祠,进行祖先崇拜,甚至食猪肉等等,但是,随着近年来回族身份的官方认定,回族特色民族乡的打造与旅游开发的激励,百崎人正在慢慢试图重新建设自己的族群文化景观。在仪式过程中禁食禁用猪肉猪油,用开水烫洗三遍的方法来洁净餐具,从西北地区请来阿訇协助丧葬礼仪和念经,使用更多带有伊斯兰文化特色的建筑符号等等,都体现出百崎人逐渐向族群身份本位靠拢的决心。由此,我们看到了一个正在走向族群化、向阿拉伯祖先的记忆与想象逐步靠拢并变成现实景观的社群的努力。这可能是由旅游情境促成的族群认同景观建构的一个鲜活案例。

红砖厝可以说是闽南独特的聚落建筑文化景观,在厦、漳、泉地区都有广泛分布。而台湾的金门县因为有大量保存完好的红砖古建筑,甚至被人称为闽南红砖建筑文化的博物馆。两岸红砖古厝相互辉映,体现出文化上的同根同源与长期持续互动交流的历史。近些年来,随着城市化、乡村建筑现代化改建等进程,闽南地区的红砖厝已经变得零落,完整的红砖厝聚落景观已不太容易寻找。厦门市翔安区曾厝村等村落是红砖厝整体性保留较好的村落。调查和比较,我们看到红砖厝建筑景观印刻着闽南人很深的文化记忆,从而变成维系两岸同根认同、传承宗族伦理秩序、存留民间信仰空间依据、纽系华侨故乡情结的依托。

厦门市同安区的竹坝华侨农场,同样通过景观实践来承担深厚的记忆、自我认同与他者的想象,并且在今天的旅游情境中将这份记忆与想象打造成社区可持续发展的生态项目。华侨农场是在特殊历史时期以特殊政策作为支持建立起来的机构,一开始是国营事业单位,居民主要以东南亚归侨为主。因为其管理制度和居民来源的特殊性,华侨农场形成了"飞地"景观形态,归侨的认同带有回而不归、与地方保持清晰社会边界、对侨居国具有记忆等色彩,而来自不同侨居国的归侨之间相互也形成了一些边界,这对于他们的社区生活、社会关系、家庭模式产生了影响。它的管理制度随着时代的变化而改变,经济方式和居民的社会生活也在发生改变。如今,竹坝华侨农场不仅开始试图融入当地生活,走向市场,还通过旅游开发来将自己的南洋记忆转换为游客想象,来获取新的经济发展,把农场最终建设为自己的家园。

武夷山下梅村是一个传统的汉人村落,它紧靠著名的世界遗产地武夷山风景区,又曾经是古代茶叶丝绸之路的起点。曾经的茶市兴盛,聚集了百姓来居。宋朝的朱熹在这里游历,清朝的商人在这里建起富丽的祠堂和民居。美丽的梅溪绕村而过,当溪贯穿其中,具有山地水乡的风采。上百年的雕花门楼、厅堂楼阁、戏台花园、祠堂巷道保存完好。不管是从自然风景还是人文景观来看,下梅村都是一个非常出色的传统古村落。它的茶市生计与当地自然生态、茶叶种植紧密相关,立足于本地,同时又与晋商、江西商人、甚至远至蒙古、俄罗斯的异国商人联系起来,作为一个重要的结点生存于世界的商贸网络之中。它既有着悠久的历史、古典而融合的文化,也敢于重新开启一条新的生存之路,走向旅游市场。资本和游客的到来使下梅村重新与外在世界联系起来,为村民的生活带来了机会也带来了苦恼。下梅村目前采用公司经营、景区门票模式,它所面对的问题正是中国大多数古村落在旅游开发中所共同面对的。

闽东宁德的上金贝村是一个畲族村寨,已经获得国家民委"少数民族特色村寨"授牌。闽东和浙南是我国畲族人口最为集中的地区,这两个地区虽然在行政上分属不同的省份,但是在地理区位上却是相连的,畲族人民在这一片绵延的山地丘陵之间已经生活了上千年,形成了自己的文化特色,同时也受到所在地区汉族文化的影响,因而宁德畲族村寨景观往往具有民族性与地方性两种交错并存的特色,汉人带有宗族组织特性的"厝"与畲民的传统建筑"寮"逐渐融为一体,祠堂、庙宇等信仰空间也同样兼具两者文化的特色。上金贝村的几十户住宅采用的正是瓦寨这种民居类型，中间坐落着祠堂，村后设有佛教的寺庙和受到绝对保护的风水林，村中穿插着各种民间信仰的宫庙。在近些年来的开发建设中，上金贝既得到了政府和各种资金的支持，但是也在景观翻新过程中出现了向徽派偏离的问题。我们经过与当地人和当地政府的商量，做了一个通过建立村寨博物馆来重回畲族文化景观、鼓励村人重识传统的尝试。考虑建设需要兼具民族村寨传统和博物馆功能，我们对整个闽东地区最为典型的畲族村落和代表性建筑类型进行了考察，选取了宗祠、大厝、廊桥等元素来设计一个半开放、与自然交融对话的活态博物馆。虽然设计未能落实，但是这次尝试为人类学民族学的应用提供了经验。

(二)安徽的传统村落个案

安徽省黄山市徽州区的唐模是个具有典型徽州古村落风格的古村镇，曾经是徽商古驿道的重要一站。村落景观具有历史层累性，拥有众多百年以上历史的建筑群，村落整体布局也体现出汉人风水理念和徽州传统文化特色。古树古井、山林谷底相结合的自然景观，以稻田农耕、徽商传统为主的生计景观，以古寺、古祠、古民居为主的建筑景观，以水口、亭台、古桥、池湖为主的园林景观，构成了唐模村落文化景观遗产的整体风貌。徽商、宗族、儒学是唐模文化景观遗产的核心关键词。唐模紧邻黄山风景区、歙县古城、棠樾牌坊群等著名景点，以及 2015 年新开通的"最美高铁线路"合福高铁段，自身也保留了较多古建筑，已经获得"中国历史文化名村"、"中国传统村落"、国家 5A 级景区称号，入选黄山市"百村千幢"古村古民居保护利用工程，因而唐模的遗产旅游开发具有得天独厚的优势。目前由安徽省旅游集团投资经营的唐模景区、法国家庭旅馆等项目，为唐模带来了新的开发思路，也添了一抹异域浪漫的色彩。不管是明清时期经营盐茶生意与异地异邦人交往，还是修建宗祠学馆支持家族子弟从儒入仕，以及今天开发旅游市场引入法国概念吸引各地游客，出租茶山招商引资修建博物馆，唐模人都将自己与整个世界沟通连接起来，从来就不是个封闭自足的村落。古村落及古民居保护工程为唐模旅游开发带来了机遇，也带来了挑战，村人一面纠结于住居被管制的不自由，一方面也从去年开始以经营农家乐等方式初步尝试加入旅游市场，在生计调适与文化主体性发挥方面崭露头角。

（三）浙江的生态博物馆实践

生态博物馆是在 20 世纪 70 年代由法国学者提出的新型博物馆概念。中国自 20 世纪 90 年代以来从贵州民族地区开始了进行建设生态博物馆的尝试，之后又推广到广西、内蒙古等其他民族地区。由于种种原因，这一西来的概念在中国的在地化实践遭遇了很大的挫折与挑战。自 2009 年开始建设的浙江安吉生态博物馆是中国第三代生态博物馆，也是在东部沿海地区的首次尝试。在安吉案例中，基于地域生态为基础的生计产业概念成为生态博物馆进行"在地化"尝试的重要观照点，并且取得了一些成功。这为先前中国生态博物馆建设过程中过于强调族群、文化、展演、旅游开发的思路提供了一个替代性选择。文化的延续需重新引入生计思维，以生态博物馆原义所代表的"整体纽带"思维作为中国生态博物馆在地化实践的理念依据，这一点是安吉案例带给我们的非常有价值的启示，我们也将这种整体观思维和生态、生计、文化相结合的思路应用于上金贝的博物馆设计中。

五、结 论

课题组所调查的村落社区，既有少数民族类型，例如泉州的百崎、宁德的上金贝，也有汉人的亚群体村社，例如泉州的蟳埔渔村，还有归侨建立的"飞地"社区，例如厦门同安的竹坝农场，当然也有一些传承汉人文化传统的古村落，如安徽的唐模古镇、闽南的红砖厝聚落、武夷山的下梅村，以及以整体性理念为主导正在尝试生态博物馆建设的浙江安吉村落群等等。它们在地理生态环境、生计方式、建筑景观、传统风俗、群体认同上各有不同，但是，奇妙的是，它们又暗含着一个相同之处，那就是，它们都存在一个既立足自身，又想象他者的努力，而这一努力，在它们各自的景观表达上都有所体现，或者是通过历史记忆与传说，或者是通过当前的景观符号的构建实践。百崎乡的人们在建构自身回族身份的同时，在汉人宗族文化与阿拉伯后裔想象上寻找着妥协之路；蟳埔妇女坚毅地扛起打鱼卖鱼的海洋生计担子，同时又将美丽的鲜花簪在自己头上，用身体表达与本地的阿拉伯人引入鲜花的历史传说对接起来；闽南的红砖厝在东南一隅守望着中原的伦理道德，又与金门一道形成了两岸同根同源的认同景观；青白流芳的徽式古村落唐模在想象和嫁接着法国家庭旅馆的意象；武夷山的下梅村在回忆当年茶市流转繁华景象，远洋去俄罗斯的航船鸣笛似乎还能依稀闻见；竹坝的归侨农场一面在踏实地进行农业生产，一面在装点着自己的南洋风情；宁德的上金贝畲寨、安吉 30 多个村落组成的庞大的生态博物馆群，一面践行着美丽乡村、一村一品的个性景观抒发，一面与世界及中国西部生态博物馆实践进行呼应和比较，从而作为中国第三代生态博物馆脱颖而出。这些历史记忆与现实实践中所隐含或表述出来的"他者"想象，既为东南地区的村寨社区增添了一道美丽而浪漫的风景，也与海上丝绸之路的历史记忆遥相应和。除此之外，我们还考察了厦门胡里山炮台旅游开发过程中的历史记忆处理问题，从比较的视角来反观近来东南村落开始逐渐流行起来的乡愁经济、旅游开发及记忆回溯、传统发明的可能性及挑战。

由此，我们看到，东南地区的村寨景观都隐含着一条与他者的勾连，经由历史、想象与实践的手法，表述着曾经的海上丝绸之路或是现阶段全球化移动性时代的点与网、内与外、自我与他者的丝丝连结。

不管是世界文化景观遗产，还是国内各种保护村寨景观遗产的项目，比如"中国古村落"、"历史文化名村"、"少数民族特色村寨"、"中国传统村落"等等，它们有一个共同的原则就是在原址上保护文化遗产，特别是保存和延续遗产的精神、文化意义，能够让与生态环境、族群文化协同有机进化而来的村寨文化景观遗产能够继续生长下去，而不是戛然而止。这就要求采取整体性保护的措施，整体性保护不仅仅是保护村寨景观的整体风貌、建筑遗存，而是将景观遗产看做是人、自然与文化三者的和谐一体和有机共存。如果没有当地的族群和社区参与，景观就成了一个没有生气的遗迹，如果没有考虑自然生态的前提，它产生的历史渊源、族群特性，景观就失去了环境依托，产生突兀变异，宝贵的遗产精神和文化价值也会消失。

整体性保护的原则还主张村寨文化景观遗产的"利用"和"发展"，而非静止保存，因为村寨文化景观遗产的核心价值正在于生产了它的族群、社会、文化及其有机演变的历史，这些非物质的、活态的信息为村寨文化景观遗产提供了全部意义，而景观的利用和开发也为当地社会提供一份发展的资源。在景观利用方面，当前大行其道的旅游产业为其带来了机会，我们看到几乎所有的中国传统村落都在积极促进旅游的发展。旅游是一种无烟工业，基于景观观赏和文化体验的旅游活动，理论上不应该损耗村寨文化景观遗产，相反游客的欣赏和认同应该能够增加本地人的景观自豪感，促进其保护景观的想法。旅游本来可以为村寨文化景观的可持续发展带来合适的路径,对于传统景观的保存和发展而言产生一种"弹性调适"(resilience)[①]作用。

然而,我们通过案例调查,遗憾地看到,近十多年来中国传统古村落或者少数民族特色村寨与旅游开发的结合方式却往往是静态的、单一的、抗拒发展的,因而造成了很多旅游尝试的失败。从下梅村、唐模等案例中我们看到,一些大型资本习惯于将村寨承包下来开发为景区,采用收门票的方式来经营。这种做法比较易于起步和管理,但是却不具有可持续性。因为更多依赖村寨文化景观遗产的物质遗存,如古建筑,而较少考虑支撑景观遗产的族群与社区、历史与地方文化,往往一味要求保护遗产的传统风貌而防范其生长发展的需求,比如不允许修补,忽视主人的住居要求,等等。这种门票经营方式一方面使村人产生了"被剥夺的感觉"[②],造成了本地人的抵触情绪,一方面也限制了游客的参与体验和对景观遗产真实精神的认知,从而削减了游客对村寨文化景观遗产的文化认可和欣赏感。另外,游客在花钱购买门票之后,就会将活态的村寨看做是供静态观光的"景区",往往会减少进行其他消费如住宿、餐饮、购买纪念品的愿望,产生"景区商品都是骗人的"想法,从而减少了村人旅游从业经营的可能性。门票经济实际上往往会损害旅游相关产业的发展潜在性,也减少了游客深入了解、欣赏和尊重村寨文化的愿望和路径。最后,投资公司有可能和村委会或者其他地方政府合作,代替村民来申请和管理"中国传统村落"等专项保护资金,虽然客观上对于一些村寨文化景观遗产如古建筑起到了较为集中有效的维护作用,但是这种保姆式的管理方法却可能使村民失去开发主人翁式的自觉保护精神以及发展出自我保护遗产之能力的机会,村寨文化景观遗产和其文化主体村民之间的纽带可能会产生断裂,从而产生村民为了争夺旅游收益甚至恶意破坏自家民居的方式来消极对抗的现象。这一点值得我们警惕。我们并不是要求资本和地方政府的退出,他们其实在村寨景观遗产保护方面确实能够起到不可替代的作用,但是我们希望村民的遗产主体性能够得到更多的尊

① S. Becken, "Developing a Framework for Assessing Resilience of Tourism Sub-Systems to Climatic Factors", *Annals of Tourism Research*, Vol. 43, pp. 506-528, 2013.

② 欧挺木:《谁的屯堡文化——屯堡的文化经济学》,Tim Oakes、吴晓萍主编:《屯堡重塑:贵州省的文化旅游与社会变迁》,贵阳:贵州民族出版社,2007年,第34页。

重和信任。

　　本课题从立项到结项只有半年，由于时间仓促，我们没有办法选择更多的民族村寨进行比较，特别是东南地区还存在一些客家村寨等多元类型，以后的研究中值得进一步拓展和比较。另外，虽然我们努力采用人类学田野的方法进行记录，但是对各个村寨的民族志考察并未尽兴，记录和文献的使用都存在较多粗糙之处。唯希望这些粗陋的调查能够呈现一斑当下东南村寨正在进行的景观遗产保护与开发现状，村人的打拼，对他者的想象，对自我的理解，在当前这个转型时期遇到的机遇和困境，以及对未来的向往。

第 二 章

泉州蟳埔村的渔业社区景观调查

一、以"渔"为主的地貌景观

蟳埔村位于福建省泉州市丰泽区东海街道,在泉州市区东南 10 公里处,距东海街道办事处 7.5 里。人口约有 7000 多人,主要以黄姓为主,占四分之三多。该村位于晋江入海口、泉州湾北岸,由于临海的地理位置,以渔业为主要经济方式,兼而发展工商业。村落展现出以"渔"为主的地貌景观,由于晋江与东海在此交汇,正是咸淡水交界处,沿海滩涂盛产海蛎及其他鱼类,沿街有许多海产店铺,处处可见小海蛎壳堆放。劳动分工通常是男人出海打鱼,女人则在滩涂挖取海蛎,且蟳埔女精于计算,常常通过在集市上贩卖海产,以换取生活用品和补贴家用。

本地人有时亦称蟳埔村为前埔村,因其较靠近海边,与邻近的后埔村相对应;另外在闽南语中,"蟳埔"和"前埔"发音也相似。关于前埔与蟳埔的混用,有一种说法认为,明清时曾在一次为顺济宫妈祖娘娘(即林默娘)庆祝生日时,晋江南岸洋埭村村民联合敬奉一幅缎面彩帐,错将"前埔"写成了"蟳埔",因而有了蟳埔之名。当地出产红蟳(即一种青蟹),蟳埔地区处于淡水与海水交界之处,正为红蟳生长提供了适宜的生态环境,红蟳成为该渔村的特产,因而当地村民认为将该村称为"蟳埔"更加符合村中实际,"蟳埔村"的名称被沿用下来,现在已成为正式村名。

古时,此地因处于泉州湾的出海口,为泉州东南海防门户。自宋元开始,泉州成为"东方第一大港",是"海上丝绸之路"的起点之一。位于晋江出海口、泉州港入口的蟳埔村,连同周边的法石、东梅、云麓等社区,在海上渔业与海港贸易的历史中逐渐形成了独特的民俗文化,不同于陆上汉人农业文明的景观特征,而成为一道独特的风景,具体表现在以"蚵壳厝"为特色的建筑景观,以"鹧鸪姨与蟳埔阿姨"、"簪花围"为代表的女性服饰景观,以"妈祖崇拜"为代表的海洋信仰习俗,独特的"婚丧习俗"以及"对阿拉伯族裔的记忆与想象"等诸方面。

2004年,政府开始着手保护蚵壳厝、簪花围等特色民俗,申请非物质文化遗产,并制定计划,试图将这些特色景观开发为旅游资源,建立民俗文化旅游村。但是由于种种原因,旅游区的规划没有正式实施。目前蟳埔村偶有游客观光,有欲到泉州旅游的外地游客在网络上了解到蟳埔女及蚵壳厝的相关资料慕名前来,也有泉州本地人周末到此处休闲或者消费海鲜,但总体上旅游业欠发达,尚处于起步阶段。

二、"蟳埔"地名中的景观要素与误用

地名常被人们看作是一个地方历史发展的"活化石"。一个地名的得来往往与诸多因素有关,有的地名与当地的历史地理有关,有的与当地的社会经济有关,有的则与当地的神话传说有关。社区目前虽在官方上多使用"蟳埔"二字,但是在实际使用中又有蟳/浔,埔/浦的混用。在田野过程中,我们发现在居委会、派出所、路边标识和店铺招牌上并未统一使用"蟳埔"二字。村委会门口和村口的大石上用的是"蟳埔",派出所的相关告示牌上用的多是"浔埔",店铺则"蟳浦"、"蟳埔"、"浔埔"均有。根据当地的自然和人文景观要素,我们认为"蟳浦"二字可能更具有表征意义。据查证:

蟳:海蟹蝤蛑的一类,俗称青蟹,螯足强大,不对称,第四对步足像桨,适于游泳。闽浙台湾一带泛指十足目蟹类的一个地方性俗称。《康熙字典》(申集中虫部)注:"蟳,《正字通》徐盈切,音寻。《六书故》青蟳也。螯似蟹,壳青,海滨谓之蝤蛑。"

浦:"水边或河流入海的地区。"[1]清代陈昌治刻本《说文解字》(卷十一水部)注:"浦,滨也。从水甫声。滂古切。"清代段玉裁《说文解字注》:"浦,水

---

① 汉典"浦"字的基本解释1,http://www.zdic.net/z/1d/js/6D66.htm.

滨也。滨下曰水厓,人所实附也。大雅。率彼淮浦。传曰。浦,厓也。从水。甫声。滂古切。五部。"《康熙字典》(巳集上水部):"又《玉篇》水源枝注江海边曰浦。《风土记》大水有小口别通曰浦。"

由此可见,"蟳浦"一名,表示是一片多蟳的内陆江河入海口。蟳埔社区的地理位置恰位于晋江入海口处,正符合其名称所指地貌特征。闽南渔民称,野生蟳即青蟹是大补之物,妇女怀孕哺乳,其家人多会四处购买野生蟳来补充营养。这种蟳多生长在淡水与海水交界的地方,晋江入海口一带为之提供了最好的生态环境。因此,此地取名"蟳浦"有其合理性,并且名字本身就已经成为地方地理、文化、风俗、历史记忆等整体景观的直观表述。

我们又对"浔"和"埔"分别进行了查证:

浔:"水边深处。"[1]清代陈昌治刻本《说文解字》(卷十一水部):"浔:旁深也。从水寻声。徐林切。"

埔:是一个多音字,两个读音,一个读 bù,一个读 pǔ。方言地名用字,意思是"山间的小平原",多见于广东、香港、福建、台湾等地,如大埔、黄埔。[2]

由此看来,"浔""埔"二字均不能表达和描述当地的实际地形地貌,应是一种误用。本地一些机构、店铺采用"浔"字,多半源于派出所在计算机录入信息的过程中"蟳"字较难输入,并非简体字,为了工作方便,将"蟳"简而化之,用"浔"来代替,应未考虑到"浔"字与当地的实际景观并不相符这一事实。

村人黄先生在访谈中也表达:"我们黄氏是从惠安迁过来的,当时祖先来这边啊,不是最早(迁来)的,蟳埔村现在一共有 16 个姓氏,小的姓氏(迁来的)比较早。最后(黄姓)来这边啊,是来讨海啊。我们蟳埔这个地形,周围是一个小山,叫鹧鸪山。前面是晋江,东边叫泉州湾。所以说地理区位比较好,滩涂湿地比较多。""所以说来了以后,看到讨海比较有钱赚,比较容易生存下来,所以后来就把(惠安)那边的大多数都迁过来了。在这边繁衍生息比较快,发展到现在这边(黄姓)是最多的。"

而"埔"字,在当地政府、居委会等部门已成为官方统一用字,我们发现,居委会门牌以及非物质文化遗产传承人的授牌上均采用了"蟳埔"二字。虽然蟳埔社区背山面海(后有鹧鸪山等小山),是一处较为平整的冲积平地,但

---

① 汉典"浔"字的基本解释 1,http://www.zdic.net/z/1c/js/6D54.htm.

② 百度百科,http://baike.baidu.com.

其作为入海口滩涂的而非山间小平原的景观特征和滩涂渔业生计传统更为突出。为了保持与现行行政地图的统一，本文暂以"蟳埔"二字作为本社区名字来撰写。

三、蟳埔社区的三大非物质文化景观

经过资料收集和田野调查，我们了解到蟳埔社区主要有三大具有代表性的非物质文化景观最为独特，分别是蚵壳厝、蟳埔女和妈祖巡香仪式。

（一）蚵壳厝

在蟳埔村里，有一些老房子的外墙是用蚵壳（即牡蛎壳）砌成或做主要装饰，这样的房子被称为"蚵壳厝"。从外表看来，通常是房子的一整面外墙都由大蚵壳堆砌，蚵壳尺寸最大超过成人手掌大小，且排列十分密集；有的房子仅是部分外墙以蚵壳装饰。据村民介绍，蟳埔村里有的蚵壳厝已有上百年的历史，也有的蚵壳厝是近几年重建而成，特别是为了申请非物质文化遗产，作为"海上丝绸之路"文化的见证，当地人有意识地修复、重建蚵壳厝，将原本拆迁后的大海蛎壳再捡来砌在外墙上而做新房的装饰。此类行为存在但是比较少见。总体上，由于村民大量外迁，老房子废置倒塌，与此同时现代大规模房屋改造，蟳埔村的蚵壳厝数量已十分稀少，相比较而言，临近的东梅村保留了更多的蚵壳厝建筑。可以观察到，蟳埔村大部分蚵壳厝和其他老房子在废弃倒塌后原址上已经被改造成了近年来在村镇地区流行的、有点西式色彩的现代化混凝土楼房建筑。

村人原先用海蛎壳建造房屋的原因有几种。首先这种建筑材料能适应蟳埔村所处的海滨环境和气候条件。由于蟳埔村处于沿海地区，海风富含盐分，对通常用于修建房屋外墙的红砖具有腐蚀作用，而使用海蛎壳就不会被腐蚀。此外，由于当地处于亚热带季风气候区，空气湿度大，为了防潮保暖，在建造墙壁时，最外层用海泥筑一层海蛎壳，壳上的气孔隔热性好，能吸收空气中的水分、保持室内温暖，这样能够避免风吹日晒，使室内冬暖夏凉。

其次，蚵壳厝的来源与"海上丝绸之路"这条连接东西方的商道有着密切的关系。这种独特的建筑形式始于宋元时期，有学者研究发现，用于建房

图 2-1　蟳埔蚵壳厝

屋的大海蛎壳实际上原产于非洲东海岸[①]。由于宋元时期泉州是一个国际性港口,对外贸易发达,大量商船满载中国的陶瓷、丝绸、茶叶、香料等商品从泉州港运往东南亚、中亚甚至远达非洲,在目的地卸下货物后,返程时为了避免空船不利于航行,便将散落在海岸的大海蛎壳装在船上压舱,载回来后堆放在蟳埔的海滩上。而迁居到蟳埔地区的移民仅靠讨海为生,打鱼生活艰难贫苦,没有财力购买砖块建造房屋,只能捡来碎砖石头简单堆砌,中间用土加固,最后再用海泥将从海边捡来的海蛎壳镶嵌在外侧。逐渐人们发现海蛎壳作为建筑材料有诸多好处,不仅外表美观,而且居住舒适,这种筑墙方式才流传下来。现在,蚵壳厝已经成为"海上丝绸之路"连接中国与印度洋的实物证据,成为具有极高历史文化价值的非物质文化遗产。

蟳埔当地出产的海蛎壳尺寸则小得多,直径不足十厘米,因其主要成分为碳酸钙等矿物质,过去人们会将其烧成灰(称为蚵灰)制成外墙涂料,其质量优于石灰,当地曾有多家蚵灰厂专门进行烧制生产,尤其是后埔村蚵灰厂较多。但是现在随着化学涂料的引进,蚵灰因制作复杂、成本较高而鲜有人再使用。为了处理大量废弃的海蛎壳,政府在村里设立多个堆放点,安排专用卡车将海蛎壳运输到指定位置统一处理;但也有人随意倒入海里或垃圾

---

① 徐润林、李侠、陈家平:《泉州蟳埔村"蚵壳厝"牡蛎壳来源初考》,《中国文物科学研究》2013 年第 1 期。

坑,少量重新用塑料绳捆绑起来作为海蛎养殖基来使用。村里随处可见一堆一堆待垃圾车收走的海蛎壳。

近年来,蟳埔村中有大量年轻人离开村落,前往泉州、厦门等大城市打工。原本他们所居住的蚵壳厝被废弃,无人居住,经风吹雨淋逐渐破败。新盖的住屋楼房以及统一规划的道路,地基皆高于原先的蚵壳厝约半米,更显得蚵壳厝低矮破旧,不适宜居住。这些历史长久的蚵壳厝,有的仅被用于堆放杂物,有的长期空缺以致倒塌,却无人监管修缮。能保留下来的遗存村里只剩下一百多座,且多数并不完好,少有人居住。

(二)蟳埔女

蟳埔女,即"蟳埔阿姨",又叫"鹧鸪姨",亦是蟳埔村的一大景观。"鹧鸪姨"的说法,源于蟳埔村东北的一个小山,其名为鹧鸪山。值得注意的是,有村民提到,在三四十年前,小孩子把"爸爸"、"妈妈"叫做"叔叔"、"阿姨",这样,将蟳埔村的女性称为"蟳埔阿姨"逐渐传播开来。

过去在蟳埔村中,生计方式有明显的性别分工。男性负责出海捕鱼,"讨海"[①]为生;蟳埔女则负责在海岸滩涂养殖海蛎或鱼虾。所获海产品部分用于食用,其他则由妇女拿到集市上贩卖,将所得钱财用于购买生活用品和粮食,或者补贴家用。因此蟳埔女都有极好的做生意的能力。据村民介绍,蟳埔女虽然很少有学习文化知识的,但她们从小跟随母亲学习经商,在附近的菜市场贩卖生鲜产品,练就了极强的心算能力,在没有计算器的情况下,能够迅速根据重量算出海产品的价格,并且会仅凭手持掂量就准确感受出海产品的重量。近年来,村子附近如后埔社区兴建了一些工厂,也有男性去附近工厂或者较稍远的泉州、晋江地区打工,赚取生活费用,女性多仍旧起早贪黑在集市上贩卖海鲜、鱼虾。由于海水污染严重,滩涂填埋改建房地产或公园,海蛎养殖日渐困难。同时,村里年轻人或上学读书,或到外地务工,现在留在村里的多为年纪较大的村民。如今,依然出海打鱼的村民每年会获得政府燃油补贴,根据出海渔船的发动机马力大小核准补贴金额。蟳埔现有讨小海的小型渔船一百多艘,可以讨大海的渔船四十多艘,从事渔业的

---

① 当地人将出海捕鱼称为"讨海",在近处捕鱼、一天可来回的称为"讨小海",远海捕鱼称为"讨大海"。外出捕鱼有的时候要在海上生活七八天,收获满船才会回来;另外一个回航的信号是刮风,一般预告四五级风以上的时候大船就会陆续回港避风。

村民比例已经逐渐减少。村民其他的经济方式包括经商、打工、在本地或者附近社区经营海鲜饭店等。很多转型的经济行为仍与海洋经济有所关联。

在蟳埔村的街道上，处处可以看见此地的中老年妇女头上戴着引人注目的"簪花围"。这是一种特别的头饰，由发簪和头花组成。蟳埔女首先用红绳绑起头发，插上发簪盘成发髻，然后再戴一圈圈塑料花和鲜花，其中鲜花通常为茉莉花、素馨花、含笑花、绸春花等等。过去发簪多为象牙制成，以金银装饰，现在则多为塑料树脂等人工合成材料。最初全为鲜花制成花环，现在为延长保存时间，只少部分使用鲜花，大多为塑料制花。簪花围装饰的复杂程度能够展现出蟳埔女的年龄和辈分，以及当日是否有重大活动。过去，女性无论年纪长幼都会戴簪花围。小女孩从小扎羊角辫，到及笄之年便开始留长发，并像大人那样将头发盘成发髻，并盘上一两串花；年纪越大，簪花围的花和发簪、梳子等头饰就越丰富。另外，在参加妈祖巡游、每到逢年过节或者家人正在经历人生礼仪等仪式性场合时，她们也会视其隆重程度依自己的喜好佩戴三四串花环，在最盛大的节日甚至会戴七串头花。但是现在，年轻人由于上学、工作等等原因只在节日时戴花，每天都佩戴簪花围的基本都是四十岁以上的中老年妇女。嫁到附近村落的蟳埔女依然会保持佩戴簪花围的习俗。若是要出海挖海蛎、打鱼，为了防风会包头巾。这时，蟳埔女会将头发盘起，小心取下花环收好，有的还会摘下发簪等首饰，外面再包上头巾。年轻女子的头巾在前面打结，避免海风吹伤脸；年纪大的女子则在后面打结，保护头饰不被海风吹乱。

村民介绍，制作簪花围的鲜花并非由蟳埔村本地种植，而是在不远的云麓村种植和制作。一个客观的原因是本地地下水为咸水，且没有适宜种植花草的土地。关于蟳埔妇女为什么在本地无法种植的情况下却存在戴簪花围的习俗，当地人的解释将之与泉州的海港商贸历史和阿拉伯商人的传说联系起来。传说在宋元时期，泉州作为"海上丝绸之路"的重要港口，前来经商的阿拉伯人在云麓村定居，他们将花种从阿拉伯带到此处，其后人也从事花木种植，从此云麓村民依季节种植大量不同品种的鲜花，并将花制成串状花环，每天早上挑到蟳埔村贩卖。爱美的蟳浦女将之作为自己的头饰。另外，这种头饰的普遍流行与当地的亲属纽带也有一定关系。蟳埔女戴的鲜花做的簪花围多数不是自己购买的，而是由亲戚朋友赠送。逢年过节或红白喜事的日子，人们会买来簪花围互相赠送，礼尚往来。因村民多有亲戚关系，每家都能频繁获赠簪花围，无须自己购买。在赠予簪花围时，根据亲属关系远近存在数量区别,若是直系亲属会赠送三串,若亲缘关系较远或是一般朋友则只赠送一串。不送花是不礼貌和轻视对方的表现。本地还有一种说法,蟳埔人是古代阿拉伯人的后裔,因为阿拉伯人注重戴头巾等头饰,蟳埔人就将其演变为戴簪花围来延续祖先的传统。横向比较闽南地区比较典型的渔民群体,比如惠安的女性及早前厦门港的疍民女性照片,可知渔业社区的女性相较于陆地农业社区而言,更多使用花式头巾或环状花类头饰,因而簪花围可能与蟳埔女的族群身份认同有一定关系。

图 2-2　蟳埔女头饰"簪花围"

此外,处于不同年龄段的蟳埔女也会佩戴与其年龄相符的耳环。过去的传统是,小女孩到十岁左右便要打耳洞,未婚女子会戴金或银制圆圈状耳环;若是已经出嫁的女性,则会佩戴钓鱼钩状"S"形的耳钩,尺寸比耳廓更大,坠在耳下,这是一种身份的体现;年龄更大的老年妇女则会再加耳坠。但现在传统受到冲击,有些蟳埔女已不依照这种习俗打耳洞、戴耳环。

在蟳埔相邻的法石社区,我们听到居民这样评价蟳埔女的头饰:"她们(蟳埔女)每天都要戴(鲜)花,她们戴花要花很多钱哪!蟳埔女大部分都戴花,但是自己不种;云麓种花,但是很少戴。我们这边也有少量蟳埔女嫁过来,她们来了就不怎么戴花了。我们这边很少有女孩子嫁到蟳埔去。我们通婚的范围很广,外地的也有。"

尽管蟳埔与附近的云麓存在鲜花的买卖交换行为,云麓生产和出售鲜花，然而云麓的妇女却没有戴簪花围的习俗，附近的法石、东梅、后埔等村落与蟳埔人也存在交易或者少量通婚，但是也都没有这种习俗，这可能与蟳埔人的渔民身份及确保认同努力，以及与其他社区相互区别以保持资源占有和稳定交换关系有关，我们下文还会分析。

蟳埔女的婚嫁习俗也值得注意。依照传统习俗，蟳埔女出嫁的时间多是半夜时分，即所谓"夜婚"习俗。新娘出嫁时，要在新婚之日的凌晨两三点由媒婆带往婆家。入门时，家中需熄火灭灯，丈夫、亲人及朋友均需回避，新娘方可入门。当日拜见公婆、向亲人行"相见"之礼、宴请亲朋好友之后，当夜凌晨三更时分，新娘必须一个人悄悄返回娘家，不能在夫家过夜，此婚俗称为"夜婚"。本地人解释其缘由是，在过去，可能会有和新娘家庭关系不好的人知道新娘出嫁的消息后，请巫师（特别是巫婆）施展巫术，降灾祸于新婚夫妇，使其日后夫妻关系不和，家庭不幸。另外，新娘根据其八字命理也会有一些和自己相克的人，在婚礼中要避忌。因此，新娘为避免被巫师"作法"，和避免遇到属相中和自己相克的人，选择在半夜悄悄出嫁过门，这样就不会被其他人所察觉。有的传说是其先祖为蕃女与汉族通婚，为融入当地社会和避嫌，只好夜间悄悄嫁入男家①。到 20 世纪八九十年代，蟳埔女的传统婚俗开始淡化。

（三）妈祖巡香

和东南沿海的许多渔业社区相同，蟳埔这个以渔业为主的村落也有较强的妈祖信仰。讨海生活具有很大的风险性，渔民不可避免地会在海上遇到意外危险。因此，渔民们把信仰寄托在作为海神的妈祖身上，希望妈祖能够保佑出海渔民在海上平安顺利。长期以来的信仰传统使得妈祖对于蟳埔人来说已经不仅仅是海神，更是此处的主要保护神，有些蟳埔村民已经不再讨海谋生，但依然信仰、朝拜妈祖。

每年的农历正月二十九日这天，蟳埔村会进行盛大的妈祖巡游仪式，由村中男子将妈祖神像抬出庙来巡街，大街小巷的村民在家门口夹道迎接。蟳埔村共有三尊妈祖，分别是"大妈"、"二妈"、"三妈"；另外还有"三太子"、千里眼、顺风耳，都会被抬出来巡游。

---

①　陈敬聪：摄影画册《蟳埔女》，北京：今日出版社，2007 年。

在这个隆重的日子里，负责抬妈祖像的男子一手抬着妈祖神像，一手拿着彩旗，其余男子则手拿彩旗，女子身着红衣，手拿三炷香。巡街队伍大约五千人，除了上学的青少年及儿童和老年人不会参加外，几乎全村人都要加入巡街队伍，出嫁到外地的蟳埔女也会回到娘家来参加仪式。巡香队伍前方有"开路先锋"，中间有腰鼓队，有拍胸舞表演，还有村民挑着鱼虾的模型，同时巡街路上放着鞭炮，热闹非凡。家家户户要在家门口摆一个香案，案桌上摆着供品和香炉，同时要烧纸钱。妈祖路过时，每户人家都跪求妈祖保佑，抬妈祖的人会用一个专用勺子将香添到每家每户的香炉里，称为"添香"。妈祖巡游时所有渔船都不能出海，蟳埔海边有一个"沿海大通道"，渔船全部停在岸边，桅杆上挂着彩旗，迎接妈祖到来。

我们去进行田野调查时，蟳埔村里的妈祖庙正在进行修缮，2015年的农历正月因为这个原因并未进行妈祖巡香仪式。这座始建于明朝的妈祖庙，由于其木材结构受到白蚁蛀蚀，只能拆掉重建，明年才能重修完毕。

村里还有十几个王爷庙，也就是将军祠，生前为国立功、造福百姓的将军，故去后人们为纪念他们为其建立了王爷庙，将他们敬供起来，这些王爷逐渐被神化。不同的王爷掌管的职能也有所不同，村民若是求神，则会根据需求去不同的庙。此外，蟳埔村有一个阴宫，用于存放海上亡者的尸体。依照当地传统，如果有人落水掉到海里，不到不得已是不可施救的，因为村民相信，这也可能是海里的阴魂想将此人拉下海，若强行救上岸会被阴魂缠上。不过，淹死的尸体一定要捞回来，以免他变成阴魂再拉其他人入海。打捞回来的尸体，若是有人来认领就会被领回去安葬，若无人认领则由村里集体安葬到阴宫，以使其灵魂安宁。

四、景观的交换性与勾连性

蟳埔这个村社并不是封闭和孤立的，它和周边村社存在很大的交换性和勾连性。特别是在生产生计上，蟳埔并不是自给自足的，它在和外界存在着食物、劳动、饰品等层面的交流互动，从而形成了一个和周边社区在社会生活和历史记忆上拼接而成的整体性"景观"，建构起自我与他者的关系，以及一种独特的认同景观和历史想象。

（一）蚵壳厝勾连起的宏大历史

蟳埔一大景观就是"蚵壳厝"，但有意思的是，建"蚵壳厝"的海蛎壳却是来自很久之前的海外之地。墙头墙脚不经意的一个个海蛎壳都可能追溯到过去的海上丝绸之路时代，以及远至非洲的海港地区。村委黄荣辉告诉我们：

> 宋元的时候，当时泉州的对外贸易比较发达，与埃及的亚历山大等港口并称，从泉州出发的远洋航船把陶瓷、茶叶、丝绸等运到东南亚、非洲东岸进行交易，回来的时候，船就变空了，但是进货过来的是一些香料，像永春那边的香料就是从那边运过来的，就比较少。回来基本就是空船，就用当地产的贝壳，就是大的海蛎壳，压舱，运回到这边。因为泉州这边的晋江比较狭小（吃水浅），船就先停在这边，把海蛎壳卸到海滩上再进港。当时，有人没钱盖房子，看到那个（海蛎壳）扔在海滩上，就把它们拾回来盖房子，（这种方法）就流行起来了。这个房子，一个特点是冬暖夏凉，墙壁比较厚，太阳晒不进去，风也吹不进去。还有一个特点就是，那个小孔可以吸潮，有防潮的作用，还可以保暖，很厉害。后来啊，就把它当成非物质文化遗产、海上丝绸之路的历史见证。这个不是我们随便讲的，因为村里面这个海蛎壳比较出名，中山大学的一个研究贝类的教授专门来察看，还拿了几个回去，证实是东南亚的。还有金门的一个专家，他说是非洲东海岸的。这个更远一点。他说，走在蟳埔的小巷里面，就好像（走在）千年的海上丝绸之路（上）。

本来压船的大海蛎壳，经渔民转化利用，变成了实用美观的建筑材料，遂成为一种传统，一种村落景观，也成为海上丝绸之路留下的"蛛丝马迹"。经村委介绍和实地察看，本地的海蛎壳确实比墙体上的海蛎壳小很多倍，明显不是一个品种，当地也从未产过这种大海蛎。大海蛎壳来自外地的说法基本可信，但究竟来自何地目前众说纷纭，尚无定论。这对于社区大多就地取材形成建筑景观的常规来说，无疑是一个例外。蟳埔的蚵壳厝不是单纯的建筑，而是承载一定地方历史文化，甚至糅合进当时海上丝绸之路的世界文化背景，加之当地渔民的生活智慧而形成的建筑文化景观。

既然蚵壳厝冬暖夏凉、防潮保暖，极具特色，现在也成为非物质文化遗产，为何在村社中我们所见到的蚵壳厝大多荒弃，或者成为堆放农具杂物之地，或者倾颓挂满蛛丝、落满尘埃？为何村中较新的建筑都是现代的常见的混凝土房屋？黄荣辉告诉我们，这是由于过去的蚵壳厝一般比较低矮，而且年代久远，加之现代的人们向往的是舒适的大别墅，蚵壳厝也不再适应现代人的生活需要，很多人就从蚵壳厝了搬了出来，年久失修加上无人打理，加快了损毁的速度。所以现在倒的倒，弃的弃。

但是随着政府近年对蟳埔文化景观的重视，要把蟳埔打造成民俗文化旅游村的规划让蟳埔人又重新审视起传统的蚵壳厝。媒体对外的宣传报道，也为蟳埔带来了一批批游客。蟳埔人又自觉地重拾蚵壳厝文化，在自家的房子外墙上装饰以一定范围的海蛎壳拼成的图案。我们在村社中就看到一些这样传统与现代相结合的房屋。可以看出，随着社会文化大环境的变化，村社的景观也会随之发生或细微或显著的变化。

我们还获知，村中的房屋自古就不是村社里的人所建，以前的蚵壳厝，现在的现代住宅，还有大大小小的庙宇，都是来自隔壁后埔、东梅两个村的匠人所建，还有少量建筑工人来自惠安甚至中国北方的省份。之前用来粉刷墙壁的蚵灰也有些是后埔或东梅人烧制，所以，蟳埔的传统建筑景观实际上是由他者来建构的，蚵壳厝身上呈现出蟳埔与周边村落在劳动上的分工与交换互惠关系。

（二）簪花围串起的景观交换

在田野调查的过程中，我们发现，当地的非物质文化遗产之一——当地妇女头上喜欢戴"簪花围"，是一道十分亮丽抢眼的流动的景观。在村社中走一圈，街头巷尾，都是满眼花影绰约。作为一个汉族为主的社区，却宛若一个神秘的少数民族村落，充满异文化景观。但奇怪的是这些簪花围原料并不产自本村社。当地既不生产花，也不制作"簪花围"。蟳埔的水是咸的，种不了花。她们的"簪花围"主要来自一个过去叫"云麓"的村庄，云麓村种植大量鲜花，生产和出售"簪花围"给蟳埔女，但是自己却并不戴这种头饰。

我们在云麓村看到《云麓禅寺暨三翁宫记》记载："宋帝端宗，遭元兵之难，南迁，欲作都泉州。招抚使蒲寿庚闭城不纳，帝乃取驾由通淮门外取道直之东南。有层云叠起，自山之麓前来拥盖惠帝驾。帝因望云气而信宿于斯焉，遂敕赐山名云麓。"后来，元朝灭宋，阿拉伯人蒲寿庚归顺元朝，其兄蒲寿晟便把云麓村开辟为他的私家花园——云麓花园。云麓村民大多是蒲寿晟所雇之花工。并从其故乡阿拉伯移植来素馨花、茉莉花等各种奇花异木。元末明初，泉州掀起反蒲运动，蒲寿庚后裔恐被株连，故改姓为卜，因蒲与卜音相近的缘故。"后花园"衰落之后,村民靠种花之特长,以种花、卖花维持生计。目前,云麓花村半数以上的居民都姓卜,相传就是阿拉伯人蒲寿晟的后裔。该村村民代代相袭,仍以种植花木为业。蟳埔村人将这个传说娓娓道来:

> 云麓村,就是以前宋朝泉州市舶司的一个官员(阿拉伯人)的后花园,都是回族人。本来蒲寿庚这个人啊,宋朝时候非常重用他,市舶司啊,权力很大,管财政的,还管对外贸易,元朝打进来的时候,投降元朝了。泉州当时啊,朝廷看到这个地方,当时朝廷四分之一的财政是泉州这个地方来的,很多皇亲国戚都搬到泉州城里来了,所以宋端宗啊,要从杭州逃到福州,又从福州要逃到泉州来,要投靠这个蒲寿庚。结果他城门关起来,不让他进城。他就从广东广州南澳那边下来,结果死在海里边去了。所以我们这个地方有个地方叫万岁山,他来的时候啊逃到山上去了,所以就把它叫做万岁山。还有很多和这个皇帝有关的事情,过去晋江那个地方有一条河啊,有一个小桥,皇帝呀他坐一个辇就过不去了,所以他就下辇,所以那个村就叫下辇……现在他们姓卜。蒲寿庚啊,三点水一个草头"蒲"。他投降了,还把皇帝都赶到南澳去了,当元灭亡的时候,明朝起来了。要赶尽杀绝,要灭他的九族,所以他跑了,把整个家族移到云麓村。所以云麓村的现在都改姓这个"卜",因为音比较像。

"簪花围"把我们引向了这段传奇的人生遭遇和充满异域风情的历史传说。现在,蟳埔附近法石社区有一段主路就以"云鹿"为路名,带有这段传说的印记。云麓村为泉州市区边郊,多数土地已经被征为城市房地产用地,花地只剩下很少的一块,多数村民以出租房屋或者打工为生。因为城市的扩张,云麓社区已经被现代高楼大厦所蚕食,在地图上没有标识,当地居民也逐渐被城市居民、外来务工者所替代,我们经多方查找和打听,才找到了云麓村和现在所剩无几的鲜花种植地。云麓村居民中卜姓有60多户,很多人有种花经历,少量仍在从事花农、菜农生计,所种鲜花主要是串成花串卖给蟳埔人。云麓卜姓居民现在的民族身份是汉族,对于"阿拉伯后裔"的身份并不十分确定,但是都表示有听说过这个说法。但问其是否为回族,则非常肯定说不是。

图 2-3　云麓村的菜地与花圃

(三)蟳埔女的海鲜生意——蟳埔的景观输出

以上两点,都是外来景观的输入,作为一个景观交换体系,必然是有互动的,有输入,也会有输出。蟳埔女的海鲜生意,就是蟳埔对外的景观输出。

蟳埔女勤劳,能吃苦,爱拼,被称为"大海的女儿",在当地人心目中(包括周边的非蟳埔人)是勤劳、纯朴和爱美的象征。据悉,泉州各个县市的海鲜市场,都有她们的身影。一直以来,蟳埔村的男人大部分从事讨海工作,有的甚至去远洋捕鱼的轮船上当船员;而妇女们则常年从事内海养殖和捕捞鱼虾,挑担穿行于集市贩卖水产,在内操持家务,照顾老人和孩子。如今依旧,天没亮,蟳浦妇女就自己驾着三轮车或小货车,载到市场去卖。蟳埔村的男性村民言辞中流露出对蟳埔女性的由衷称赞:

> 过去,蟳埔女一般从小就跟着母亲做生意(卖渔产),因此特别厉害,心算能力特别强。即使一般没什么文化的,不用算盘和计算器,一下就算出多少钱,一分钱都不差。而且一个东西拿起来,就知道它有多重。现在,小女孩如果不读书(毕业),不出去打工,就还是做生意。

前文已述蟳埔地理位置的优势,位于晋江入海口。村中男子多出海打鱼,打回的海鲜就由村中女性拿到各市场售卖。海鲜,过去是、现在也仍旧是蟳埔的一张名片,路边树立着大大小小的海鲜酒楼、大排档,村社中随处可见成堆的海蛎壳,空气中也漂浮着海鲜的生腥味。

优质的海鲜,加勤劳能干的蟳埔女,就是蟳埔的一个招牌景观。流动于泉州大大小小的市场,像关键词一样嵌入人们的记忆和地方性知识。一提到买海鲜,周围居民首先会想到找蟳埔女来买,想到她们如何能干,头上戴的花如何有特色,卖的海鲜如何保证野生新鲜,进而想到蟳埔这个地方。

(四)蟳埔景观的交换系统

由以上三点可以看出,蟳埔和周边社区甚至大到外洋的景观之间是存在交换性和勾连性的。蟳埔向外输出海鲜,云麓向蟳埔输入"簪花围",后埔和东梅两村则向蟳埔输入建筑建造。当然,随着交通日益发达,现在也有外地人,比如临近的惠安人甚至北方工人来村里建房子。互相之间也存在一些通婚现象,从而促进景观的流动和交换。这是小范围内的景观交换和勾连。

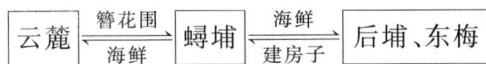

图 2-4　蟳埔和周边村社的景观交换

与蟳埔相邻而居的法石社区,同样在晋江入海口,居民却并不从事渔业生计。在法石社区美山村的美山宫,一块乾隆年间的石碑记载:"澳有二十四,而法石为要,盖为内通南关,外接大坠,实商渔出入必由之所,亦远近辐辏咸至之区,故部馆、文馆、武馆具设是处,所以稽查透越盘察漏税,诚重其地也。"可见在古代法石社区占据地理优势,以收取关税为主,而更靠近海洋的滩涂上的蟳埔人则以打鱼卖鱼为生。法石社区居民称:"我们没有出海打鱼,只有蟳埔才出去打鱼。海蛎都是他们那边的。他们会过来这边菜市场来卖,我们很少过去买,当然有时渔船回来了也去。我们这边菜市场有很多地方来的渔民,除了蟳埔的还有晋江的。"法石社区开有两家海鲜馆,经营者都是蟳埔人,虽然都是沿晋江口居住,法石居民却没有从事渔业生意的。"我们年轻的时候就开始打工了,是去味精厂工作,国家企业。现在已经变成房地产,就是旁边的泰禾广场。泰禾广场那还有个王爷宫,我们没有送王船,蟳埔有。""我们这边有很多姓氏,姓黄的最多。听说是有四五个兄弟分家演变来的。"我们问:"那你们与蟳埔的黄姓是一家吗?"答:"不是,有很多黄。我们跟他们不是一家。""蟳埔的妈祖庙在重修,现在没修好,最近就没有拜妈祖了。他们平时也不会到这边来拜。法石社区有两个妈祖宫,一个是美山宫,一个是长春妈祖宫,各自村民经过了都会拜一下,但是一般本村人拜本村的妈祖。"两个社区虽然相邻而居,但是通过这种生计、信仰、服饰甚至祖先记忆的区分,各自形成了自己的认同。

蟳埔社区和整个社会历史文化之间则存在更大范围、更高层次的景观交换和勾连,比如与东南亚与非洲海岸的远洋贸易,比如对阿拉伯后裔的记忆与想象。社会历史文化影响着蟳埔的景观,而蟳埔的景观也回应着社会历史文化的变迁。现代生活方式的变迁深刻地影响着蟳埔人的生活,生活方式的改变带来了景观的改变,现代建材和新式住宅取代了传统海蛎壳和蚵壳厝;过去回收烧成灰作为涂墙料的海蛎壳如今成堆弃在街角,散发出阵阵浓重的腥味,成了另一种风景。我们还了解到,20世纪八九十年代有人来蟳埔拍照,蟳埔女都会害羞跑掉,现在则都学会了抢镜头。原先觉得自己的装扮与其他人不一样而害羞,现在又觉得簪花围得到了外来人的欣赏,产生了自豪。如今,蟳埔一些年轻未婚女子甚至小孩子都戴起了簪花围,在节日仪式上显示自己的美丽与自信。可见蟳埔人从"他者的凝视"和眼光中也在调整着对自己文化景观的认识。

五、"阿拉伯"的想象与记忆

作为中国古代对外贸易的重要商道,"海上丝绸之路"连接泉州及东南亚、中亚及非洲,这使得蟳埔村人对"阿拉伯"产生了想象,并对本地文化景观的形成产生重要影响。尽管现在的蟳浦人并未去过阿拉伯世界,也没有深入结识和了解过阿拉伯人,但是他们的历史叙事却与世界历史的宏大叙事相承接,试图把"阿拉伯"这个名字与当地现存的具体地点和事物联系起来。历史上阿拉伯商人、传教士随商船来到泉州,有不少人在此地见此定居下来。蟳埔及附近社区居民都认为,无论是戴花习俗,还是聚居此地的回族人,都和这些历史上的阿拉伯人有些关系,很多人认为蟳埔村人可能也是阿拉伯人的后裔。村民还提到本地发掘过一些神秘的矮人墓,因为无法解释其现象,也将其和过去的阿拉伯人联系起来。

在蟳埔的东边海滩曾发现成排整齐的低矮坟墓,起源于明朝时期。村人还记得有阿拉伯和日本的专家专程来考察过。本地阿伯说:

前几年村里土地少,就把它们挖掉建房子了。当时要来考察这个啊,大家都觉得很奇怪,为什么这个地方有这么多的小矮人墓。而且啊,是一整排一整排的,很整齐。这个啊,很轰动的。包括专家学者都来看。现在的说法是,它是蒙古的。但是不是蒙古的,可能不是的。因为蒙古啊,他人高马大,他的墓不会那么小。全部是小孩的也不大可能。当时这里人口也不多嘛,不可能有这么多小孩。碑上没有字。有的怀疑是倭寇,到我们这边来骚扰之后,被杀了之后就全葬在这边。有的专家说像当时菲律宾和台湾的那个侏儒。但是最后就是没有一个结果。我们这里曾经有阿拉伯人,也可能和他们有关系。

蚵壳厝、簪花围、小矮人墓,这些都是关于"阿拉伯"想象的构成要素,被不断整合进民众关于过去的记忆之中,从而发明一套解释系统让一切都看上去顺理成章,让自己的起源和地方历史产生了联系,也确立了本村的使命感和历史感。虽然并无考证结论,在村人心中,这些历史和传说却都是真实的。村人口中的"据说",就是他们真实的口传历史。田野中可以明显感受到蟳埔人对于"海上丝绸之路"的认同与记忆。

一般认为,历史上的阿拉伯人后裔形成了今日的泉州回族人。在东梅村附近的东海大街街边我们调查到了回民餐馆和回民聚居区的存在。不过,泉州的回族人在长期历史发展中很多已经与汉人通婚,且聚居区受到城市现代化改造,已经被严重汉化或者现代化,不再保留回族的族群特征及习俗,甚至不认同自己"回族人"的身份。"云麓村的卜姓人为阿拉伯人后代"这一说法仅存在于人们口耳相传的传言中,而卜姓人自身认同自己是汉族而不是回族。我们也有疑问,为什么所有的溯源一定是阿拉伯呢?是否是因为"海上丝绸之路"而强行将自己戴花的传统和云麓相联系,再将云麓和阿拉伯联系,同时又将蚵壳厝和东南亚、非洲相联系呢?

除了口传记忆,这种认同叙事也和泉州整个大的历史文化环境分不开。泉州这座城市本身对阿拉伯就有很多想象。首届"中国阿拉伯城市论坛"就是在泉州举办的,这表明从政府到民间都对泉州和阿拉伯的关系有所重视和偏向。普遍认为,泉州对外交流史中,阿拉伯人和波斯人扮演了极其重要的角色。

根据地方和学者们的考证,初唐时期,穆斯林已到中国传教,涉足广州、扬州、泉州等地。何乔远《闽书·方域志》记载,泉州东郊的"灵山圣墓"是两位"默德那国人"的葬地,他们是当地回族人的祖先。穆罕默德的门徒中有4位大贤人,早在唐朝武德年间即来到中国传教,其中2位落脚泉州,死后葬于灵山。相传自从两人葬在这里后，山上夜里放光，乡人很惊异，以为是神灵显应，称之为"圣墓"，意即"西方圣人之墓"。宋元时期，泉州已成为中国海上对外贸易的主要港口，同时也是中阿交往的重要窗口，大批阿拉伯、波斯商人定居泉州，形成著名的"蕃坊"。随着"蕃商"越来越多，为加强对"蕃商"的管理，宋代官府当时设置"蕃长"一人，负责管理"蕃坊公事"，尤其是要"招邀蕃商入贡"。为满足海外"蕃客"子弟入学的需要，泉州等地还开设了外国子弟学校"蕃学"。许多"蕃客"与当地人嫁娶通婚。如今，泉州的民间还有"丁家的鼻子，苏家的胡子"的谚语，说的就是混血后裔。阿拉伯人的宗教信仰和风俗习惯也得到充分尊重，在他们聚居的地方相继建造了清真寺。北宋年间，伊斯兰教徒在泉州涂门街建造了清净寺。元代则出现了我们调查涉及的"簪花围"和蚵壳厝这些因为与阿拉伯人交易而得到的景观资源。明清时期，因实行"禁海"政策等原因，对外贸易逐渐衰弱。但因为不少阿拉伯人在泉州"生根开花"，仍有不少阿拉伯元素丰富了泉州文化。清代德化产的瓷器上也有很多阿拉伯文字和"清真言"，宗教色彩较浓，这些瓷器大部分销往东南亚、北非、中东的伊斯兰国家。清代，泉州伊斯兰教有几次重兴，均由来官泉州的穆斯林捐资协助。如康熙四十八年（1709 年），都督陈有功、提标陈美等，重兴通淮街清净寺，重修灵山圣墓。嘉庆二十三年（1818 年），提督马建纪来官泉州，礼拜教规。同治十年（1817 年），提督江长贵来官泉州，自聘阿訇，并倡导教务。改革开放后，中国陆续恢复了与阿拉伯的经贸往来。2008 年，伊斯兰文化陈列馆在泉州海交馆正式开馆，内设"阿拉伯—波斯人在泉州"的专题馆，成了全国各种博物馆展馆中，唯一的关于阿拉伯文化的专题馆。事实上，现代泉州人的生活中，仍有不少阿拉伯、波斯等文化的印记。前文提到的蟳埔女头戴鲜花，就是见证之一。另载，闽南沿海女性习惯在头上包扎围巾，有些人也认为是从信仰伊斯兰教的国家中传承而来的。泉州如今仍有阿拉伯后裔分布的乡村、家族。如晋江陈埭镇的丁氏家族、台商区百崎乡等。现有海交馆内收藏的那一批阿拉伯穆斯林的墓葬石刻，也是较为重要的历史遗存。[①]

可见，蟳埔关于阿拉伯的想象，很大程度上也来源于泉州整个文化对于阿拉伯的想象，通过建构文化记忆在一定程度上与官方语境契合起来。

---

① 闽南网报导：《首届"中国阿拉伯城市论坛"6 月 16 日起在泉州举办》，http://www.mnw.cn/quanzhou/news.

六、结 论

(一)蟳埔文化景观的三个层次

蟳埔的文化景观可以归结为由小到大三个层次:社区完整性、区域勾连性、世界想象性。

1. 社区完整性

蟳埔自身是一个完整的社区,有自己的宗族、信仰、性别、居住等分类与互补体系,也有历史与传统的延续性。村中大姓虽为黄姓,但是黄姓又分为十几个宗支,每一支系都有各自的祠堂。村中除了共同的妈祖宫庙,也有沿街散落的庙宇,呈现出街区性的祭祀区域划分。男性出海捕鱼,女性出村售鱼,特殊的婚嫁习俗,体现出蟳埔男女在生计上的互补性与生活上的相映性,在人格上也相互尊重。蟳埔蚵壳厝除了呈现出美丽的建筑风景,也呈现出家户的差异、邻里的和睦、信仰的空间分布和祠堂的纽带连接,如今虽然新盖的现代居民楼房已经不再使用蚵壳材料,但新翻修的祠堂庙宇等公共建筑仍多用旧房拆下来的蚵壳进行装饰,体现出对于蟳埔传统景观的记忆和传承。

2. 区域勾连性

蟳埔和云麓、后埔、东梅这几个村社之间,即存在和分别保有各自的文化景观殊异性,又相互交换和勾连,将彼此的历史、记忆、生计、信仰等捆绑在一起,相互影响,休戚相关。而在文化景观的流动和交换中,蟳埔并不是和单一村社进行,而是和不同对象实现不同的文化景观互动,这种非单一对象的交流互动,给蟳埔带来了一种稳定性。它从各对象那里汲取最为优质的资源,向外输出的也是自己最为擅长的东西,同时不会完全受到对方牵制,因为只是在某一文化景观或资源上存在影响。这保证了蟳埔的文化景观不会因他者的某一重大变故而不复存在。"云麓村"变成城中村及城市化之后,鲜花种植面积大量缩减,但并没有带来蟳埔"簪花围"的消失。

3. 世界想象性

通过蚵壳厝、簪花围、神秘的小矮人墓等,蟳埔人建构起了自己关于世界的想象。"海上丝绸之路"为他们对蟳埔的文化景观寻找到了一种合理且正当的解释。蟳埔人将自己嵌入到世界历史中,努力寻找自己在历史中的位置和坐标。凭着这种对世界的想象,他们创造、保持和传承着自己独特的文化景观。因为他们自认为是与周边不同的,有着来自遥远的阿拉伯世界的痕迹,有着"海上丝绸之路"的历史感和使命感,所以一定有与众不同的地方。也许,这种来自对世界的想象所产生的力量也是他们保持自己独特文化景观的一部分动力。

另外,蟳埔村的文化景观也是活态的和历史性的。村社文化景观并非静止的、一成不变的,而是动态发展的。文化景观会和各种社会环境因素发生互动。蟳埔的很多文化景观都能追溯到历史的深处,甚至有的最终和当时的国家命运紧密联系到了一起。也因这一种历史性,文化景观也保持了其独特性,不可复制。蟳埔村历时性地累叠形成了独特的渔业生产、妈祖信仰、王爷崇拜、婚丧礼仪、蚵壳厝、簪花围等文化景观遗产,在当前的城镇化和旅游情境中,蟳埔人又在努力或者与时俱进建造现代生活,或者重回历史寻求遗产资源,努力找到一条适合自己延续下去的道路。

(三)村社文化景观当前的困境

在蟳埔,我们看到了很多村社文化景观当前共同面临的困境:在城镇化、工业化过程中,土地成了高价且稀缺的资源,房地产和工业用地的征地使得蟳埔村社区空间受到了挤压,与此同时,新式钢筋混凝土住居建筑也在不断替换原先的蚵壳厝景观。如今的蟳埔村已悄然有了城市的模样。海滩已逐渐变成房地产、海滨公园,原先多蟳的海岸滩涂已经消失,海洋生态问题开始渐次出现。这让我们开始担忧蟳埔独特的海洋社区景观未来的存续问题。和众多村社一样,蟳埔的很多年轻人也选择了外出打工。现在蟳埔已经在媒体镜头下逐渐被外界所认识和关注,旅游事业也提上了日程,一些蟳埔手艺人已经被评为非物质文化遗产传承人,但是旅游开发尚处于起步阶段,其带动文化保护和遗产传承的效应,还有待进一步提升。

在选择性和片段拼接加工后,媒体和镜头下的蟳埔,更在制造一种历史和传统的韵味,特别是用别样的蚵壳厝和别具风情的蟳埔女,来吸引人们猎奇的目光。紧接着,游客、学者纷至沓来,想要一睹蟳埔风光。这种静态的、片段的、选择性的风景虽然只能停留在镜头中、图片上,却也已成为另一种蟳埔"景观"。不过,忽视了蟳埔与周边的交换和勾连,也就丧失了景观的整体性、生活性和社会意义。蚵壳厝虽然在海风中倾颓,而蚵壳厝承载的历史、记忆与想象性的无形文化意义却能使其获得更长久的生命。景观只有与人之间存在互动性才能成立,人们向往蚵壳厝,不是单纯想看海蛎壳砌成的墙,而是好奇它的建筑方式和历史文化、人文气息。从这个意义上看,蟳埔景观的整体性、历时性甚至想象性都值得得到更好的发掘。

附录一

代表性访谈个案

个案一:法石社区一家海鲜饭店的黄先生,大约有五十多岁。和儿子、儿媳妇等亲属一起经营。儿媳妇的姐姐一家也在这里工作。还有一个女儿,在南昌做鞋(内高跟)。

我们在这边做生意有七八年了。这边没有亲戚,有朋友。

问:为什么没有在蟳埔开店?

答:现在都是自由的,我们可以在这里开店,也可以在晋江开店,都没关系。美国人也可以来中国投资,中国人也可以去美国做生意。信息是要交流的。

问:蟳埔是不是生意不好做?

答:不会,也好做的。我讲了,现在就是这样,大家都是相互交流的。

(儿媳妇的姐姐带着花。)这是我们蟳埔的特色,都带着。

今天后面那家在店里包了十几桌,做十六岁生日。以前是只有男孩做,现在男女都做。现在什么都发达了,思想也发达了,以前是重男轻女。

我们家全部都是做生意的,小时候也不用读书,蟳埔人(妇女)全部都做生意。我们妇女很厉害,太厉害了! 泉州、晋江、永春各个地方的市场都去做生意。为什么我们妇女做生意呢?因为男的要去打鱼,男的从小在海上打鱼,女的去卖。以前做生意很辛苦,现在有飞机、快递,很方便。

我家饭店的渔产原料有泉州来的、晋江来的、石狮来的、厦门来的。也有蟳埔的。

我们家只开这个店,要专心做一样才行。以前我有开车(当司机),先是在海上工作,又在山上开车。现在开店。

以前我不会说普通话，现在和外界沟通多，学会了说普通话。

家里（蟳埔）也有去打工的。

法石也有姓黄的，但是比较少，蟳埔比较多，占八分之六七。

这边姓黄的和蟳埔姓黄的没什么关系，可能五百年前是一家！

我媳妇大姐戴的花，蟳埔那边买，这边（法石）没有卖。五十多岁的妇女都有戴，本来都只剩下老人戴。最早的时候有人来照相，她们都会害羞跑掉了，现在都抢镜头。现在又觉得是很好看很自豪的，又开始戴了，年轻人、小孩都有戴了。我们村有个五岁的小孩，在北京参加节目很厉害的，就是蟳埔小孩。

蟳埔的水是咸水，没法种花，都是云麓那边种了来卖。云麓那边搞种花的，我们专门打鱼的。各种行业不一样，这样串起来。

我们这一头花叫一坨，这一坨花都要几十块钱，差不多有三圈鲜花。

现在才有送花的习俗。

（儿子过来了，本来光膀子，专门穿上了衣服。他们父子俩都说对方是老板，儿子说自己是打工的）

家庭好欢乐和睦才好。

问：你们有没有分工。

答：我没有做什么了，就是打打牌、唱唱歌、旅旅游。以前打鱼太辛苦了，现在有这个条件了，还有几年享受呢？所以要好好享受了。旧的要去，新的要来，这是自然规律。

我天天都看《海峡都市报》，喜欢了解国家、世界上的大事，比如最近要去火星了。

我们蟳埔出去南洋的很少，这边法石有一点，不太清楚，晋江比较多一些。

现在年轻人都天天读书，家乡的事都不知道了。

来我们这里的顾客很多，也有大巴，东西好，价格好，态度好，什么都好，回头客很多，导游也会介绍游客过来。你们看新闻，海南黑店，38元大虾，香港打死人，这些不会长久的，做人要老实，不能欺诈，所以我们生意很长久。我教育儿子也要这样。

我们的员工五湖四海都有，江西的，全部是外地的，一家都来。本地的只有两三个。这个员工来我们这打工，后来全家人都来了。落地生根。

我的饭店这个地方，是他们村拆迁以后的安置房，我租的。

云麓那边种花的也很少了,都被拆迁了。有的去别的地方买块地来种。

塑料的花这几年村里有人自己做。我的侄女也开了一个花店,在蟳埔村子里。

个案二:东梅村裁缝,专门加工蟳埔女服装。

我的手艺是跟我爷爷学的。我家姓黄。我奶奶是东梅村的,我爷爷是蟳埔村的,他们生完小孩后,我奶奶要照顾她的妈妈,就回到东梅村住。她们家是会裁缝,就学会做裁缝。我是残废(跛脚),不能去做生意,所以就来做衣服。从十五六岁开始做,现在我儿子接班来做。(儿子也是残疾,"大舌头")我先生是打水泥的。(东梅村传统以烧水泥为主,将海蛎壳烧成石灰做墙面粉刷涂料)

蟳埔女花布用得比较多,氨纶材料。绒的、镂空的比较少。

我去泉州、石狮各地去买材料。如果顾客说这个布料很好看,我就到各处去买。

以前很多人来,跑到我们这照很多相。这种衣服。

氨纶的布,我们比较喜欢。叫氨纶提花。这种五十条我们是要的。绿色、黄色、橘红色、桃红色,比较鲜艳的颜色加小花,这种我们最喜欢。

我们也有在网上进货。我们也不太懂。

你们有没有到滨海公园玩一下?

个案三:蟳埔鱼市,在洗沙虫的男性,姓黄,大约50多岁。

我们这里以前有很多沙虫、海蛎,现在不多了,海滩都填起来了。现在要从别的市场买来。这种沙虫我们拿来炒,不是做土笋冻。

问:饭店里客人多吗?

答:一般,不是很多。

问:这边游客多吗?

答:有,天天都有。什么地方都有,全世界都有。他们都是来看海蛎屋子。

船现在出去打鱼还没进来。有大风才会进来。如果没有风一个星期才会回来。七七八八的很多,一般都是大虾,这个地方卖的鱼类都有。一般就在这个港口卖,各个菜市场,泉州、晋江等菜市场。多了就到晋江的批发部去卖,外地的也都去买。

这些虾姑、九节虾,有的是我们自己打来的,有的是在晋江批发部买来的。不是养的,海里的。

螃蟹我们这边自己抓也有,养殖的也有。我们这边买的自己抓的野生的多,都是要到海里才能抓到。

我儿子是做工的,做服装的(在服装厂打工)。现在 20 多岁的出海的比较少了,出去做工,30 多岁的还很多出海的。出海太辛苦了。大船有七八十艘,小船几乎每家都有。

我们现在还有挖海蛎,从码头看出去那边,都是野生的,我们这边没有人养。我们主要工作是开壳。

海蛎壳倒到专门的地方,村里面组织人收和倒。也有倒到海里,也有倒到山里,垃圾坑里。各种地方都有。

海蛎房子,那都是很久以前了,现在没有人盖了。这些小的海蛎壳,过去有人拿来烧灰,白灰,刷墙。现在有石膏粉代替,现在海蛎壳没人要了。

这种海蛎壳烧灰比较好。需要烧,还要拿水和。现在人嫌麻烦,不用了。

海蛎壳房子现在不会盖了。以前盖房子是东梅的、后埔的,现在是外地人,北方人、惠安的等工人都有。

这个是黄家的一个祠堂,一个家族盖一个,堂兄几个一起盖。办丧事的是另一个家族,也姓黄。我们有好几十个分支祠堂。我们这个家族又分了五六个。我们是"西头"分支的。

我们村的妈祖庙还在盖,重新盖。

这些沙虫到南门市场那里去卖。

这要懂得炒,炒来很好吃,脆脆的。

个案四:蟳埔女服饰传承人黄先生

这个斗笠是干活的时候带的。小红包包是一直都戴的,以前是布的,容易湿,后来就是皮革的。装零钱等小东西。都是红色的,大吉大利。

(拿染衣服的植物块根给我们展示)把它敲碎,里面是红的,拿布来染然后拿去晒,再染再晒,要大约 20 遍。要讲究天气,不能曝晒,也不能太潮湿。先做好衣服,再染。必须是纯棉的。这个是敲海蛎时穿的。这个染了 5 遍了。这一个块根可以把这一件衣服染完。

要去德化买,野生的,普通话叫薯榔。我自己买来有种一个,正在尝试种。

这个这边买不到,要到山上去挖。很麻烦。最早这个一斤才几毛钱,后来两三块,后来买不到,没人来挖了。

这个只能染衣服,不能吃。

个案五:蟳埔村一金店员工,黄姓。

我们老板正在申报市级金银珠宝传统手工制作传承人,很多电视台来拍,手工制作的。从 20 世纪 80 年代做到现在。蟳埔人喜欢,老人来买的很多。年轻人有节日才会戴(头饰),平时不怎么戴。

这些是普通的,每个商场都有。这些是蟳埔特色的。年轻人买普通样式比较多,结婚会买,老年人买蟳埔特色的多。传统的是这些钗、梳子。

以前是银鎏金的,现在是纯金的。那天有个教授来买了两三件老的(饰品)。他们喜欢有蟳埔特色的。你们很多大学的学生来这边调查,写论文。

个案六:云麓社区访谈

人物 1 号,一个在花园工作的妇女,大约 50 多岁。

我老公是卖花的,我卖菜。我去泉坂卖,我老公去蟳埔卖。老公姓吴,我姓杨。我家花田在云麓。

你们采访啊?(本地人对采访很敏感,因为征地的问题)

人物 2 号,一位村里的中年男子,姓卜,堂屋门上写"西河衍派"。

我们这个"西河"是灯号,就是挂灯笼时上面写的。我们姓卜的都是这个灯号。这边姓卜的有 600 多人。

问:你们是回族吗?

答:不是!

问:是阿拉伯人后代吗?

答:以前是说泉州的州长是姓蒲,在我们这边搞一个花圃,从阿拉伯那里引进素馨花等,以前是有这么个说法。

附录二

蟳埔丧俗

因为我们调查中没有观察到丧俗仪式,所以通过访谈进行了一些了解,另附一份出版物的介绍。

村民口中的丧俗:在蟳埔,过去人死了,要把他扶起来坐在板凳上,给他祭拜，还要收"尾钱"，就是他有多少积蓄，要传给子孙。那个专门负责料理死人的（当地叫"抓福的"，就是负责给死人整容、装殓、入棺的人），就把钱放在死人的袖子里面。子孙来了，就会跪下来，拿着抖抖，钱就会出来。这是"收尾钱"。还要把他的遗物，全部拿到海边去，把衣物和剩下的药品都烧掉。子孙提一个瓦片，弄一些海泥回来，趁他还没死的时候，放在床头，点个蜡烛。海泥一个作用是插蜡烛，另一个作用则是"辞土"，他死了要和土地公相识。走了以后，孝男孝女坐在两边，一直烧纸钱，且香不能断。还要去提水，放钱进去，意为给它买水。然后给亡人洗澡。提水回来的时候，孝男要把水桶弄在地上，让水自己泼出来，桶里只留着一点。有的人说，要弄到房子上面，让它流下来，还要拿一个去接。弄了以后，抓福的就用一块毛巾，把那个死人前边擦三下，后边擦三下。提过水的绳子，如果说父母亲都不在了，就要全部放掉，就提那个桶；如果一方在，只能放一半。家里有人出殡的花妇女也还戴花（簪花围），亲戚要相互送花。

出版物的介绍：蟳埔殡俗保留皇室富家特有的气派和礼节，且与其他地方不同的是有挖海土、提井水、半路祭及龙体棺柩拔龙须在前引路的出殡仪式，还有做功德等，体现了人们对先人追寄哀思、缅怀功德的情愫。死者出殡时，至亲的蟳埔女要穿白孝衣，头上的梳子需系蓝色羊毛线、手腕系上白色羊毛线串上铜钱以寄托哀思；而宗亲朋友则不必行此哀礼。送殡时她们除需穿白孝衣外，头上仍然可系红头绳，插金钗、戴五颜六色的"簪花围"，送殡队伍蔚为壮观。[①]

附录三

法石社区资料

（一）法石社区美山天妃宫（妈祖庙）

1. 匾　额

门口雕像后的墙正面：美山天妃宫

---

① 陈敬聪：摄影画册《蟳埔女》，北京：今日出版社，2007年。

背面：美山福地

进门匾额：天后宫

左右偏室匾额：慈帆普济　水德配天　海不扬波

　　　　　　德泽海疆　海域安澜　泽施四海

正殿门口匾额：护国庇民

正殿神像上匾额：海神

正殿左右侧外墙匾额：后德同天　圣德光辉　海国长春

　　　　　　　　　海宴清河　镜海恩波　神威海疆

正殿后侧：梳妆楼　观音阁

2. 碑　记

泽被溟溇

澳有二十四，而法石为要，盖为内通南关，外接大坠，实商渔出入必由之所，亦远近辐辏咸至之区，故部馆、文馆、武馆俱设是处，所以稽查透越盘察漏税，诚重其地也。自兵哨夤缘为奸，澳棍藉端生事，往来船户始病甚，廿五年间奉镇闽将军社，设立木牌着为成例，时咸称便。奈随立随坏，久后如故。辛丑春奉提督福建陆路军门昭信伯李荣任访，拿崇武汛弁兵不法，因编示各澳令兵弁验明即放行，毋许留难阻滞丝毫勒索，如有前项情弊许商人越辕禀究并简择汛防官李讳天成莅兹任恪遵明示分毫不染，复蒙晋江县彭出示饬口书随到随即，挂验放行，除旧例笔资四十文之外，毋许藉端指勒良法美意，诚可颂也。但纸本易湮糜，时恐坏风雨，厚德难没奕世共沐恩膏，勒石以志永久，使后之出入是澳者，知廓清陋规惠及商民，其原有自待示。

　　　　　　　　乾隆四十八年元月毂旦阖澳众船户公　立

何瑶煌先生重修美山天妃宫

功德崇隆

美山村全体村民敬立

重修美山天妃宫碑记

　　盛唐海上丝绸之路始于泉州法石美山，为船舶停靠报关之处，海航繁盛，商贾云集。宋湄洲神女林氏者，世传能驾云凌波，屡显灵异，拯救舟楫，航海者感其德而尊为海神。至明初累封为护国庇民妙灵昭应宏仁普济天妃，尊号天上圣母。明永乐间，法石之信士择石头街美山广东高州会馆旧址兴建天妃宫，奉祀其神，冀得护海安民。清初神晋号天后，而庙名依旧殿宇。虽经历代修葺，然岁月沧桑，行将倾圮。本里旅新加坡华侨何瑶焜先生为保护古迹，首倡重修，惜乎时事未能竟。其胞弟何瑶煌先生承兄遗愿，主持筹划，乐捐巨资，以底于成，终毕其功，古庙新颜倍增宏伟。何氏贤昆仲爱护桑梓文物之功至堪嘉佩，董其事诸君嘱子记述，爰勒石以垂千秋。

泉州市道教研究会会长陈泗东撰

福建逸仙艺苑泉州书协王爱琛书

东海乡美山天妃宫筹建委员会立

公元一九八九年岁次己巳阳月 日毂旦

法石村委会暨海内外善信
重修美山天妃宫

再奂华光

美山村全体村民、美山宫董事会敬立

重修美山天妃宫碑记

　　法石自宋元以来即为泉州海上丝绸之路重要门户，妈祖信仰广播海宇。元大德年间（一二九七—一三〇七），已有小庙敬奉妈祖，为美山天妃宫前身，香火鼎盛。明永乐五年（一四〇七），于今址改高州会馆兴建妈祖宫，配祀廿四司和千里眼、顺风耳，殿后建观音阁，东西畔建文武馆和宫池。明洪武十四年（一三八一），宫前设河泊所，清初改为海关税口，斯时舟舶云集，人烟辐辏。一九四七年，信众重修天妃宫，再塑神像。"文革"间文物遭毁。一九八九年,侨胞何瑶煌先生承兄遗愿捐资重修本宫,翌年村民合资重塑神像,宫貌再焕光彩。一九九二年,泉州市人民政府将本宫列为文物保护单位。一九九九年十一月,隆重举行建庙七百年庆典,为弘扬妈祖文化,开发旅游资源。今蒙法石村委会二〇〇〇年间拨巨资修缮本宫大殿及东西厢房,并建后山喷泉,荷蒙四位旅台乡亲捐资雕全樟妈祖巨像,众善信合力塑廿四司。欣喜美山天妃宫文物再现光华,特勒石为记。

美山村全体村民 美山宫董事会　立
二〇〇一年岁次辛巳仲夏　吉旦

美山天妃宫

经本府于一九九二年九月公布为第三批市级文物保护单位

泉州人民政府

公元一九九二年九月　日立

美山天妃宫始建于明永乐年间,原为广东高州会馆旧址建造,祀海神林默。历代屡有重修,规模为城郊诸天妃宫之最。宫前江滨有清至民国间海关,东西侧有文武馆遗址。

(二)法石社区海印寺碑记

海印寺朱子祠

泉州市文物管理委员会

公元一九八四年六月　日立

朱熹是宋代著名理学家,曾在泉州府一带讲学,泉人建祠数处祀之,今皆废,仅存此祠。寺旧有天风海涛楼,亦为朱熹所题。

菲律宾海印寺护法

庄长泰伍棣华居士诸善信捐造车场道路

岁次己巳年孟夏立

田园村诸乡贤善信乐捐

敬奉仙公殿一座

感铭立石志其功德同沐佛光

林汉宗　书

海印寺常住　立

岁次癸巳金桂飘香中秋月圆时节

海印寺历代住持法座

宝觉大和尚醒世佛公，戒净长老锦莲清、信女锦珠清、信女日安尼师，本持尼师曰："叶茂根生，报本感恩。"爰文勒石，志其功德，华枝春满，天心月圆。

林汉宗书　住山　释如修　立
岁次癸巳中秋佳节天上人间月共一轮

海印寺碑记

海印寺位于泉郡东南之宝觉山梯，临东海。开山祖师宝觉老和尚浮槎于此，斯时四面环水于天然石室，礼佛参禅，故山以僧名。每当三五之夜，海月清辉印照宝山，禅意悠远。遂取寺名曰"海印"。宋大儒朱熹于兹创立宝觉书院，弘道讲学，开文风之先河。并题留天风海涛石刻犹存，有清乾隆朱文公祠石匾为证。元福建市舶司提举阿拉伯人蒲寿庚，筑望海亭于此，以壮观瞻。清同治年间乡贤长春宫人陈怀德、陈怀义昆仲，宣导重修殿宇，焕然一新。清翰林乡绅庄俊元所题古佛与大海潮音匾额，两方今犹高悬寺中。光绪初年，泉郡大旱，东海下露人俗姓庄，海印寺住山醒世佛宏愿求两手持法器，篝火自焚，感天动地，顿时甘霖普降，旱情即解。寺中供奉其法身，舍生救苦，菩萨心肠，永祀千秋。继任住山戒净和尚，广东人，俗姓许，名辉，乃巨贾之后。慧根佛缘法喜充满携巨金布施,再重兴海印寺,今日之规模定矣。沧海桑田,日升月恒,十年浩劫亦难幸免。四凶覆亡,旋乾转坤,开放改革。古刹重光,追思大德,仰慕前贤,知恩报本,爰文记事,勒石志铭。

沙门释真有尼师口述　佛弟子林汉宗撰文并书

佛历二五五七年岁次癸巳柳色青青蝉鸣依依仲夏之吉穀旦　　敬立

(三)有关云麓的地名资料

随着城市化进程的推进,人们口中的"云麓"现今已改名换姓,在地图上未有标识,其区域范围也有所变动,历史遗迹难以寻得。特收集泉州有关"云麓"的地名资料,以作参考。

云麓禅寺　位于泉州城东郊五里左右云麓山。关于云麓寺,可能志书误作法石寺,因云麓与法石毗邻。据《方舆纪要》载云:"宋幼主曾驻跸此寺中。"这则记载同故老历代传闻相同,所以两者实系一寺,即为云麓禅寺,所悬寺匾亦是如此。宋末帝昰南来泉州,蒲寿庚闭城不纳。帝昰乃移驾由通淮门外前往东南。此时层云叠起,自山之麓前来拥盖圣驾。帝昰因而留宿该寺,并敕赐山名为云麓。

明崇祯十六年(1643),李日烨参政捐俸重修寺宇,并题"圆觉招提"四字,制匾悬于寺内。乾隆十年(1745),吴君洛捐金重修,同时也重修三翁宫,并髹漆一新,为云麓增胜。①

云麓山　位于泉州城东郊五里左右法石。古有"云麓禅寺"、白鹿洞和三翁宫(参见《泉州寺庙・云麓禅寺、白鹿庵、三翁宫》)。山巅西北侧有宋末元初蒲寿晟诗刻(该诗亦载蒲寿晟《心泉诗集》)——该诗为攀登清源山所见所感,不是从云麓山远眺清源的情景:"源山多意气,松柏高姿凌。曳杖渺云涛,天风吹泠泠。"明・蔡清《题云谷山独善山房》:"山矗矗,水簇簇,白云一片卧空谷。卧空谷兮浑无声,乘风起兮应为霖。"②

---

① 百度百科,http://baike.baidu.com.

② 泉州历史网,http://qzhnet.dnscn.cn/qzh211.htm.

第 三 章

泉州百崎回族乡族群文化景观调查

一、百崎回族乡概况

(一)自然地理环境概况

百崎回族乡的地理位置与蟳浦村类似,位于泉州市惠安县西南部沿海,洛阳江入海处,与位处晋江入海口的蟳埔村一样三面环海,并依次与蟳埔所在的西北部东海湾半岛、南部的晋江与石狮环绕组成了泉州湾,百崎位于泉州湾北岸,西面为海。百崎海陆交通均为发达,东有秀涂港,西有后渚港,通过洛阳江上的后渚大桥(2003年通车)与泉州市丰泽区相连,于2015年刚刚正式开通的泉州湾大桥又将百崎所在的惠安县与南岸的、晋江石狮连接起来,增加了陆地交通。

百崎是一个临江临海的半岛型乡镇,全乡面积16.7平方公里,其中陆地面积有8.63平方公里,辖白奇、里春、莲埭、下埭、后海5个行政村。人口约有近2万人,姓氏结构上以郭姓为主,素称"白奇郭"[①]。百崎乡驻地郭姓的民族身份已被识别为回族,1990年8月经福建省人民政府批准,成立了百崎回族乡,是福建省18个少数民族乡中唯一的回族乡,也是泉州市唯一的少数民族乡。近年来,在当地政府的鼓励下,百崎乡正在努力将自己打造为少数民族特色乡,因而以郭氏家族为代表的历史遗迹及回族风俗逐渐被彰

---

① 郭志超:《台湾白奇郭回族及其与大陆祖家的交往》,《回族研究》1992年第2期,第20页。

显出来,依托少数民族文化资源建构自己的景观特色也成为其目前发展的重要策略之一。

图 3-1　泉州湾及北部的百崎回族乡

百度地图,2016 年 3 月

(二)百崎的生态生计形貌

百崎具有三面临海的地理格局,因而长期以来陆上交通极为不便,直到后渚大桥、国道等通车之后这一情况才有所改善。淡水水源及土地条件对于农业生产并不适宜,因而,与蟳埔人一样,百崎人主要从事捕鱼售鱼、滩涂养殖等海洋生计,除此之外,也开采本地山石花岗岩(当地称为"白石",颜色较白)作为经济补充,而采石业造成的水土流失更加不利于农业生产,因而务农者较少。这些生计方式造成了当地以性别为主要分工特色的生计结构,男性出海捕鱼或者加工石料,女性从事少量农业种植、贩卖渔产及采石小工等工作。这一点对于百崎社会文化的影响较大,特别是在宗教信仰及节日仪式方面,逐渐与其他渔业社区趋同而与回族穆斯林传统本身的纽带较松,在后文中我们还会介绍。

(三)地名解释

历史上出现过白奇、百奇、白崎、百崎等地名。据明朝隆庆至万历年间惠安知县叶春及所编撰的《惠安政书》，这里被划分为惠安二十三都的白崎铺。在入泉始祖郭德广墓碑上，刻有"惠百奇"的字样。明清流传下来的郭氏家谱称本地为"温陵百奇"。1990年8月，由东园镇划出五个行政村，成立回族乡。乡名采用"百崎"，下辖有白奇村等5个行政村。

关于地名的来历，目前民间有两个主要的版本。一个说法是，"崎"有崎岖之义，本乡南面通往三台山有一条崎岖蜿蜒的石径叫做"白石崎"（闽南语中"崎"与石阶的"阶"音同），因而称为"白崎"；又说当地人是从对面克圃村经过百二石阶越滩而来，故称"百崎"（百阶）人。这种说法显然与当地所存的地形地貌及石阶路遗存有关。另外一种说法是，郭姓居民是信仰伊斯兰教的阿老伯后裔，在阿拉伯语中"百奇"为"花园"之意；又有人说回族人喜爱洁白，习俗奇特，因而这群后来迁入的人群被称为"白奇"。第二种说法与百崎人的族群来源与祖先记忆有所关联。

百崎郭氏家庙中有楹联刻载："祖汾阳派富阳族螺阳三阳开泰，源晋水分法水聚奇水万水朝宗。"其中的"聚奇水"是说郭仲远卜居于奇水之滨，因而"白奇"或者"百奇"也有借用地方水系之名的可能性。

（四）厦门大学对百崎的持续研究

厦门大学对百崎回族有着很长的研究传统，特别是在当代著名人类学家陈国强先生的带领下，组织了一系列关于百崎民俗、民族文化调查、研讨会，并出版了大量民族志研究成果。1983年，厦门大学人类博物馆与历史系、复旦大学生物系体质人类学教研组、上海自然博物馆人类学组共同组成了联合调查组，对百崎郭氏作了社会历史和体质人类学调查，并发表了《福建省惠安县白奇回族调查报告》（《惠安方志通讯》第2～3期，1986年）。1991年，厦门大学人类系和惠安地方志办公室共同进行的第二次调查，并出版了调查报告[①]。同在1991年，福建省历史学会与百崎乡联合召开了"百崎回族历史学术讨论会"，并出版结集成果《百崎回族研究》[②]。1989年12月，福建省民俗学会在厦门大学成立，陈国强任会长，学会开始每年组织关于闽台民俗的研讨会并出版论文集，1992年，福建省社会科学联合会、福建省民俗学会、惠安县对外文化交流协会三单位联合召开了"惠安民俗研讨会"，特

[①]　陈国强等：《百崎回族乡调查》，《惠安方志通讯》第6～7期，1991年。

[②]　陈国强、陈清发：《百崎回族研究》，厦门：厦门大学出版社，1993年。

别对百崎回族乡民俗进行了专门的讨论研究,并编成论文集出版①。在陈国强的带领下,厦门大学人类学系的石奕龙、郭志超、范可、王平等师生形成了对惠安百崎回族的研究传统并一直传承下来。郭志超发表了《泉州湾白奇回族不吃猪肉风俗演变中之宗教因素》、《百崎郭氏谍谱资料辑说》、《台湾百崎郭回族及其与大陆祖家的交往》等文章,从历史学角度探索了百崎回族的来源和发展,并且与陈埭丁氏回族进行了比较研究,根据其在百崎和台湾的田野调查,还提出了百崎郑和历史其实是百崎回族自主想象的结果。1992年出版的《惠安民俗研讨会论文集》收录了郭志超的《百崎回族保生大帝信仰民俗的历史考察》②与石奕龙的《百崎回民的"私家神"崇拜》,他们都关注了百崎回族也具有的闽南汉人信仰崇拜活动。范可、王平等论述了百崎在当代社会发展的情境下寻找文化遗产资源来重建建构回族认同和象征资本的行为③。

二、百崎回族的来源与记忆

(一)泉州回族的渊源

百崎人的族群身份为回族,他们与中国古代的海上丝绸之路有直接的渊源关系。从唐中叶起,泉州已经成为中国东南地区的重要港口,经过宋元时代的发展,泉州与东南亚、南亚、非洲等港口已经形成了商贸往来关系,泉州港也成为"东方第一大港"。欧、亚、非的商贾云集于此,特别是擅长经商的阿拉伯、波斯、中亚等地的穆斯林人口逐渐在泉州港口聚集定居,并与汉人通婚。北宋时期(约 1009—1010 年)阿拉伯人开始在泉州建立阿拉伯清真寺——清净寺,元代(1310 年)又进行了重修,现在已成为中国现存的最古老的阿拉伯清真寺,位于泉州的涂门街。此外在泉州地区历时性的形成了

---

①　福建省民俗学会:《惠安民俗研讨会论文集》,厦门:厦门大学出版社,1992 年。

②　郭志超:《百崎回族保生大帝信仰民俗的历史考察》,《惠安民俗研讨会论文集》,1992年,第 252~259 页。

③　范可:《"再地方化"与象征资本:一个闽南回族社区近年来的若干建筑表现》,《开放时代》2005 年第 2 期;王平:《文化遗产:泉州回族历史与文化特性的记忆与表达》,《回族研究》2013 年第 1 期。

大量圣墓,也是伊斯兰人的重要遗迹,在泉州海外交通史博物馆也存有大量伊斯兰碑刻,其中不乏阿拉伯文、波斯文或阿拉伯—汉文合刻而成。泉州的多元文化特色由此形成,泉州的回族人也多为这些与穆斯林—汉人通婚的后裔。

南宋至元代是泉州回族先民与汉族融合的时期,这一时期北方战乱较多,北方的阿拉伯人、波斯人也纷纷南迁,而且国家政策对于海上贸易多有鼓励,对于穆斯林人也多有宽容。在元代,包括阿拉伯人、波斯人在内的色目人的地位仅次于蒙古人而高踞于汉人和南人之上,许多阿拉伯人后裔成为泉州本地的地方官员。宋末阿拉伯人后裔蒲寿庚曾任泉州市舶司提举,居住于前文所提及的法石云麓村,其家族以经营香料为主,亦官亦商,后弃宋降元,被元廷重用,招二十多国地区商人来泉州贸易,促使泉州港海外贸易空前发展,成为东方第一大港。来自新疆的维吾尔人(色目人)偰玉立在元代曾任泉州郡守。为稳固统治,明朝政府实行了强制同化政策,阿拉伯人—汉人通婚更为普及,后裔也日益繁衍,人口和聚居点增多,说汉语、用汉字、穿汉服、改汉姓、从汉俗、修族谱、建宗祠成为新的历史潮流。明代著名思想家李贽也是阿拉伯人与汉人通婚的后代。泉州回族人主要以丁、金、郭、蒲(卜)四姓为主,大部分都是在南宋末年或元代定居下来的穆斯林与汉人通婚的后裔。

(二)百崎回族祖先渊源

泉州海外交通史博物馆所藏一块元代墓碑刻有汉字与阿拉伯文两种文字,1974 年发现于东海法石。正文竖刻"惠、晋元郭氏世祖坟茔";两边上角各刻"百奇"、"坡庭"。阿文刻在碑额,音译为"伊本·库斯·德广贡·纳姆"。现在重修的《郭氏家谱》认为,"据考证,这是郭姓定居泉州的二世祖,即郭德广的儿子郭子洪(? —1367)的墓碑。郭子洪的次子郭泰迁居惠安县白奇乡,三子居晋江坡庭,因此称郭子洪为'晋坡庭、惠白奇'的始祖。从此确定了白奇郭姓是元代居住泉州的波斯籍穆斯林后裔(旧族谱中关于郭氏源于郭子仪的记载,是明代回族修谱时所常用的伪托名宦大姓的做法)。"

《白奇郭氏族谱》载:白奇郭姓始祖郭德广(原名"伊本·库斯·德广贡",后从汉名郭德广),于元武宗至大年间(1308—1311 年),"以宣差微禄,奉命来泉,督糈供应。其时干戈扰攘,弗克还朝,遂纳室于泉而家焉"。其后援例占籍于晋江法石。郭德广"生子洪公。子洪公生三子:长和卿公,分支江西;次仲远公,开基白奇;三季渊公,居于法石"①

范可认为,由于百崎先天的生态环境对于生计选择的限制,比如男性多外出谋求生计,百崎郭氏难以发展成像陈埭丁氏那样充分制度化的宗族,同族内士绅和精英阶层发育不足,也相对不太重视儒家教育,使百崎成为儒家文化中心地区的边陲或边缘地带,这也是郭氏伊斯兰文化能够得以残存并在一定历史条件下复苏的前提②。尽管如此,百崎郭氏同时也在努力表达他们对汉文化的崇尚。据族人介绍,郭仲远共生育了五个儿子,分别称为仁、义、礼、智、信五房,可见其在当时已经用汉人儒家文化来应用于家族管理之中。五个儿子

图3-2 汉阿双语的郭氏世祖墓碑

资料来源:《白奇郭氏族谱》,台北重刊版,1989年。

又分别与当地汉人通婚,长房郭仕初居白奇,二房郭仕源和五房郭仕昭居里春,三房郭仕璧居山兜(后人迁至漳州、同安、南靖),四房郭仕敏居埭上。现在郭氏家族已发展为1万多人,遍及白奇、下埭、莲埭、田吟、里春、大山、贺厝、山兜和后海等乡村,百崎乡最为集中。长房公郭仕初于明宣德七年(1432年)购买了本村李氏之地创建郭氏家庙,并携兄弟们编撰了郭氏家谱。郭氏家族在百崎所修的家庙宗祠和族谱,也是他们接受汉人宗族制度和祖先崇拜信仰的历史证明。郭氏家庙目前主要的功能是祭祖和老人活动中心。在祭祖之时,海峡两岸的郭氏宗亲都会聚到此,现在这几年在逐年恢复伊斯兰文化的一些做法和禁忌,来强化百崎郭氏的回族身份认同,后文将会详细描述。

---

① 郭秋君:《惠安回族——白奇郭》,《白奇郭氏族谱》,台北重刊版,1989年,第82页。

② 范可:《"再地方化"与象征资本:一个闽南回族社区近年来的若干建筑表现》,《开放时代》2005年第2期,第43~61页。

关于郭氏家庙，本地人也有一个传说。百崎这个地方在明初以前是汉人居住，后来泉州东海法石以养鸭为生的阿拉伯人后裔郭仲远，派长工赶鸭子到白奇养鸭，长工在此搭盖了一个鸭寮，结果这个鸭寮里的鸭子长得特别好，母鸭都下双黄蛋，由此认为此地是风水宝地，于是郭仲远买下了这块土地，在郭氏家族进行分支分迁时，郭仲远带领妻子陈氏和两个儿子搬到白奇居住，成为郭氏家族在百崎的开基始祖。

（三）关于郭子仪的说法

在百崎乡我们看到一个很有意思的现象，几乎每家的门牌上都会刻有"汾阳门派"字样。郭氏族人曾经一度认为自己是唐代郭子仪的后裔，而非回族或者阿拉伯人的后裔。

明代初修、清代重修的《白奇郭氏族谱》中记载一篇《适回辨》："吾宗何以有适回者，爰咨长老，曰从妈教，此一说非也。……吾宗先世元太常寺卿广德公肇基法石，葬在先茔官后棋盘穴。此乃来泉一世祖，其坟茔用回教法，如何得曰从妈教。若从妈教，必先广德公用汉葬法，二世子洪公始用回回葬法，因附会其说，犹颇近理，如何一世祖已经从回安得曰从妈教？"据叶国庆考证，"'从妈教'或'从妈氏异教'乃指信奉回教。若就'从妈教'逐字解释，应是说'跟从妈（母或祖母）而信奉的教'。"[①]可见在明清时期族人对于自己的回族身份及伊斯兰信仰的来源已经开始出现争议，并且通过考证墓葬的方法来寻求解释。

百崎郭氏家庙中有楹联上写"祖汾阳派富阳族螺阳三阳开泰，源晋水分法水聚奇水万水朝宗。"其中的"祖汾阳"，表明百崎郭氏为唐代名将汾阳王郭子仪之后代，这显然与回名"伊本·库斯·德广贡"改从汉名郭德广的说法相悖。之所以将郭子仪作为祖先来源，与百崎郭姓在历史上通过主动汉化的策略来适应当时政策，以及跟从汉人编写族谱攀附英雄祖先的习惯有关系。

---

① 叶国庆：《李贽先世考》，《历史研究》1958 年第 2 期，第 79～84 页。

三、百崎的文化景观及回族性复建

(一)遗存性景观

在联合国教科文组织对文化景观的定义中,有一种类型是"有机进化的景观","它产生于最初始的一种社会、经济、行政以及宗教需要、并通过与周围自然环境的相联系或相适应而发展到目前的形式。它又包括两种次类别:一是残遗物(化石)景观,二是持续性景观。"①蟳埔和百崎都保留着这样一些有机进化的景观,比如由于地理环境和海洋生计所形成的渔业景观,有一些已经成为残存性的历史遗留物,失去了原先的功能,比如废弃的蚵壳厝,不知名的墓葬群等等。不同的是,与蟳埔相比较,百崎这个被识别为回民的社区近年来更加倾向于保留和发掘能证明其民族身份的带有伊斯兰文化色彩的遗存性景观,也就是范可所说的回族性的"再地方化"②现象。

1.清真寺

莲埭村的埭上和大山这两个自然村存有三处清真寺的遗址。从现在的遗存和宗教活动来看,郭氏宗族的信仰在伊斯兰教和汉人儒家文化之间摇摆不定。郭氏开基以来,明清时期一直存在强制本地穆斯林与汉人同化、通婚等政策,许多伊斯兰文化活动被迫中止,崇尚儒家之风兴起,郭氏家庙宗祠、族谱就是在这一时期修建编纂而成。康熙己丑年(1709)郭氏后人郭宏隆携眷迁入泉州清净寺居住;此时来自云南的穆斯林、泉州都督陈有功开始复兴已经长年式微的伊斯兰宗教信仰,一些郭氏族人也参与了这项宗教复兴活动,并与居住于清净寺的郭宏隆合力复教。据说在陈有功的帮助下,最终在百崎埭上村重建了一座清真寺。然而到了清末伊斯兰教再次式微,这座清真寺也最终坍塌。大山村的伊斯兰教一直支撑到 20 世纪 40 年代,直到最后一位当地的阿訇去世。据本地人回忆,一直到 20 世纪 70 年代末年大山村还有最后一位一生禁食猪肉的老人。

---

① 联合国教科文组织:《保护世界文化和自然遗产公约》,1972 年。
② 范可:《"再地方化"与象征资本:一个闽南回族社区近年来的若干建筑表现》,《开放时代》2005 年第 2 期,第 43~61 页。

图 3-3　福建省级文物保护单位"回族郭仲远墓"

2.墓葬墓碑

　　郭氏先祖的古墓在建造时均采取回汉结合的方式,比较典型的为始祖郭仲远夫妇双合墓、里春二至五世墓群,都采取了伊斯兰教风格的祭坛式墓座与汉式墓围相结合的风格。墓地选择和墓区的建筑结构遵从汉人习惯,石棺则具有伊斯兰风格。石棺无底,其上刻有吉祥图案,取入土为安之意,并刻有阿拉伯文。墓碑上也都刻有"清真"字样,但是只有汉字,并无阿拉伯文。百崎下埭现在共有保存完好的郭氏祖墓十几座,包括郭仲远夫妇双合墓以及郭氏后人

图 3-4　郭仲远夫妇古墓

郭仕初、郭仕源、郭仕敏三个陵园,这些郭氏墓群已经列为政府保护单位。

除了伊斯兰文化,郭氏墓也具有汉人道家风水文化遗留。据说郭仲远夫妇的墓地是经由风水师指点而建。墓地后的山像一只卧狮回首眺望泉州湾,墓地前的小山则被叫做"狮球山",共同组成"狮戏球"之景。风水先生说这个地方的风水机密是"进前三宰相,退后万人丁。"郭氏夫妇希望人丁兴旺,因而选择了后者。村人用"九乡郭"、"万人丁"来形容郭氏目前的人口盛状,并以此来印证这一风水说法。

3.郭氏家庙

郭氏家庙是百崎最有名的古建筑之一,家庙内立有明代阿拉伯文石刻。郭氏家庙始建于明朝宣德七年(1432年),清光绪二十四年(1898年)因火灾被烧毁。后于宣统年间及民国初年两次重建。1992年被惠安县人民政府列为文物保护单位。

图3-5 郭氏家庙

郭氏家庙显然受到了闽南建筑风格的影响,从建筑形制、空间布局、造型风格等方面都保留典型的闽南大厝特征,比如坡式屋顶、燕尾脊、红砖墙面与地板、回廊、油漆颜色等,另外一些典型的闽南石雕、木雕等工艺也多有应用,除了碑记上的阿拉伯文,基本上找不到伊斯兰建筑风格的痕迹。现在则通过悬挂印有伊斯兰圣城麦加的穆斯林礼拜用毯来表述郭氏的回族身

图3-6　郭氏家祠祭祀桌上挂着印有麦加圣城的礼拜用毯

份。据说其选址也是开基祖郭仲远选择风水颇好、盛产双黄蛋的鸭寮所在地而建。

正厅前上方悬挂着一块题有"宣慰府"的匾额，族人介绍是因为其入泉始祖郭德广曾主政宣慰使司，郭德广因此也被为"宣慰公"。大门刻有楹联："支分法石源流远，地卜奇山甲第兴。"家庙内则有楹联："祖汾阳派富阳族螺阳三阳开泰，源晋水分法水聚奇水万水朝宗。"在家庙中庭的左侧墙上，嵌有"百奇郭氏家庙重修记"碑刻，上端也刻了阿拉伯文字来彰显郭氏家庙的族群认同和迁徙来历。现在家庙也为本村老年活动中心。

显然，郭氏家庙应是受到闽南地区流行的宗族制度影响而建成，在此基础上，修族谱、祭祖先等汉人信仰习俗也被百崎郭氏所接受，甚至对于食猪肉的日常行为也毫不避讳。这些与伊斯兰教传统当然有着冲突之处，但是郭氏通过一些仪式性的行为和文化的自我阐释化解了这一矛盾。

先将碑文整理如下：

百奇郭氏家庙重修记

溯吾族入闽之远祖，为伊本·库斯德广贡（注）其先世来自天方，信封伊斯兰教。公仕于元，赐进士出身，特获授太常寺卿，主宣慰使司之政。其后督糈来泉，时值干戈扰攘，路途梗塞，弗克还朝，遂纳室于泉而家焉。及明洪武初始，援例占籍卜居于晋邑东郊法石里，成为温陵世家。三传至仲远公，于明洪武初年分枝来惠，择依山傍海之沃壤，建

图3-7　郭氏家庙中刻有阿拉伯文的碑记

生养繁衍之家园，是为吾百奇郭氏之肇基始祖。迨二世仕初公诸昆仲，始共建家庙，粗具规模，彼时在宣德七年（一四三二），距今已五百六十年矣！宗祠阅世久远，时损时修，及清乾隆初至同治末，百十年间两度大修且渐有扩展。至光绪戊戌（一八九八）毁于火，族中父老急谋重建，殷商郭发生倡首投资，族人相应，于宣统元年（一九零九）兴建欲复旧观，嗣因流言阻力，功亏一篑。其后前辈乡老郭银盾（奎武）力主续建，分头筹措，先后向合族酿资，征工选料，复遣人南渡槟城，北上浙江，向侨居异城移植外省诸宗亲劝筹，终于集腋成裘，大兴土木，重新折盖正厅，复加建前落，工程浩繁，布局严整，至民国十七年（一九二八）完工。庙貌之堂皇雄伟，冠于当时。后历卅载星霜，更值十年动乱，祠堂破落，俎豆飘零。迩来政通民和，百业繁兴，海峡无波，一叶可渡，旅台宗亲，

纷至沓来，每瞻家庙之荒芜，辄议集资以修复。幸来春修平、修明①、炳祥诸君，先后荣归，入父母乡邦，喜见兴隆气象，谒祖宗庙宇，惜无完整规模，于是或慨献巨资，以促修缮，或先垫款项，以利接济，或返台筹集，以竟全功。（同人筹）既蒙委托，义不容辞，乃群策群力认真从事。爰即细心缮饰，刻意装修，髹漆描金，丹楹垩壁，雕梁画栋，保存原有典型，溢彩流金，扩展当年风范。从此家庙重光，共修蓬豆，祐祧再整，备享蒸尝，绵绵瓜瓞，内外咸享，毋忘毋荒，是祷是颂。

百奇郭氏家庙筹备委员会 撰立

公元一九九二年岁次壬申仲夏毂旦　十八世裔孙郭秋君盥手敬书

注："伊本·库斯德广贡"系墓碑上所镌之回文读音。"伊本"即大元，"库斯德广贡"即郭氏德广公。

4. 接官亭

本地人能将自己的伊斯兰传统或者回族身份比附的遗存还有明代为迎候三保太监郑和驾临百崎所修建的石亭"接官亭"。接官亭在百崎渡口，与泉州后渚港隔海相望，建于明代。亭子为石构四角攒尖顶，坐北朝南，宽 7 米，深 6.7 米，通高 5 米，亭中 4 根柱子围成一个"口"字形，外围 12 根檐柱则围成一个大的"口"字形，因而，16

图 3-8　郑和接官亭

根柱子共同围成一"回"字。当地人认为这种组合方式意在表达郭氏族人的"回民"身份。当然，除了表明自己的回族身份，接官亭还将百崎与明初郑和下西洋的历史联系起来，在中国的海洋交通史及海上丝绸之路的历史记忆中占据重要的结点位置，因而也作为历史记忆的证据被保留起来，在当前的民族特色乡保护与开发中成为重要的遗产资源。

---

① 或为"秋平、秋明"，参阅郭志超：《台湾白奇郭回族及其与大陆祖家的交往》，《回族研究》1992年第 2 期，第 22 页。

据百崎乡文物保护组工作人员介绍，相传明朝三保太监郑和总兵奉旨第五次下西洋途中，船队在泉州后渚港一带候风。郑和也是一位伊斯兰教徒，因此在泉州期间经常去清净寺做礼拜，并且与郭仲远相识。郭仲远曾携家人在渡口的这座石亭摆设香案，恭候钦差太监郑和的探访。百崎回民为了纪念郑和的来访，就将这座石亭称为"接官亭"。

（二）非物质文化遗产景观及族性的复建

百崎的物质性景观遗存，承载了郭氏先祖迁居开基于此，将伊斯兰文化与汉文化相糅合而共存传承至今的历史记忆。在调查中我们了解到，除了物质性遗存及其阐释，郭氏族人还通过一些非物质的文化活动，特别是一些礼仪习俗来表达甚至慢慢恢复自己的回族文化特征。

1.祭祖仪式

每年清明，泉州百崎回族乡郭氏族人会在郭氏家庙举行隆重的祭祖大典。郭氏祭祖仪式具有闽南祭祖文化的特征，现在则在逐步增加伊斯兰文化的一些特点和禁忌。

从1958年开始，惠安县政府逐渐将百崎郭氏恢复识别为回族，[①]直到80年代识别工作完成，郭氏尚有很多人对自己的少数民族身份有些异议。随着泉州市政府将其打造为少数民族特色文化乡并引入"海上丝绸之路"文化建设政策，郭氏族人开始重拾自己的回族文化与认同，郭氏宗族也通过方方面面进行努力，来表达自己的回族身份。对郭氏而言，最重要的是一年一度的祭祖大典，因此这一隆重而全族参与的仪式也成为他们重塑自己回族认同的重要事件。

首先，在举行祭祖典礼期间，郭氏宗族近年来开始请在百崎传教的马阿訇或者清净寺的马阿訇来为全体族人进行诵读《古兰经》，讲解回族的历史文化渊源，帮助族人对回族文化进行了解。泉州的阿訇都是从中国西北地区请来帮助复建伊斯兰文化的。阿訇提到，伊斯兰教实际上是不能有宗族制度、祖先崇拜的，伊斯兰教徒信仰的神只有安拉。祖先崇拜有违对安拉一神崇拜的宗旨，更不要说建宗祠家庙进行祭拜活动了。但是由于百崎回族乡特殊的历史因素影响，已经形成了系统性的宗族祭祀活动传统，所以阿訇

---

① 杨阳：《国家与国家之外——泉州回族伊斯兰文化重建中的国家与民间社会》，厦门大学人类学硕士学位论文，2009年，第47页。

和郭氏宗族进行了商榷，认为帮助郭氏人找回民族信仰是善，因而阿訇同意在祭祖活动中为族人诵读和讲解古兰经。但是，阿訇和郭氏宗族达成一致意见，诵经必须在祭祀活动开始之前进行，并且阿訇不参与其他祭祀活动的任何项目，祭祖活动结束时阿訇带领大家一起向真主祈祷，仪式上戴的帽子改为回族人的白帽。阿訇与宗族妥协性合作的双重宗教活动，也成为百崎回族乡清明祭祖活动的最大特色。

其次，郭氏家庙的装饰摆设现在也增加了伊斯兰文化元素。比如我们在前文提到的家庙祭祀供桌上的布置，供桌上平时就不仅摆放着郭氏族谱、瓜果祭品等与汉人敬供祖先文化相同的物品，而且挂着一幅面积很大的穆斯林礼拜用毯，印着伊斯兰圣城麦加的图样。到了祭祀仪式上，为了与伊斯兰文化的"清净"要求一致，郭氏宗族取消了点放鞭炮、蜡烛等活动，而仅以敬献花束、花篮等来代替。

第三是祭祀过程中的禁忌与物品处理，也表明了郭氏宗族重新复建回族身份的努力。虽然不能做到穆斯林所要求的全部"大净"、"小净"仪式，但是百崎祭祖仪式的净化努力还是能够彰显出来。郭氏祭祖仪式要求"禁油"，也即禁忌一切猪肉、猪油制品。首先是餐具的洁净，有些人家存有专门做仪式用的器皿，平时用塑料袋包起来，只有举行仪式时才拿出来使用，保持"清真"。仪式中使用的餐具必须经过三次开水烫洗的洁净程序。其次是对于猪肉猪油的禁忌，尽管百崎郭氏族人并不避讳自己日常食用猪肉类饮食，但是他们强调猪肉在仪式过程中是绝对禁止的。其他的还有仪式中能够使用的食物祭品，都是通过专人负责，专门的渠道购买，以保证为清真食品。在泉州地区有专门供应清真食品的市场和店铺，这些地方成为百崎人准备仪式祭品时所光顾的地方。祭祀仪式中的禁忌与物品处理，在与当地祭祖活动相关联的丧葬过程中体现较为明显。

2. 丧葬习俗

百崎人除了丧葬习俗与汉人有些区别外，其他生活习惯与当地汉人基本无异。从人类学的研究我们知道，关于生死的人生礼仪往往是地方仪式中最为重要的部分，也是地方传统能够延续下来的最为坚固的堡垒。可以说，丧葬习俗过去是百崎回族坚守和保存自己的伊斯兰信仰的最后一方净土，而在今日的族性复建运动中，它又成为一个传统复兴的火种和起点。

从墓地遗存来看，郭氏族人继承了穆斯林采用石棺、石塔的墓葬传统，但到了现代，郭氏族人也已经开始选用木棺，在墓地建造和布局上与汉人基本相同,唯有出殡仪式与汉人保持区别。首先,族人聘请阿訇来诵经,如果聘请不到阿訇,也要在灵堂供桌上放置一本《古兰经》引道。其次,对于猪肉制品的禁忌规定。按照伊斯兰教规定,回民不能食用不洁的食物,包括自死者、血液、猪肉和未奉真主之名而宰的牲物,但是经历了几百年的通婚同化过程,郭氏族人日常生活中已经没有了这些禁忌,猪肉甚至已经成为日常食物,唯独在丧葬和祭祖仪式中,仍遵照"死者应重归清真"的祖训而禁用猪肉猪油,也即本地人所称的"生吃死不吃"饮食规则。

关于百崎郭氏禁食与食用猪肉的饮食规范的演变,郭志超认为大致可分为三个阶段:第一阶段(元中叶—明万历年间),百崎回族人是不食猪肉的;第二阶段(明万历年间—清康熙年间),为了在政治高压下保全族人,伊斯兰教逐渐荒废,开始出现养猪、食猪之风俗;第三阶段(清康熙以后),伊斯兰教一度有所复燃,了解到养猪、食猪为错误习俗,但是信众较少,勉强维持,到20世纪40年代随着大山村最后一位阿訇去世,伊斯兰教基本绝迹。[①]但是即便如此,伊斯兰教及猪肉禁忌并未完全湮灭,而是在丧礼仪式中残存了一些遗留,比如在灵堂供桌放置《古兰经》,以及禁食猪肉猪油、洁净餐具,以让死者复返清真。

在举办丧葬仪式期间,死者家人必须遵守洁净规范,将餐饮、祭祀用食具严格清洗消毒,以求洁净。丧礼之后也须遵守一定时间的饮食禁忌和洁净规范,严格的长为三年,多数是要求至少遵守三天。在这三天之内家人不可以食猪油、猪肉制品,祭品和客人所食用的食物也遵循同样的规定。此外还必须要进行一套洁净的仪式行为,所有葬礼期间使用的厨具器皿必须用开水烫过清洗,并且晾干,再进行反复的烫洗,至少三次。烫洗三次之后家人心里才会觉得餐具达到了洁净的标准。当守孝结束后,家人先要食用猪肉或猪油,或者将猪肉猪油沾唇一下,以表示开始回归世俗。

根据当地老人的介绍,在进行丧葬的时候,所有亲人都必须坚持不沾猪油,不吃猪肉制品,但百崎回族男子大多从事经商、航海等职业,难免吃到不"清净"的东西。所以在丧事办完后全家要进行"开油"仪式。从最开始的丧礼后饮食禁忌严格遵守三年,到后来的一年,再到100天,随后的49天,21天,14天再到一个星期,这些时间的变化也是因为在长时间的与汉族的接触

---

① 郭志超:《泉州湾白奇回族不吃猪肉风俗演变中之宗教因素》,《东南文化》1988年第1期。

中,当地人的生活方式和经济行为受到影响和约束的结果。现在因为工作在外地等限制性因素,有些人将禁忌已经减少到 3 天,3 天之后需要用一块猪油或者猪肉来沾唇以表示开禁,回归世俗生活。但是本地人也表示,尽管三天之后开禁,但男人在 49 天内不得理发和刮胡子,女的不能戴花和穿花衣裳,应尽量穿些白色素淡衣服。

这些丧葬上的清洁与开禁仪式,一方面是百崎回族在长期的历史发展过程中,根据自身的文化特点与周边汉族的互动调适的文化结果,另一方面也成为百崎人现在重回传统,进行身份认同叙述的重要内容。

四、链接他者与伊斯兰风情的景观建设

作为福建省唯一的回族乡,百崎在当地政府等多方力量的支持下,正在努力恢复或者打造自己的回族特色。除了按照现代生活的要求提高基础设施建设,在旅游开发方面也已经有所起步,逐渐与外界旅游市场建立了种种关系。从 20 世纪 80 年代开始,学术界便开始关注对百崎回族文化的研究,特别是来自闽南地区一些研究机构的学者开始不断涉足百崎回族乡这个地方。同时,一些海外宗亲特别是台湾“白奇郭”的到来,不仅使得百崎的宗族谱系得以重新梳理和整合,而且促进了宗亲会及其他经济团体对百崎的捐献和投资。根据郭志超的调查,20 世纪 80 年代初台胞郭德安在香港最先发现了《白奇郭氏族谱》,视为至宝,回台北与鹿港郭富贵先生合资于 1987 年重刊,1992 年台北、基隆、鹿港台胞集资 10 多万元捐修白奇郭氏大宗祠,1993 年组团 10 多人回乡参加白奇郭氏家庙重修庆典,1994 年台湾白奇郭又委托祖家宗亲编修较全的族谱。这些在郭氏家庙的碑文中也有所记载。除此之外海外的白奇郭宗亲还向百崎的老人会、南音社、中小学校舍、图书馆及礼堂、招待所等公共设施进行了捐赠,投资办厂的情况也屡见不鲜,主要是在织造、航运、房地产领域。[①]

目前百崎乡的旅游业尚处于起步阶段,但是惠安县政府已经在策划并申报百崎乡为国家少数民族特色村寨。主要的做法是,首先把百崎乡所辖

---

① 　郭志超:《台湾白奇郭回族及其与大陆祖家的交往》,《回族研究》1992 年第 2 期。

各村落分散的文物、古迹、民俗等遗产联系起来,整体性打造回族乡的民族历史文化特色;其次是通过基础设施的建设,村与村之间建设良好的道路交通等沟通渠道,以便于遗产资源在旅游市场中的整体性开发和方便游客参观。除了整修与保护已有的零散的文物古迹,例如家庙、接官亭、墓园等,百崎乡主要通过对公共设施的整体规划和建造来实现回族景观的构建与伊斯兰文化吸引力的打造。

(一)公共服务场所与建筑

百崎乡现在已经在乡政府、中小学等公共服务场所的建造上体现出对回族文化特征的诉求。郭氏陵园、郭仲远祖墓陵园所在位址上新修建了礼拜寺,虽然目前并没有阿訇来主持主麻日等礼拜活动,但是在重要的祭祖活动上,百崎郭氏会尽量请泉州清净寺的阿訇来诵讲古兰经。百崎回族乡医院与一些中小学等公共建筑设施也开始重新建造或加建带有伊斯兰文化符号的部件,比如在加入圆拱型的装饰,或者月亮之类的图案。前文所提到的在家庙的供桌上出现的伊斯兰礼拜毯,也表明了这种通过运用部分象征符号来代表整体伊斯兰文化的做法。

百崎回族乡成立后,当地新建了一座六层高的乡政府行政大楼,成为百崎最具有标志性的伊斯兰风格建筑之一。大楼中部部分,上面是一主两副共三座伊斯兰风格的黄色半圆形穹顶,前体则是反复连续的网状几何纹样和圆拱外框,门窗、围墙、大门门框业皆为拱形。远远看去,乡政府大楼很像一座阿拉伯清真寺,与当地已经被汉化的民居以及采用典型闽南建筑样式的郭氏家庙形成鲜明对比。此后兴建的医院、学校、陵园皆采用圆拱形阿拉伯建筑风格。这些建筑依然超越其应有的办公、治病、教学等功能,而同时带有文化象征意义的附加价值,因而也可以视作百崎的文化景观遗产。不过这些遗产最终被地方乡民所内化到自己的认同行为中去,比如将自己的民居住房新建或装修成伊斯兰风格,尚需时日。

(二)台商投资区建伊斯兰风情小镇

因为与台胞的联系密切,百崎乡已经成为一个重要的侨乡,在当地政府的支持下,百崎乡逐渐打造成了泉州台商投资区。泉州台商投资区教育文体旅游局于 2015 年 11 月 6 日在泉州文化产业网发布了一则招商引资的信息,计划招商 10 亿元,以独资、合资、合作等投资建设方式,“把百崎乡打造

图 3-9　郭仲远祖墓园陵修建的礼拜寺

成泉州的伊斯兰风情体验中心和伊斯兰风情旅游小镇，建成后游客可以在这里'一站式'体验伊斯兰文化、美食、建筑艺术等，也将成为对外宣传伊斯兰风情、展示伊斯兰文化的靓丽名片"。其中主要的建设规划为："借助泉州万国宗教博物馆之美誉，引入伊斯兰宗教文化和建筑景观，围绕现有盐田水域及海岸线打造海丝风貌休闲区公共公园和沿海森林公园；整治中轴线建筑群落，改造百崎古街片区；保护修复伊斯兰建筑风貌并延续百崎乡民俗文化和风情，融合伊斯兰特色小吃、商品、服饰等建设伊斯兰民俗风情文化街区，以郭氏家庙为核心，规划打造具有伊斯兰特色的旅游风情小镇。"①

　　这一项目目前正在招商引资过程中，从其规划的理由、内容和目的来看，将百崎的历史记忆、景观遗存、认同想象等有形和无形的文化景观资源结合起来，发展新的旅游产业，已经成为百崎经济发展的下一个主要领域，可以看出，百崎回族乡已经敏感地将自己的命运放置于当前全球化、移动性社会文化背景下"大众旅游"的主流社会语境之中。文化遗产与文化认同、

---

　　① 《泉州台商投资区百崎伊斯兰风情旅游小镇》，泉州文化产业网：http://www.qzwhcy.com/html/news.

图 3-10　百崎郭氏园陵

图 3-11　百崎回族乡医院

民族文化的打造和再生产，已然成为百崎回族重塑民族身份认同，打造独具闽南回族特色的民族文化边界和民族文化资本再利用的主要方式[①]。

五、结　论

百崎回族乡作为福建省唯一的一个回族乡，它的地理位置与蟳埔有着很多相似之处，在生计类型上也有共同特点，但是，与蟳埔相比，百崎具有更强烈确实的阿拉伯记忆，这些记忆在族谱、祖墓、祠堂等带有祖先记忆功能的地方都具有明显印记，因而也形成了不一样的文化景观遗产。因而，尽管历史上与汉人大量通婚，尽管在文化上大规模汉化，比如修族谱、祖祠，进行祖先崇拜，甚至日常饮食不再有猪肉禁忌，百崎郭氏的回族记忆却从未完全消失，它通过一些非物质性的文化遗产比如仪式、传说等形式保留了认同的火种。当政策的春风吹来，百崎郭氏顺利被识别为回族，而且因为最终成立了回族乡而获得了更多的行政资源和发展的机会。

随着近年来回族身份的官方认定，回族特色民族乡的打造与旅游开发的激励，百崎人正在慢慢重新建设自己的族群文化景观。在仪式过程中禁食禁用猪油，用开水烫洗三遍的方法来洁净餐具，从西北地区请来阿訇协助丧葬礼仪和念经，使用更多带有伊斯兰文化特色的建筑符号等等，都体现出百崎人逐渐向族群身份本位靠拢的决心。由此，我们看到了一个正在走向少数民族化、向阿拉伯祖先的记忆与想象逐步靠拢并变成现实景观的社群的努力。这可能是由旅游情境促成的族群认同景观建构的一个鲜活案例。

当然，与蟳埔一样，旅游活动在百崎尚处于一个待开发的过程，在各种外部因素，如政策的扶持、台商的投资、强势的规划，以及内部文化因素，如祖先崇拜、阿拉伯记忆、伊斯兰想象等共同作用下，百崎回族乡的旅游画卷将如何舒展，游客的到来、预期和看法对于百崎回族人的认同建构将产生什么样的反馈作用，这些都将是这个少数民族特色乡即将要面临的挑战，也应该成为人类学者继续关注的新焦点。

---

① 　王平：《文化遗产：泉州回族历史与文化特性的记忆与表达》，《回族研究》2013 年第 1 期。

第四章

闽南红砖厝文化景观调查

"厝"在中国东南沿海一带,如闽东、闽南、潮汕等地,特别是闽南地区和台湾比较常用,指"房屋"的意思。闽南人居住的家或屋子称为厝。比较有历史的称为"古厝",规模较大、间数较多或有多进者为"大厝",以花岗岩为主砌成的房子称"石头厝",第二章所提到的蟳埔村以海蛎壳(闽南方言为"蚵壳")为墙体材料建成所以被称为"蚵壳厝",以红砖为主要材料建成的为"红砖厝"。有时又以厝为村名,如黄厝、林厝、许厝、曾厝等,体现了同宗族共居的聚落模式。

红砖厝聚落是闽南地区一种典型的聚落景观,在厦门、漳州、泉州地区的汉人或少数民族村落都有分布,同时,金门县也存有大量红砖古建筑,表明两岸红砖古厝同根同源。闽南的红砖与其他地方有所不同,为本地生产。泉州等地生产的红砖往往带有黑紫色纹理,用本地红壤土做胚,入窑后用松枝烧制,形成纹理,故被称为"烟炙砖"[①]。红砖一般与本地产的花岗岩白石、木料等组合建成厝,上有红瓦、燕尾脊,配有石雕、木雕、砖雕工艺,色彩鲜艳,俏丽动人。

红砖厝建筑存量丰富,不仅是珍贵的文化景观遗产,还是研究闽南文化、华侨史、海峡两岸关系史的珍贵资料。红砖厝既是闽南历史文化的"活化石",承载着闽南人的族群记忆与家园认同,也与中华传统文化一脉相承,以空间布局、建筑形制展演着传统文化中特别是儒家的人文伦理秩序。随着农村城市化、现代化进程的不断加快,如今大多数年轻人不再建厝,而是选择在城市居住,或是建造现代洋房,除了复建的祠堂宫庙之类带有神圣性

---

① 曹春平:《闽南传统建筑特点概述》,《第十六届中国民居学术会议论文集》(上),2008年,第9页。

的建筑，红砖厝民居已经几乎无人再新建，许多老厝也已经无人居住。随着老厝的破损衰败，能够保有红砖厝建筑群的村落也越来越少。

我们选取了厦门市翔安区的曾厝来考察传统红砖厝景观，特别是祠堂建筑景观。同时也比较了杏林的新坡村和漳州龙海的埭美村等其他典型红砖厝古村落。曾厝也为著名侨乡。我们看到，红砖厝不仅在建筑景观上令人赏心悦目，而且印刻着闽南人共同的文化记忆，"厝"既为一种建筑形制，又是一种家族居住和生活方式。红砖厝随着闽南人外出拼搏而被带到了台湾及东南亚地区，变成维系两岸同根认同、传承宗族伦理秩序、存留民间信仰空间依据、纽系华侨故乡情结的依托。红砖厝所承载的无形文化与记忆，是这种建筑遗产的核心价值。

一、曾厝概况

曾厝村位于福建省厦门市翔安区内厝镇，现有人口1600多人，400多户户。曾厝村名虽为"曾厝"，却无一人姓曾，以陈姓为主。村落分为村南和村北两部分，曾厝人通常称村南为"下厝"，村北为"上厝"。曾厝村陈姓来源于两个不同的支系，分别聚集居住于上厝和下厝，因此曾厝人习惯性地将曾厝村一分为二来看待。两位陈姓祖先迁来时间有先后，较早入住的是由金门下坑迁居而来的恒元祖，后入住的祖先则被称为御史祖或者熹鲁祖，据家谱记载为明朝御史陈熹鲁。恒元祖所建立的家族后裔主要聚居于上厝，人口约占三分之二，后者则聚居于下厝，占人口三分之一。曾厝村民生计以农业、运输、外出务工为主，少数开设私营工厂。

曾厝村是一个远近闻名的侨乡。清末民初之际，曾厝及附近村庄的人们为有更好的生计，不少家户的男丁前往东南亚打拼。他们在海外有了一定积蓄之后，便又回到家乡，为自己的家室建造居住之所，曾厝现存的大多数红砖厝都是这样建立起来。在闽南，男子成家立业之后，为自己的家族建造房屋不仅仅是满足居住功能，而且具有象征功能，表示新一代家族成员成为一个家庭的中流砥柱，或者是在同乡之间为本宗族和祖先增添荣耀。也有许多出洋打拼的村民最终定居在东南亚及台湾等地。近十多年来开始有华侨陆续回乡谒祖。今年曾厝村又加入同安、翔安举办的海外宗亲进香谒祖活动。2016年4月9日，"马来西亚马六甲三忠宫，中国福建厦门、同安、翔安与台湾金门进香与文化宗教交流考察参访团"一行 105 人到曾厝村进香请火谒祖,场面令人感动。谒祖活动增强了曾厝人与南洋侨亲的纽带与情感,也为曾厝引招侨资带来了机遇。

曾厝村有公交车可以抵达,与翔安的马巷和区政府所在地新店距离皆约 5 公里,交通相对方便。村口有新建的曾厝小学,小学后面是熹鲁祖陈氏家庙的所在地,成片的红砖厝就在不远处。

图 4-1　曾厝村红砖厝建筑群鸟瞰

二、红砖厝祠堂

(一)上厝与孝思堂

1. 上厝陈姓的祖先传说

上厝陈姓家门往往挂有"浯江衍派"、"浯江分支"、"浯水流芳"等牌匾,浯江代指金门,为不忘开基祖陈恒元来自金门,曾厝恒元祖陈氏族人取堂号为"浯江"。上厝陈姓分支于金门下坑村,其祖先为"恒远祖"。在金门的人口结构中,陈姓为第一大姓,单陈姓男丁即占到金门总人口的十分之一,皆将自己的祖先追溯为"颍川"陈氏。

根据家族传说，金门下坑陈氏开基祖是陈氏六郎公。到第九世为光显公，名陈显，字光显，号海南，为明初洪武年间首次科考同安县中举的第一个，因而得到"开科第一"之称。陈显据说是个非常清廉的人，曾三任知州（河南南阳府汝州、山西省平阳府隰州、山东德州），家中却十分清贫。他因不肯臣服篡位为帝的明成祖朱棣，选择自尽而终。陈显死后，传说出殡队伍行进时，幡旗被风吹至下坑滨海处的一块巨石前。风水师告诉陈显的妻子，墓葬所在之处出现了"进前三宰相，退后万人丁"[①]的吉穴，但必须要选择择进前还是退后。陈妻感慨丈夫生前虽是五品知州，却一贫如洗，从仕不如多子，于是决定退后下葬。到如今，下坑陈氏人数繁衍众多，确实已经达到"万人丁"的规模。陈显墓现已被列为金门古迹。据金门县陈氏宗亲总干事陈水福表示，金门县金湖镇下坑村六郎公世裔孙已经遍布海内外各地，包括大陆的岛美、曾厝、西浦、永春等地，台湾的澎湖、彰化、金门东洲、山外、高坑、下坑等地，新加坡、马来西亚等东南亚国家地区，等等。

关于陈显墓，在曾厝还流传着这样一个故事：由金门下坑分支到曾厝村的陈氏族人，与金门下坑陈氏一直保持密切往来。1947年，下坑陈氏衰微，九世祖陈显的墓地也被外姓人侵占，劝阻无效，下坑陈氏便向曾厝陈氏族人求援。曾厝陈氏族人陈春霖，时任国民政府同安县莲花乡乡长，亲率一支12人的队伍，佩戴驳壳枪，前往金门为之护陵，迫使外姓族人连夜将坟迁走。

据下坑陈氏族人陈为学、马六甲陈氏宗长陈书佬等老人说明，内厝镇曾厝村上厝的开基祖是金门下坑开基始祖六郎公之第十六世孙陈恒元，因此族人将之称为"恒元祖"。据称陈恒元属"开漳圣王"陈元光支派（俗称"将军派"）。陈恒元起初并非直接迁居曾厝村，而是在曾厝附近暂居，其中一个居住过的地方位于同安区新溪镇营盘口，因为生存环境不理想等原因，又继续往南迁徙，最终才在曾厝村地界定居下来。陈恒元作为六郎公的裔孙到曾厝扎根，按照陈氏宗族的规矩，其牌位得以摆放在金门下坑的陈氏家庙中。

恒元祖陈氏家庙孝思堂大门正对着一片山峦，其中有一座名为"出米岩"。村民相传，出米岩是陈恒元妻子的嫁妆。当年陈恒元犯了官事，被官府通缉，不得不逃离金门下坑故乡。在逃路过程中，从某一间庙宇内偷背走

---

① 我们在第三章所写的百崎回族乡郭姓也有同样的故事，可见这个故事在闽南地区较为流行，显示出闽南人对于添丁壮族的愿望较强。

了一尊菩萨像,而后一路逃至大陆。陈恒元先是逃到不远处新圩镇七里村附近,一个名为"营盘口"的地方,该地人烟较为稀少,陈恒元在此躲避风声,住了些年。后来他不满于生存环境,又背上那尊偷来的菩萨,继续寻找可安歇之所。路上菩萨托梦于他,指示应不断南行,直到菩萨像从包里掉落出来。于是陈恒元继续往南走,到今日曾厝村村北某地时,菩萨像不小心从包里掉落出来,陈恒元于是便选择了此地作为居住之所。到曾厝定居后,陈恒元娶了一位马巷镇曾林村的女子为妻,出米岩曾经属于曾林村地界。由于女方一家在当地势力较大,在陈恒元结婚之时,娘家便将"出米岩"作为嫁妆相赠,"出米岩"从此归入曾厝村地界。恒元祖后人说,曾厝村背靠出米岩,前有溪流,是一块风水之地。

图 4-2　出米岩
站在孝思堂所摄,左面最近的一座山即为出米岩。

陈恒元自定居曾厝以来已繁衍了 15 代后人。从清末开始,一部分后裔开始去往马来西亚、新加坡等东南亚国家及台湾等地谋生,有的则在当地定居下来。1939 年,侨居马来西亚、新加坡的陈姓后裔,包括恒元祖后裔及御史祖后裔,踊跃捐资,购置军械以支援中国抗日。时任国民政府同安县县长李品芳、中国国民党福建同安县党部书记长曾文墨、陆军七五师二二三旅四四六团团长焦克功联名题刻两块"爱国贤裔"牌匾,分赠曾厝上厝和下厝陈姓族人。上厝的牌匾特意题写"陈恒元先生纪念",以表示对其先人的纪念。现在只有上厝的牌匾仍在,挂在孝思堂祖厝内,下厝的牌匾已经被毁坏。

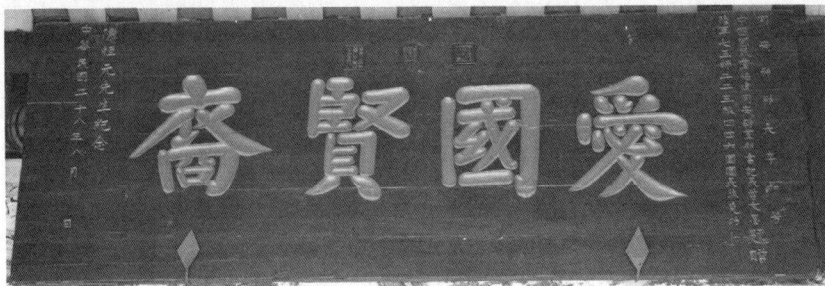

图4-3 "爱国贤裔"牌匾

现侨居马来西亚、新加坡的曾厝恒元祖裔孙约有五六千人。此外,恒元祖第二房很多后裔迁往了广东海陆丰地区。目前,曾厝村中有恒元祖后裔1100余人。

2. 孝思堂

恒元祖陈氏家庙名为"孝思堂",始建于清代。坐西朝东,沿中轴线左右对称,自外而内由门口大埕(宗祠门前预留的空地)、院门、庭院、大厝厅堂等部分组成。门口三大埕由东向西依次抬升,家庙建筑一般如此建制以取"步步登高"之意。院门前为凹寿式,门框和两侧墙裙为本地花岗岩石,大门上画有门神,门匾书金色字"陈氏家庙"。门廊支撑为石柱上接木柱,大门与屋脊皆为闽南红砖厝特色标志"燕尾脊"像燕子尾巴一样两端翘起,庄重中不失轻灵。庭院铺花岗岩板石,南北两侧铺红砖。厅堂面阔三间,前为横廊,除正门,两侧各设一边门。建筑装饰物花岗岩石镂空雕、影雕、浮雕以及木雕,主要图案为人物故事、狮兽、福寿、花草等。

陈氏家庙共有两进,是典型的红砖厝建筑。家庙内共有六副楹联,分别书写于神龛两边、大厅楹柱和山墙楹柱。神龛两边的楹联写道:"祖德宗功千载长绵世泽;左昭右穆壹堂敬叙人伦。"横批:"凤毛麟趾,鹤算龟龄。"大厅楹柱上有三副楹联,分布于六根柱子上,六根柱子呈"儿"字形分布,两根分布于神龛旁,另四根在神龛与院落之间的空间一字排开。神龛两侧柱子上的楹联是:"广化三峰拱案人文蔚起;米岩四水朝宗甲第宏开。"横批:"孝孙有庆"。既描绘了村落的地貌风景,又寄托着美好的家族祝愿。大厅中央两根楹柱上的对联是"浯水流辉地灵人杰;江山毓秀起凤腾蛟"。其中浯水或

图 4-4　曾厝村恒元祖陈氏家庙(孝思堂)

者浯江均为金门的别称。楹联记述了恒元祖陈氏族人系金门下坑开基始祖六朗公后裔,由金门分支,以"浯江"为堂号的史迹源流。而在外侧的楹联上则书写着:"广化起鸿图祖德流芳远;乌营呈秀色宗支衍庆长。"当中"广化"、"乌营"皆为曾厝山峰地名。另外还有两幅山墙楹柱联,分别是"左昭右穆丕振簪缨昌百世;春祀秋尝克承俎豆庆千年"和"坐榻高悬迎宾欤洽延孺子;德星团聚垂象昭明应太邱"。

图 4-5　花岗岩镂空龙纹圆窗

　　据陈诗芋介绍,大厅楹柱联"广化三峰拱案人文蔚起;米岩四水朝宗甲第宏开",是由曾厝村清末秀才"荫堂仙(熹鲁祖后裔)"所撰写,而其他楹联由何人所撰,已无从可考。

　　在恒元祖陈氏家庙的这些楹联中,除了神龛联的一对横批"凤毛麟趾,鹤算龟龄"、靠近神龛边的大厅楹柱联之一的横批"孝孙有庆"及大厅楹柱联之二（"浯水流辉地灵人杰；江山毓秀起凤腾蛟"）外，均由著名书法家许培坤先生书写。大厅楹柱联之二则是由 20 世纪 80 年代受聘来油漆大厅楹柱的永春师傅提请翔安新圩镇道士"师公尊贤"照原楹联文字书写。

图 4-6　孝思堂

（二）下厝与追远堂

1. 下厝陈姓的祖先传说

下厝陈姓祖先为陈熹鲁，因此被称为"熹鲁祖"，《马六甲同安曾厝社御史熹鲁祖陈氏家族会卅六周年纪念特刊》之《御史祖陈熹鲁》记载了他的生平："御史祖名恒，字熹鲁，生于公元 1492 年 8 月 15 日，卒于 1580 年 11 月 12 日，享寿 88 岁。在明朝嘉靖年间，官居御史之职，祖籍福建省漳州市圳美村。"熹鲁公"百年之后，由于忠君勤政，秋毫不患的廉洁作风，终于两袖清风，飘飘然返回桑梓，条理井然，乐得官衔芳名而已。宦官无隙可乘，单方吹毛求疵，查出三代田赋抗纳为名，追缴全数，无法偿还。眷属只得出奔，流浪他乡，最后漂流至同安"。

据民国五年（1916 年）陈祯祥编写的《陈氏族谱》记载，曾厝社御史熹鲁祖陈氏乃是"南岐始祖"陈福山的后裔。其先祖为"忠顺王"陈邕，"自唐起入闽,择居漳州驿路。至 22 世孙陈福山(1321—1377),于元至正元年(1341)进赘龙溪八都南岐李家,为南岐一世祖。至大明嘉靖四十四年(1565)⋯⋯(该地)名号曰海澄,而南岐铺头属今海澄县八都三图五甲,本户里班名曰有声,是地偏狭,后生齿渐众,卜宅移徙一水丽之门,属漳浦二十八都松浦保,号曰霞美,曰竹树脚,曰田中央。而我陈之族嗣后分处不一。""南岐 10 世孙陈文忠(字文义)分长泰,后移同安十一都仁德里东莲保曾厝。"因此,陈文忠应为曾厝社熹鲁祖陈氏开基祖。但据考证,清代同安仁德里十一都东莲保辖区为"东莲、后坝、新兴、前占、后田、下村",并无曾厝(曾厝属清代同安民安里八都曾林保)。所以结合曾厝御史熹鲁祖后裔迁徙史,推断南岐十世孙陈文忠(字文义)经长泰、南安跳坑,而后才迁徙同安。部分族人先后在同安新圩岩后、北山、营上等地辗转迁徙,后约于乾隆年间,迁徙并定居曾厝。现存南岐十九世孙陈天富(字奇仁,号国宝)墓葬于曾厝村"上曾头"。

2.追远堂

曾厝村御史熹鲁祖陈氏家庙名为"追远堂",始建于清末。与孝思堂一样,也是坐西向东,左右沿中轴线对称,自外向内由戏台、门口大埕、院门、天井翼廊和大厝厅堂组成。祠前戏台使用花岗石砌筑,上抹水泥,与中部连接的南北两侧各设一台阶可以上下。整个戏台平面俯视呈倒"凸"字形。门口三大埕由东向西依次抬升。院门前为凹寿式门廊,花岗岩石质门框,门匾为金色碎瓷凸字"陈氏家庙"。大门两侧正面和侧面为水泥仿石裙堵,其上方用红砖各嵌一幅吉祥图案的圆窗。院门画有门神,门廊石柱上接木柱,院门与正厅建筑皆为燕尾脊。整体形制与孝思堂相似,只是院墙材料有些不同。天井中墁红砖,以三级石台阶连接大厝厅堂。厅堂前为横廊,有厅门及两侧各设

图 4-7　熹鲁祖陈氏家庙追远堂厅堂

一边门。厅堂面阔三间。南北两侧围墙、大厝厅堂山墙及后墙均以不规则花岗石砌筑。大厝厅堂南北山墙上方用红砖砌筑。厅堂神主龛上悬挂"追远堂"牌匾，其两侧金柱朝外处，红底黑字楹联"追思祖德春祀秋尝遵礼乐，远绍宗功左昭右穆序源流"，嵌有"追远"二字。厅堂内的外金柱楹联为"云山蕴地灵宗祖规模远，广水钟人杰儿孙绍述长"，也是描述了村落景致气象及对祖先的怀念，对儿孙后代的美好祝愿。

在厅堂两侧的墙上刻有《追远堂碑记》，全文如下："吾梓侨亲，身居异国，情系故园，永怀祖家，长念摇篮。平生简衣素食，生活节俭，事业有成，慷慨之至。巨细乐为，善行义举。此次宗祠承蒙旅呷族亲，倡议修葺，捐资马币柒仟陆佰元经唐番两地协力，工程告竣。功施于乡里，泽被家乡。"落款时间是 2000 年。石碑大致说明了今日追远堂的修建历史，但曾经的追远堂已难以找到建造的史料记载。

追远堂奉祀先祖陈熹鲁等列祖列宗，陈熹鲁曾官居御史，俗称"御史熹鲁祖"。除曾厝村，其裔孙还大量分布于马来西亚、新加坡等地。如前文所述，抗日战争期间，侨居马来西亚、新加坡的熹鲁祖后裔与恒元祖后裔携手共襄义举，踊跃捐资，购置军械支持中国抗日，因此也获赠"爱国贤裔"匾额，只是匾额未能保存下来。

三、曾厝村红砖厝现状

现在龙厦铁路穿过曾厝，动车铁道将村子一分为二，铁道两边的村落建筑风格完全不同。铁道以北几乎都是新修建的三层楼房，以红砖和水泥为主要材料。大多数村民也居住在北部区域。而铁道以南则保存了大量红砖厝古民居，但是居民不多，只有零星几户人家，有的几家老人拼在一户大院落中居住。据当地老人介绍，如今随城市发展，不少年轻一代都已经进城寻求更好的谋生机会，很少还有年轻人居住于村中，老人们则多依赖年轻一代的赡养。曾厝本就有下南洋谋生活的历史，现在的年轻人也多外出到城市打拼，因而曾厝村常住人口减少，特别是古民居片区，不能满足现代化生活的需求，人口更为稀少。不过，老人们也说，年轻人就应该去大城市多闯荡闯荡，赚钱后好为曾厝添些财力，延续后代。当年轻一代富足回乡时，通常会按照传统习惯，为家里建新房，表示他们已经拥有了成家立业的能力，足以养活一个家庭。只不过现在新建的都是多层的方形楼房,而不是只有一层的红砖厝。

图 4-8 动车铁路穿过曾厝村

幸运的是,红砖古厝已成为曾厝人心中重要的文化遗产,他们通常会选择在其他地方再建新的楼房,而不是将原本的红砖厝拆毁重建,大片的红砖厝古民居得以保存。然而随着时间推移红砖厝也在无法避免地朽坏,由于无人居住,朽坏的速度就更快了。如今曾厝村不少红砖厝已经呈现荒废迹象,无法再居住。

顺着田间蜿蜒的小道,我们踏进了其中一户仍有老人居住的红砖厝。老人说,这座老厝,曾经也是一间小宗祠。我们大约还可以看出一个小宗祠的模样,放置牌位的祭台、金色楷书凸字、柱子上的金色雕龙画凤依稀可辨,只是破败不堪,不免令人唏嘘。老人带我们参观了红砖厝的各个角落,三进的院落仍保留着红砖厝建筑的完好形制。老人说这座古厝是十几户家庭的共有财产,他们都属于陈氏家族中的某一支系。20 世纪 90 年代,这十几户人家还曾经共同商议,集体出资重修过古厝。如今又过了二十多年,古厝再一次变得破败不堪。每一户家庭都在不断发展变迁,有的子孙分散于海内外各处。老人感叹说,新一代陈氏子孙已经不懂得追溯家族的根在何方了,要想再次集体商议,出资重修这座古厝更是无从谈起。这也是大多数闽南红砖厝所面临的现状。

老人指引我们看第一进院落墙上贴有精美图案的古瓷，遗憾的是，这些古瓷已被凿上许多小孔，本是美丽的古瓷插画，如今被众多小孔损坏。老人痛心地说，近五年来，小偷越来越多。古玩市场的人发现了曾厝这一"宝地"，纷纷前来挖掘建筑部件。盗贼猖獗，也是曾厝所面临的重要现状之一。无论夜间或白昼，曾厝红砖厝都面临着被盗贼光顾的危险。墙上精美的古瓷砖、院落与大厅之间的扇门、门上精美的雕饰、家庙柱子上镶金的雕刻，以及横梁上一尊尊凤凰或神仙的木雕，都能成为盗窃者的目标，而且还是在光天化日之下。无奈之下，老人将已经残缺不全的古瓷砖凿上小孔，以此来杜绝盗贼。老人神情黯然地说，小偷看到被破坏了的瓷砖就不会下手了，这总比整块被偷走好。

站在老人已经破败的家庙中，我们试着询问古厝是否还有修葺的可能，老人略显激动地说："没了没了，都没了。这房子总有一天要倒塌的，只是时间的早晚。"此言让人心酸。

四、红砖厝与文化记忆

（一）建筑与集体记忆

在文化景观遗产中，古民居保存了一个地方的集体记忆与个人记忆。莫里斯·哈布瓦赫告诉我们，记忆是一种集体性的社会行为，现实的社会组织或群体都有其对应的集体记忆[①]。某一社会群体往往通过一些社会活动，比如定期举行的仪式，来强调某些集体记忆，并以此来增强这个群体的凝聚力。王明珂先生总结了集体记忆研究论者的主要论点：

（1）记忆是一种集体社会行为，人们从社会中得到记忆，也在社会中拾回、重组这些记忆；（2）每一种社会群体皆有其对应的集体记忆，藉此该群体得以凝聚及延续；（3）对于过去发生的事来说，记忆常常是选择性的、扭曲的或是错误的，因为每个社会群体都有一些特别的心理倾

---

① 莫里斯·哈布瓦赫：《论集体记忆》，毕然，郭金华译，上海：上海人民出版社，2002年。

向,或是心灵的社会历史结构,回忆是基于此心理倾向上,使当前的经验印象合理化的一种对过去的建构;(4)集体记忆赖某种媒介,如实质文物及图像、文献,或各种集体活动来保存、强化或重温。[①]

Cresswell 指出:"建构记忆的主要方式之一,就是透过地方的生产。纪念物、博物馆、特定建筑物(而非其他建筑物)的保存、匾额、碑铭,以及将整个熟识邻里之定位'史迹地区',都是将记忆安置于地方的例子。"[②]因而,象曾厝这样的闽南红砖厝古建筑群,实际上是一种集体记忆的承载物,它将祖先记忆、宗族血缘记忆,铭记于地方景观之中。这也是为什么闽南宗祠宫庙多用红砖厝的原因,一些迁居海外的华侨宗亲,他们或许在异乡入乡随俗建起来洋房住居,但是却往往在聚居处建起带有故乡记忆的红砖厝祠堂,或是宫庙。他们回乡祭拜谒族,看到同样的祠堂宫庙,故土亲情便油然而生。

一个世纪以前的闽南地区,红砖厝作为地方特有的民居建筑随处可见。作为闽南传统特色民居建筑,红砖厝一直以来在闽南地区享有很高声誉,并广受百姓欢迎。但随着近现代社会经济文化水平高速发展,农村地区的红砖厝渐渐被一幢幢水泥楼房所取代,而城市地区的红砖厝则基本消失不见,或是被淹没在摩天大厦中。

今日的闽南,已经难以寻觅到完整的红砖厝聚落,但依旧有部分村庄仍然保有大量红砖厝建筑。这些红砖厝古民居如今已经得到了有关部门的重视,并加以保护。红砖厝作为一种具有特定地方风格的建筑,承载了闽南这个地方一代人的历史记忆。对于他们而言,成片的红砖厝不仅意味着曾经家乡的样子,更意味着有关他们生活的各种点滴记忆。

(二)风水信仰

红砖厝作为一个时代的典型建筑流传至今,必然保存着许多与当时代记忆有关的建筑外观。因此,一幢红砖厝无论从整体外形,或者是从各个局部来看,都有许多能够体现一百多年前闽南地区人民生活形貌的特征。

闽南红砖厝的形制,不仅为当地人提供了舒适居住的场所,同时也将闽南地区诸多民间传统保存了下来。比如建厝选址遵循"风水堪舆"的规则。

---

① 王明珂:《华夏边缘:历史记忆与族群认同》,台北:允晨文化,1997 年,第 50～51 页。
② Tim Cresswell:《地方:记忆、想象与认同》,王志弘、徐苔玲译,台北:台湾群学出版有限公司,2006 年,第 138 页。

我们看到曾厝村两个陈氏家庙都通过楹联表述了村落背山面水的风水取向，并且通过符合风水的村落建制来寄托庇荫子孙、家世绵长的期待。很多闽南古厝中会使用一些房前屋后的物件，来表达某种寓意和寄托。例如放置"子孙石"，寄托了祖辈们对于香火延续，人丁兴旺的愿望，而子孙们看到子孙石，则又能够缅怀追忆祖先。红砖古厝的门联大多由上下两字组成，它们通常表达对于美好生活的一种向往，例如"幸福""安康"；"风调""雨顺"等。比较有文化的人家也会写"左昭""右穆"，记载了曾经带有母系制度色彩的古代世系制度；或者镌刻"入孝""出弟"，则是对于儒家思想忠孝恕悌等伦理观的传承。

在闽南村落，以红砖厝风格建构的古民居通常不是单幢存在，而往往是以红砖厝建筑群的形式存在。各个村庄在建造民居的过程当中，由于地形地貌以及人们生计方式的不同，整体格局也有所不同，但无论是靠海边或是建造在山地的红砖厝，都讲究聚落的整体性，并且通过一些具有象征性意义的地方传说来解释自己的村落形态、风水规则。

厦门市集美区杏林保留最多红砖厝建筑群的新垵村，村民就特别强调村子风水极佳。引用风水师的说法：

> 此地背靠文圃山，幽冥十八面，十八根脉络意蕴十八个重要地理穴位；加之文圃山位于漳泉两府的交汇处，东泉西漳，正是所谓"太极生两仪"之象。除此之外，文圃山东南面坐落着朝廷勒封为保生大帝的慈济宫殿群，以东西南北四大宫为主，合四大天王；山麓间五寺分布：石室禅院、石峰岩寺、大岩山云塔寺、龙池岩寺及万福岩寺，暗合阴阳五行，合五祖禅师。又有五祖合十三武僧为十八罗汉，由星宿天数三十六天罡、七十二地煞合周边一百零八个村落，新垵村便是其中之一。五寺是佛教传播地，慈济四大宫群是道教道坊，各村落又有儒家崇仰的宫庙分布，文圃山周围可谓是释、道、儒三教合一的圣地。

闽南古民居建筑布局中暗含着诸多与闽南地区传统观念相合的讲究之处，这与其他地区的建筑同理。所以古民居保护也需要因地制宜，以"在地性"为原则，这样才能既保护建筑遗产的物质景观，又保存建筑的文化记忆与地方性知识，使建筑与社会、人群不相脱离，整体共生。当地人虽然不能像风水师那样有所依据，引经据典，出口成章，但是很多人都多少能说一点"风水原则"，与当地的地形地貌、自然生态相对照，这也是其地方性知识的表现。

（三）宗族纽带

红砖厝作为一个家族的外显承载体，必然也见证着自其落成以来的一个家族从往昔到如今的兴衰。在闽南的乡村地区，新一代年轻人成为一家之栋梁的标志，通常是为自己的家族翻修房屋，或新建住所。鸦片战争以后，闽南沿海作为最早被打开国门的地区之一，不少青壮年纷纷南下，去往南洋淘金。当他们在工作中有所积蓄之后，又都纷纷返回家乡，兴建红砖厝，以为祖先增光，为家园添瓦。

大多数闽南汉人聚落中，都会有一座至几座本村大姓氏的祠堂，多为红砖厝建筑，人口、房支多的还会建许多分祠。人们在祠堂祭拜祖先，敬仰祖先，相信祖先能够庇荫保佑子孙生活，通过定期的仪式将族人甚至是漂洋过海的支系聚集起来，加强纽带和凝聚力。老年人、鳏寡之人也往往能在祠堂的公共空间获得安慰。祠堂还具有管理机构的职能，比如设立公共基金、助学款等，支持公共事业和子孙的教育。借助姓氏宗祠的存在，同一宗族的民众之间彼此认同，彼此接纳帮补，并且形成同盟，共御外敌。红砖厝祠堂建筑比一般的民居往往雕刻与装饰更加精致，保存得也更好，祠堂也往往是村落的中心场所。

以曾厝村为例，曾厝上厝陈氏族人往往在自己的大门上挂着"浯江衍派"之类的牌匾，表明自己是由浯江（即金门）的陈氏宗族迁徙而来的。这样的牌匾不仅告诉自己的子孙后代不要忘本，也表达着对于祖宗的思念与缅怀。曾厝的"孝思堂"和"追远堂"，两个祠堂的名字就已经表达了这类含义。在闽南民间宗祠内，必定存在的要素包括祖先牌位、宗祠建造碑记，以及大量贴于神龛两侧，或是门厅，或是山墙上的楹联。所有的这些要素在宗祠这一外显有形的建筑下，形成一幅立体的画面，承载起当地村民对于祖先的追忆与尊敬。

类似的还有漳州市龙海埭美村，在埭美村众多红砖古厝中，有两座最为特殊，一为前祠堂，二为后祠堂。埭美人的日常生活经常与这两座祠堂发生联系。作为埭美人的公共场所，宗内大小事宜多在祠堂商议，每每人头攒动，宗族的归属感在当中表露无遗。前祠堂又名追远堂，位于村北端，面朝内河，为埭美开基祖陈仕进所建，曾是官厅，用于接待往来贵宾。祠堂内存放着一艘20多米长的大龙舟，成为祠堂里一道独特的风景，龙舟贯穿了祠堂的上下厅，静候着村庄每年一度的端午赛龙舟盛会。祠堂前大埕上留有空的旗杆位。后祠堂坐南朝北，位处前祠堂后一排，相传曾为开基祖陈仕进的祖屋，后来陈氏后裔为纪念陈仕进在埭美开基之举，改成陈氏祠堂，现在主要是祭祖与合族举办红白大事的场所。除了在祠堂祭祖，埭美人还在自家的厅堂中设神案，供奉各自祖先的牌位，每月初一、十五日以及重大节日，均供奉如仪。

与宗祠相配套的，通常还有各式各样流传于民间的传说。这些传说多由宗族中的长者世代口传，大多是讲述本宗的开基祖或是其他祖先的一些传奇故事。在这些故事当中，通常会使用本地本村中的某些真实地名，以及一些对于地理环境的描述，从而加深这些传说故事的真实性。这些口传的记忆与有形的宗祠一道，成为祖先家族记忆的双重证据。

（四）民间信仰

除了祖先崇拜，闽南人也祭拜各路神明，无论是以红砖厝建筑为特色的村落，还是其他村庄，对于神仙的祭拜基本一致，但是也存在细微不同。较常见的庙宇有天后宫、三王公庙、三忠王庙[①]等等。

红砖厝的宗祠门前都会留有一片空地，称为门口大埕，在大埕中与祠堂院门相对的一侧通常还会有一个戏台。祖先祭拜仪式、村落祈福仪式通常都在这里举行。除此之外，每座村落的庙宇道观门前的空地则是通常成为祭拜神明的场所。这些空地平时又为村民们闲谈、休息、纳凉的去处，是村人生活必不可少的公共空间。这样的公共空间与整座村庄，与每一位村庄成员都有着密切的关系，它并非可有可无，而是一个可以承载世世代代的人们各样记忆的载体。在社会学中，人们通常将公共空间追溯到古希腊时代城邦中的广场，公民在广场中进行公共政治生活。阿伦特基于对人本身的认识，将人类社会分为私人领域、社会领域与公共领域三部分，并将公共领域置于关注的中心，并进一步提出，人类与其他物种最大的不同，就在于人类建立了开展政治活动的领域。个体通过公共领域的在场，自己对客观事物的认识和理解可以被其他人的经验、感觉证实，使个体感受到实实在在地存在。[②] 人类成群居住的地方都会有一处较为开阔的公共空间成为人们举

---

① "三忠"指的是南宋忠臣文天祥、陆秀夫、张世杰，为纪念他们护主抗元、以身报国的事迹而建的宫庙，三忠王信仰在闽南地区和台湾、东南亚闽南籍华人圈较为普遍。

② 周祥：《城市公共空间解读》，《城乡规划、园林建筑及绿化》2009 年第 6 期，第 70 页。

▪ 参访团成员与翔安区人民政府领导。

（马六甲9日讯）马六甲三忠宫连同新加坡及霹雳的大宋三忠王信徒，今日抵达中国厦门翔安区开展为期6天的晋香与文化宗教交流考察参访活动，获得翔安区人民政府的接待。

多达105人的阵容，是于昨日凌晨从马六甲出发，众人抵步后随即前往翔安区人民政府进行访问，获得区政府副区长林郁的接待。

以黄守群为首的参访团，也在会上赠送牌匾给翔安区人民政府，作为今次晋香与文化宗教交流考察活动揭开序幕。

会上，林郁致词时说，对众人的抵步深

105人獲翔安區政府接待
三忠宮抵廈門晉香交流

表欢迎，也欢迎更多马来西亚等海外的华裔组团，前往翔安区进行文化宗教交流。

鼓勵大馬華裔投資

他说，翔安区是厦门内最新成立的区，该区内目前拥有天主教、道教及佛教等的宗教或民俗信仰场所。

"中华文化源远流长，欢迎更多海外的华侨前来翔安区进行交流。"

他说，透过各式各样的交流与考察活动，相信将有助拉近各地华侨的凝聚力，包括培养和交流出更深醇的情谊。

另一方面，林郁也在会上也与交流团进行交流，包括鼓励更多来自马来西亚的华裔前往翔安区参与各项经济发展与投资活动，以协助促进当地的经济成长。

"翔安区去年生产总值达380亿人民币（约229亿令吉），让翔安区成为厦门内，其中经济成长最有潜质的地区。"

在场交流者参访团署理团长拿督黄振尧、副团长王春朝、陈诗抽、戴美鹏、陈金兴、陈念国、总干事陈念升等。

此外，参访团也在抵达厦门首日，前往位于翔安区的普庵宫（普庵佛祖祖庙）进行交流，获得该宫领导以隆重和热闹的场面迎接众人。

▪ 黄守群（左4）代表三忠宫移交捐款给普庵宫。

▪ 105人组成的参访团抵达中国后，首站就是拜访翔安区人民政府。

▪ 普庵宫（普庵佛祖祖庙）以隆重和热闹的仪式迎接三忠宫一行人，也吸引诸多村民到场围观。

黄守群说，三忠宫是甲州一间极具规模的古庙之一，供奉的是主大宋三忠王（文天祥、陆秀夫、张世杰），香火是源自中国同安。

他说，参访团前往厦门进行交流之际，也将前往大宋三忠

三忠宮香火源自同安

王祖庙进行诸火、晋香仪式，以更全面贯彻大宋三忠王的忠义精神。

"三忠宫成立至今，皆靠当年飘洋过海到南洋的先辈所创立，香火源自中国同安马巷三忠庙，因此多年来的善信皆以同安人居多。"

"三忠宫过去数十年的历史与发展建设，都与甲州的同安

先贤维持着密切的联系与关系，包括同安金厦会馆的历任主席杨春建庙、陈诗抽及家督杨春建庙，皆是过去发展事项中，主要协助三忠宫的同安善翁之。

图 4-9 马来西亚《中国报》对于三忠宫晋香活动的报道

资料来源："微翔安"微信公众号，2016 年 4 月 11 日。

行公共活动,交换信息的地方。红砖厝宗族祠堂前的大埕与戏台、村庙前的空地就是行使这样职能的地方。

2016年4月9日,"马来西亚马六甲三忠宫,中国福建厦门、同安、翔安与台湾金门进香与文化宗教交流考察参访团"一行105人在参加完其他活动后,到曾厝村进香请火谒祖,成为曾厝村的重大事件,厦门和翔安的媒体进行了报道,有的村民将活动过程记录为影像发到了网上。当天,马来西亚的《中国报》也以"105人获翔安区政府接待 三忠宫抵厦门晋香交流"、"三忠宫香火源自翔安"等题目进行了专题报道。此类重大事件以民间信仰文化交流的形式,也将族群集体的纽带紧密联结起来。

埭美的主要庙宇是天后宫,供奉妈祖,始建于明代末期,清嘉庆年间重建。埭美人出外谋生多走水路,因此村人崇信妈祖,希望保佑水上人家平安顺达。埭美也有祭拜"三王公"即"三忠王"文天祥、陆秀夫、张世杰,据传极为灵验,广受村民敬仰,至今香火不断。三王公庙坐落于南溪码头南端。

祭拜是埭美人生活不可或缺的一部分,除了初一、十五日常的祭祀外,村庄每年会举行多次盛大的集体活动。天后宫及其前方的大埕,前祠堂前的大埕与码头榕树组成的空间,以及后祠堂前的街巷,是埭美陈氏族人宗教崇拜以及举行重要民俗活动的主要场所。正月初四日游神时,埭美的所有神明,包括妈祖、玄天上帝、太保公、伽蓝爷、千里眼、顺风耳等都会全部出巡。穿街过巷后,游神的队伍沿着埭美村外围的边境上走,鼓声咚咚,民众跟着大队伍缓缓而行,不到2米宽的田间小路上,整个队伍可以延绵三四百米长。而到了端午,埭美人会在前祠堂大埕上缅怀沉江的屈原,摆上祭品,面河而拜。礼罢,人们聚在后祠堂其乐融融地吃着足够分量的大锅饭。

除了传统节庆以外,埭美也有诸如一些较为特别的节庆仪式活动,例如两年一次的三朝清醮最为繁盛多姿。醮是道教祭典仪式,有多种名目,清醮主要是为祈福谢恩,解厄禳灾。埭美的三朝清醮有着浓烈的道教色彩。仪式是在陈氏宗祠前的空地上举行的,村民在前祠堂前,内河岸边,请来道士设坛做法事。三十多位会首身穿醒目的青蓝色袍子,头戴黑色礼帽,代表村民在坛前祭拜。

海沧区的新坡村保留着闽台地区特有的送王船年俗。目的是为纪念缅怀封号为"代天巡狩"的"王爷公"。送王船的年俗三年一期,村民们请民间师傅用彩纸扎制作纸糊船,将中国由古至今的传统祭祀神物如狮、龙等置于船上,村民共同"拜关将"、"接王神",开展为期数天的"送王船"活动,斋醮、歌仔戏表演等民俗活动交叉进行,同时也有大鼓凉伞、舞龙舞狮等节目,村民组成各种表演队伍簇拥王船,并为王船开道。待游行队伍行到海边,乩童以纸钱引火进行点火仪式,焚烧王船,在场的渔民和信众纷纷跪地祈求上苍能将平安、好运和吉祥赐予自己。

民间信仰和祭拜活动不仅是本村人的公共大事,也是联系海外华侨的重要纽带,例如埭美天后宫的剑狮与台湾台南天后宫的剑狮就一脉相承。

五、结　论

闽南地区大多数红砖厝古村落都是侨乡社区,它们与金门、马来西亚、印度尼西亚等地的华侨均有非常紧密的血缘关系,很多精美的红砖厝建筑就是百年前出洋打拼的华侨建起来的。红砖厝是闽南人与华侨共同祖先记忆和血缘纽带的真实见证。保护闽南红砖厝,对于加强大陆与台湾及东南亚地区的同根认同具有重要意义。

闽南村落的红砖厝,因为多是上百年前或者几十年前修建,已经显得有些破败。许多古村庄不仅古民居没有年轻人再愿意继续居住,而且许多家族的子嗣"香火"也面临着子孙进城而无人回乡延续的情况。许多村组织了老人协会以及各种民间组织,旨在为红砖厝的保护做出贡献,但收效甚微。许多曾厝村民介绍,经常有各类考察队、媒体、或是机构个人来对村内成片的红砖厝进行研究,访谈和报道,但却鲜有真正为保护红砖厝而做出努力的团队。值得欣慰的是,近年来,大陆和台湾一些专家已经联合提议将红砖厝作为非物质文化遗产项目来申报世界遗产,并提请国家和国际组织进行评定和保护。中国目前施行的"中国传统村落"等项目也列入了很多以红砖厝古民居为主的村落,给予专项资金保护支持。还有一些闽南地区的红砖厝古村落社区居民已经自觉地开始翻修维护这些古建筑,进行旅游开发,将红砖厝变成村落可持续发展的资源。祖先们建起的红砖厝又一次为本村本族的子孙带来了福荫。

附 录

105 人获翔安区政府接待 三忠宫抵厦门晋香交流

（马六甲 9 日讯） 马六甲三忠宫连同新加坡及霹雳的大宋三忠王信徒，今日抵达中国厦门翔安区开展为期 6 天的晋香与文化宗教交流考察参访活动，获得翔安区人民政府的接待。

多达 105 人的阵容，是于昨日凌晨从马六甲出发，众人抵步后随即前往翔安区人民政府进行访问，获得区政府副区长林郁的接待。

以黄守群为首的参访团，也在会上赠送牌匾给翔安区人民政府，作为今次晋香与文化宗教交流考察活动掀开序幕。

会上，林郁致词时说，对众人的抵步深表欢迎，也欢迎更多马来西亚等海外的华裔组团，前往翔安区进行文化宗教交流。

鼓励大马华裔投资

他说，翔安区是厦门内最新成立的区，该区内目前拥有天主教、道教及佛教等的宗教或民俗信仰场所。

"中华文化源远流长，欢迎更多海外的华侨前来翔安区进行交流。"

他说，透过各式各样的交流与考察活动，相信将有助拉近各地华侨的凝聚力，包括培养和交流出更深醇的情谊。

另一方面，林郁在会上也与交流团进行交流，包括鼓励更多来自马来西亚的华裔前往翔安区参与各项经济发展与投资活动，以协助促进当地的经济成长。

"翔安区去年生产总值达 380 亿人民币（约 229 亿令吉），让翔安区成为厦门内，其中经济成长最有潜质的地区。"

在场交流者参访团署理团长拿督黄振尧、副团长王春朝、陈诗抽、戴美鹏、陈金兴、陈念国、总干事陈念升等。

此外，参访团也在抵达厦门首日，前往位于翔安区的普庵宫（普庵佛祖祖庙）进行交流，获得该宫领导以隆重和热闹的排场迎接众人。

（马来西亚《中国报》2016 年 4 月 9 日报道）

第五章

厦门竹坝华侨农场景观调查

一、竹坝华侨农场简介

竹坝华侨农场位于厦门市同安区大同镇东北,地处闽南"金三角"中心地带,居三秀山南麓,距同安城区政府 10 公里,总面积 7.84 平方公里。同安是厦门最大的一个行政区,是著名的侨乡和台胞祖籍地。竹坝华侨农场的出现和发展与同安所具有的侨乡特征有关,同时又时在特殊历史情境下出现的产物。其社区成员多是从不同国家、地区安置而来。与传统的自然村落相比,竹坝华侨农场的社区形态、管理机制、生产生活、文化样貌都相对特殊;与所在地的闽南村落相比,文化殊异,具有明显的"飞地"性质。这些特殊性构成了竹坝农场的特殊地方性、社区认同的迁出地记忆依附性,以及社会关系的独特性,如今,竹坝华侨农场开始利用自己文化景观的独特性来开发旅游,除了农场生产,其风景设置充满了对不同的来源迁出地,主要是东南亚国家的记忆与其他异域性风情的想象和展演,在景观符号上与周围其他的闽南传统村落区别开来。

华侨竹坝农场建立于 20 世纪 60 年代,是在比较特殊的国际关系背景下产生的。20 世纪 50 年代后期,东南亚一些新独立的民族国家制定并实施了一系列限制、排斥乃至打击华侨的政策,在不同程度上危及华侨在当地国的生存与发展,其中尤以印度尼西亚为甚。为了躲避排华政策和排华情绪对自身安全的危害,许多华侨纷纷返回中国,中国国务院制定了接纳安置归侨的总方针,按籍安置,面向农村,以从事农业生产为主。在这个背景下,组建国营华侨农场成为安置归侨的主要措施,提出"农场既要自始至终地从发展生产的观点出发办事，发挥它作为安置归侨的基地作用，同时又必须在安排生活、生产、政治文化教育方面，根据场员的特点，作巨大的努力和妥善周密的安排。"①1960 年 2 月 2 日，国务院颁布《关于接待和安置归国华侨的指示》，决定成立"中华人民共和国接待和安置归国华侨委员会"，负责统筹归国华侨的接待和安置工作。该委员会下设办公室，具体办理接待安置事务，并在广州、汕头、湛江、海口等主要口岸设立了接待归难侨的临时机构。

从 20 世纪 60 年代初开始，超过十万华侨回国安置。当时的"中华人民共和国华侨事务委员会"（简称"中侨委"）与接待安置委员会协调与海外华人关系密切的广东、福建、广西、云南等地，迅速新建、扩建了 25 个华侨农场以紧急安置华侨。70 年代中后期，越南也掀起排华浪潮，中国又在广西、广东、福建等地改建、扩建了一批华侨农场，安置了大约 16 万越南难侨。两批共建华侨农场 84 个。厦门同安的竹坝华侨农场即是当时建立的第一批华侨农场中的一个。

1960 年 3 月，竹坝华侨农场正式建立，按照中侨委的指示精神，华侨农场是"安置和教育归侨的生产基地"，是"带有事业性质的企业单位"。其前身是同安县财贸部门主管的一家小型综合农场，根据国务院的紧急指示，福建省政府决定以该农场为基础，建立竹坝华侨农场，以紧急安置蜂拥而至的大批归难侨民。同年 6 月，农场接待并安置第一批印度尼西亚归国华侨，接着又安置了第二批、第三批印尼归侨。从 1978 年 5 月起，农场又陆续接待并安置多批越南归侨。建场后竹坝华侨农场共接待了来自印尼、越南、柬埔寨、泰国、缅甸、新加坡、马来西亚、菲律宾八个国家的归难侨民 2200 多人，还分别于 1972 年、2002 年先后安置了山美水库和三峡水库的移民。

20 世纪 80 年代，农场经营开始受到改革开放和市场化影响，一开始农场把生产队划分成生产小组，由各生产小组集体承包土地，后逐步过渡到由个人直接承包土地，农场不再对种植作物的数量类型做出规定，承包人可以依据市场需求自行安排。接着，农场的果园及小型加工厂也拿出来让个人承包。1985 年，国务院做出《关于国营华侨农场经济体制改革的决定》，明确提出华侨农场要走中国农村改革的道路。农场职工统一的工资制取消了，职工收入取决于承包经营收入。1986 年后，农场职工子女成年后不再自动

---

① 赵红英等：《建国以来侨务政策的回顾与思考》，载《侨务课题研究文集》（2000—2001年度），国务院侨务办公室政研司编辑出版，第 320 页。

转为职工,需要自谋就业出路。20世纪90年代,华侨农场的管理体制发生了重要变化,并开始融入本地社会。从1997年开始,包括竹坝农场在内的16个华侨农场改为由各农场所在地(市)县人民政府领导,同时,为了发挥侨力资源优势,培育新的经济增长点,省政府同意华侨农场移交地方管理后,增加华侨经济开发区挂牌,参照省级经济开发区享受优惠政策。因此,由厦门市管理的竹坝农场又增挂"竹坝华侨经济开发区"之牌。

目前,竹坝农场已经与地方政府建立了比较亲密的联系,并且得到了地方政府的支持。1998年,用地方补贴和农场自筹资金的办法,农场铺设了从同安到竹坝的十公里水泥路;1999年,与同安区各部门协调,竹坝成为同安区第一个完成农村电网改造的单位。农场的酒厂被列为国家星火计划项目,成为农场经济发展的主导产业。原先由农场独立建立的子弟学校划归区教育局管理,社会治安综合治理、计划生育工作等也由同安县统一考评。农场老职工的医疗、社会保险均纳入政府统一规划的轨道。近几年来,农场进行招商引资,建立了橡胶厂、种猪养殖场、果酒厂、体育器材厂等多家外资或内联企业。

竹坝华侨农场成立之初,占地面积不足7000亩,后几经变迁,现今农场的总面积已达7.84平方公里(约11000多亩),有人口2426人,其中职工1083人,并形成了一个社会生活相对成熟的社区。

二、景观特征

(一)生态与生产

竹坝华侨农场自然地形起伏较大,海拔高至816米,低至20.6米。地势北部较高,南部较为平坦,整个地貌从北到南由低山、高丘、低丘、台地四种类型组成。所在地属南亚热带海洋性季风气候,气候温暖,雨量充沛,生态资源丰富,低山、高丘多自然生长的常绿针叶林、小灌木,低丘种植茶园果园,台地则以农田耕地、菜园和果树为主,居住建设用地也在台地。水资源丰富,石垄水库位于半山腰海拔95米处,宁静秀丽,以水土保育和观赏为主,蓄水量可达102万立方米,是农场的饮用水源,并配套有1000吨/日的自来水厂和180千瓦的小型水电站。开发区东侧是同安区管辖的竹坝水库,水面开阔,可适量开发水上活动内容,占地面积约 1500 亩,最高蓄水量可达 873 万立方米。汀溪水库灌溉渠从西向东流经区内长达 3 公里,白石溪顺着山势由北向南流过。

在生计上,农场以种植粮食作物为主,包括水稻、花生、番薯、马铃薯、豌豆、荷兰豆等农作物,有 2700 多亩稻田,同时开辟了近 2000 亩茶果园,种植龙眼、荔枝、木瓜、香蕉、杨桃、柑橘、杨梅、人参果、百香果、茶、咖啡豆等品类丰富的经济作物,还引进了台湾番石榴、泰国芒果等果树品种,栽种有玉兰、楹树、凤凰木、三角梅等观赏植物。在农业生产的基础上,农场建了榨油厂、酱油厂、米粉厂、木器厂、米酒厂等企业,并发展了生态农业等旅游观光产业。

(二)"飞地"色彩的认同景观

可以看出,竹坝华侨农场并非原生社区,而是具有明显的"飞地"性质。首先,竹坝华侨农场有自己的特殊建制和户籍身份,一开始具有国营性质,农场职工都可以按月领取工资,可以享受公费医疗、退休养老。1966 年,为了解决与农场所占地原先村民的冲突,竹坝农场将所在地及周边竹坝、刘厝、下庄三个农村生产队的土地和人口全部划归农场,农场成员增加了本地人,但仍然全面享受"归侨"的国营职工待遇。村民的子女也与归侨的子女一样,成年后可自动成为农场职工。由于农场一直是个"侨"字号单位[①],因此,农场的生产、基建、财务、物资、产品处理、劳动工资计划等皆由侨务部门负责,农场形成了政府职能和企事业单位职能合一的体制。虽然在 80 年代之后有所改制,增加了地方政府的管理、承包经营模式以及取消了职工身份继承制度,但是仍旧作为开发区受到一些特殊政策支持,居民也并没有转变为普通农民身份。

第二,农场的成员大多并非来自本土,不是渐进形成的自然村落,其文化具有移民性和拼接性。竹坝农场的第一批成员基本为清一色东南亚返回的华侨,他们保持着许多在东南亚居住地形成的生活习俗,最早的农场职工甚至可以用印尼语相互交谈,他们也听不懂周边村民的闽南方言。归侨们与周边村民很少主动往来,变成了一个独立封闭的社区。20 世纪 70 年代农

---

① "文革"期间,由于中侨委一度瘫痪后又被撤销,竹坝华侨农场的管理权曾一度下放到福建省,但 1978 年后又适度回收,仍归属侨务部门主管。

场又增加了越南归侨,先后又安置了山美水库和三峡水库的移民。除了原先的竹坝、刘厝、下庄村民,竹坝农场的成员皆是外来移民,而且来自不同地方,他们在本地化过程中保有很多外来的文化传统,因而,农场逐渐形成了不同于闽南本地农村文化也不同于居民迁出地即东南亚国家或库区景观的特色,而是在拼接、杂糅与融合中形成了自己的景观特色。

在人口结构上,竹坝建场之初是清一色归侨构成的社区,其后经过几次的拓展与调整,本地村民和越南归难侨的加入以及归侨的再出境,使得归侨侨眷的比例有所变动。1963年,福建省侨办把竹坝华侨农场的700多名归侨调整到宁德东湖塘、厦门天马等华侨农场。1966年,农场附近竹坝大队所属的三个生产队并入华侨农场,竹坝村时有人口1465人,从这时候开始,农场的非归侨侨眷人口超过了半数。1978年安置了越南的归难侨后,归侨侨眷比例重新超过半数。然而,随着年轻一代纷纷走出社区,归侨侨眷的比例持续下降。

表 5-1　竹坝农场归侨侨眷在总人口中的比例变化

年份	归侨侨眷占总人口比例	备　　注
1961	近 100%	1960—1961 年共安置归侨 1500 多人,以印尼归侨为主。
1963	近 100%	本年迁出 700 多人到东湖塘、天马农场。
1966	约 40%	竹坝等三个本地生产队人员并入,农场人口增至 2400 多人。
1978	约 53%	安置越南归侨 637 人,归侨比例上升。
2000	约 34%	70 年代以来归侨侨眷不断地出国出境,使比例持续下降。

1."回而不归"

不管是 20 世纪 60 年代安置的印尼归侨,还是之后安置的越南归侨,大多数归侨都处于一种"回而不归"的认同状态。这些归侨虽然回到了祖国这个大的"祖籍地",但又不归属于传统的小地域上的"祖籍地"。即使祖籍是福建的归侨,也极少是厦门本地人。

在问及当年为什么选择定居农场时,归侨的解释主要有几种:(1)听从政府安排,自己对回原家乡也不感兴趣。(2)离开家乡那么多年,害怕回祖籍地后不适应,希望和归侨住在一起,更习惯些。(3)家庭中有的是想回家乡,但是其他成员不肯,认为家乡生活太苦,或者其他原因不想回去。

这些来自印尼或越南的归侨在远离祖籍地的华侨农场安下了家，但是多出于现实的考量，而非认同的需求，因而并未重新建立与住地的纽带情感，在身份和认同上处于一种"回而不归"的状态。

表 5-2 竹坝农场归侨祖籍地构成

年份	籍 贯					
	广东 (％)	广西 (％)	福建 (％)	其他 (％)	合计	资料来源
1961	585 人 (45％)		665 人 (51％)	47 人 (4％)	1297 人	竹坝《归侨一览表》(1961 年)
1998	182 人 (39.8％)	143 人 (31.3％)	120 人 (26.3％)	12 人 (2.6％)	457 人	竹坝《福建省归侨身份认定花名册》(1998 年 8 月 3 日)

2.多层边界

与传统的闽南农村社区不同，家族、宗族关系并不是竹坝华侨农场的主要社会关系，由于归侨们是被"分配安置"到竹坝的，他们聚集在一起具有相当大的偶然性，而且同安并不是归侨的祖籍地，因而竹坝农场的社会关系具有拼杂性，除了与周围农村保持边界，内部也有着复杂的亚群体界限。农场居民在生活中形成了多层边界认知，首先是农场与周围农村之间形成了相互区别、相对独立的边界，其次，农场内部也根据居民来源地的不同，形成了各种群体边界，社会联系松散，以核心家庭为主。

边界一：农场内外

华侨农场是在特殊的历史背景下"创造"出来的归侨社区。在安置之初，政府采取了"聚落式"的集中安置，并给予种种政策扶持，以保证归侨顺利适应当地生活，获得生产生计来源。这种安排客观上在归侨和安置地原居民之间筑起了一道"无形的边界"，并且形成了两者在物质上、政策资源上的反差，社会交往上的心理隔膜，归侨和地方社会之间成为相互独立的存在。自从 1966 年竹坝农场周边三个农村生产队全部划归农场后，竹坝农场的地域边界就基本确定了。不过，虽然归侨与当地村民打破了地理边界，共同居住在农场中,但是归侨与当地人之间始终存在着一条心理边界,归侨强调自己"侨"的身份,这种认同从族群理论来看,既有情感性也有工具性的原因。

印尼归侨是社区中的主群体,他们经历过农场最艰苦的创业阶段,曾经同进场"偷盗"的周围村民打过架,曾经遭遇"文革"风波,还曾协助安置突然而至的600多越南难侨,是农场历史发展的见证人。国家在政策上的长期照顾,加上原有的文化习俗和语言的差异,使他们产生了特殊的优越感,他们自觉不自觉地固守着不同于当地的文化习俗、语言信仰、共享利益,以及对"原住地"经历的集体记忆等,认为自己才是农场的真正主人,强调自己与本地人的不同:

> 我讲客家话,家里人也讲客家话。当地人对我们最大的影响就是我们也拜土地公。我们喜欢安置在农场,因为我们都是归侨,生活习惯一样。我们归侨有个习惯,要是家里有事,大家都会来帮忙。我们不像本地人有一大堆亲戚和关系,我们自己帮自己。

> 其实我们归侨不会太计较,过得去就算了。做归侨的工作很好做,我们很听话,当地人就很会吵。

竹坝所在地及周围三个村庄的村民当年得以被接纳入农场,成为"领工资"的农场职工,曾经令他们十分兴奋,不过也存在一些苦恼。虽然地理边界上与归侨农场成为一体,但是他们与归侨之间的社会边界并没有消解。归侨职工认为当地人"得了好处",而村民则认为"我们得到的是我们本应得到的权益"。本地人把归侨看成是不同于自己的"另类",是"番",因此,归侨职工与"本地职工"之间从一开始就存在隔阂。一开始他们各属不同的生产队,各自独立组织生产劳动。实行承包制后,本地职工主要承包农田,归侨职工则主要承包果树,双方仍有明确界限。这个"边界"的形成,从表面上看是由于农场与周边村落在"地理边界"上的分隔,但实质上更多的是源于各自"心理边界"的建构。他们各自自觉不自觉地固守着自己的语言、文化习俗、信仰以及对"原住地"的集体记忆,从而形成了一道无形的社会边界。虽然在同一农场多年,但双方之间的往来始终有限。一个归侨回忆道:

> 在回家的路边有一片西红柿地,我们几个归侨学生会摘来吃,当地人就说,"你们看,番仔就是番仔,这东西怎么能这样生吃呢?"不过现在好像所有人都接受西红柿可以生吃。

> 我们听不懂他们[指当地村民]说什么,也和他们没来往,我们有时

到农场外去办事，他们本地人远远地看到我们就说，"番仔来了"。

他们[指当地村民]封建迷信得很，……好像什么庙什么节很多。

我们这些侨生去地里挖地[挖到]都是骨头，用它们扔本地人，本地人很怕，骂我们死番仔。

本地人说我们不懂人情世故，是"番"。归侨是比较容易翻脸……我们归侨的特点是爽直。

改革开放以来，华侨农场逐渐归于所在地的地方政府管理，教育、医疗、保险等制度的并轨，以及市场经济方式的增加，都在一定程度上促进了归侨与当地社会的融合，有助于消除多年来在归侨与本地人之间形成的隔阂与界线，尽管其认同边界仍旧较为明显。

边界二：归侨你我

归侨侨眷一方面祖籍地不同，姓氏不同，另一方面原侨居国、生活经历也各不相同，因而思想观念差异比较大，彼此之间存在着一定的刻板印象。竹坝农场归侨家庭之间相对独立，以核心家庭为主。经过 50 多年在同一社区生活之后，他们之间渐渐也有些家庭形成联姻关系，但大部分仅是第一代联姻。职工身份继承制度取消及就学就医、行政管理并轨之后，农场与当地其他社区的联系增多，年轻一代以求学、工作等方式走出社区的逐渐增多，因此农场社区各家庭的联系仍旧相对松散。

印尼归侨最早来到农场，他们觉得自己才是农场的真正主人，有着一些特殊的优越感，他们看不惯一些新来越南归侨的"新潮"作风。印尼归侨觉得越南归侨胆子大，敢作敢为，但不会吃苦，"农场经过印尼归侨的辛苦建设已经比当初好得多，他们竟然还不满意！"20 世纪 70 年代的越南难民潮曾得到国际社会的救助，数十万越南难民被接纳到美、法、加、澳等发达国家。由于总体环境不同，因此，被安置到中国农村华侨农场的越南难民从亲友的联系中得到了一些关于海外难民片段生活信息之后，对自己的安置现状有所不满。同时，因为自己是晚于其他侨民来到农场，觉得自己在农场中的地位最低，认为分配给他们的尽是坏地，他们样样吃亏，所以千方百计想离开农场。

3.社会关系网络的国际化

竹坝农场归侨的家庭及社会关系网络，与华南其他侨乡相似，呈现出国际化的特点。基于原先的长期海外生活经历，竹坝农场的各个归侨家庭几乎都与海外有着一些血缘联系。他们的海外血缘纽带甚至多于其在国内的家族关系。如印尼归侨蒋先生，自父亲去世后，与福建老家的联系就很少了；他的妻子是新加坡归侨，有许多亲戚在新加坡；弟妹中有三个在国内，五个在香港和印尼，他们曾进行过竹坝、香港、印尼三方五兄弟之间的国际通话。另一位陈美竹女士，母亲在竹坝，弟弟在厦门，同父异母的两个哥哥在印尼，其丈夫黎良富先生说：

> ［我的］大姐和四个妹妹都去了香港。我［去香港］的申请没批，母亲倒被我的姐妹接到香港。母亲自己的姐妹一个在印尼、一个在香港、一个兄弟也在香港，一直都有联系，在经济上也有接济。我在同安有一套房子，是妹妹送的。［这几年］她们每年回来过年，大姐在深圳买了套房子，我们几家人每年圣诞节从松坪、香港、厦门到深圳团圆。

根据统计，农场归侨约有 3 万名亲属在海外，遍及 13 个国家，每年约有五六百人次回农场探亲。农场也有一些个人和企业经常参加跨国、跨地区的同乡会、同学会、归侨联谊会等组织的活动，如：泗水中华学校同学会、世界同安乡亲联谊会等等。

此外，竹坝农场的归侨侨眷不断有再出国出境现象。由于归侨的海外关系多，当客观情况许可时，不少人即利用其亲缘纽带，到境外国外发展。根据农场侨联的资料，从 1972 到 1994 年，全农场共有 458 位归侨侨眷离境，绝大部分到了香港，约占 87.6%（401 人），17 人到澳门，31 人到加拿大，5 人到美国，3 人到英国，1 人到澳大利亚。根据我们的初步调查，印尼归侨一般是通过亲属关系申请出境出国的。由于印尼一直对中国人入境定居实行严格限制，因此，大多印尼归侨出境后都留居香港。越南归侨的情况则有所不同，他们或通过亲缘关系投奔被安置在发达国家的亲友，或利用七八十年代时国际社会对"越南船民"提供的特殊援助，经广西北海出境到香港，以"难民"身份或留居香港，或转道他国。近年来每年都有竹坝归侨子女通过跨境联姻、通过国外亲友资助自费留学等方式移居国外。

农场社区的归侨侨眷普遍关心国际国内时政大事，尤其关注原侨居国的发展形势。由于他们自身及家庭的经历，广泛的海外家族关系，自身的发展期望，以及特殊的认同记忆与情感归属，都使得他们特别关心国内外时政。我们在农场调研期间，访问了许多归侨侨眷，不管是文化精英，还是没读过什么书的中老年家庭妇女，往往都能对时政讲起来滔滔不绝，从东南亚各国的局势、联合国的难民安置，到美国、香港的移民政策，都能发表一些自己的看法。如 1960 年第一批回国的蒋先生，仅在印尼农村读过几年小学，回来后都在参加农业劳动，但他不仅关心农村行政隶属关系的改变对农场发展的影响，也关心从苏哈托、瓦希德到梅加瓦蒂的印尼政局，他坦言，印尼在其心中留下了难忘的记忆，所以他会经常了解印尼的时政。

（三）社区文化生活景观

竹坝农场的归侨有很多在几代之前就已经移居海外，形成了许多既不同于侨居地民族、又不同于祖籍地的独特习俗。在安家竹坝时，他们或多或少都带回了这些风俗习惯，而国家政府的特殊照顾、华侨农场的特殊地位、建构归侨群体认同的需要等等，使他们有意或无意地保留着、甚至强调着这些习俗，把它看成是归侨的特性、归侨的象征。虽然 50 多年来竹坝归侨也逐渐吸收了一些本地闽南文化，比如对于土地公的崇拜，但是，由于竹坝华侨农场在地域上和心理上与周围社会都存在较为清晰的边界，双方交流往来较少，因此，竹坝华侨农场形成了与当地闽南文化显著不同的归侨文化特色，农场的社区生活也不同于其他的闽南乡村。

竹坝农场的语言交流方式具有特色。不同群体之间用普通话进行交流，但是在各自的群体内，本地村民通用闽南方言，印尼归侨之间常用印尼话交流，越南归侨之间则常用越南话。竹坝归侨的祖籍地分属广东、广西、福建、山东等地，有的老一代归侨还保持着在家中讲家乡方言的习惯，因此归侨在家庭生活中的语言复杂多样，除了普通话和原侨居国语言外，也有闽南话、广东话、广西话、客家话、莆仙话等。早期的归侨多少学会了一些闽南话，而在竹坝长大的年轻一代，绝大部分都已经能用闽南话与本地人交流。

在饮食上，与闽南追求清淡的饮食习惯不同，归侨家庭饮食口味偏重，煮菜喜欢放咖喱、辣椒、黄姜、香茅、胡椒等多种香料。炸、烤类烹饪方法受到欢迎。咖啡是许多人的日常饮料，并喜欢配上家庭自制的各式饼干、虾片、九层糕等带有印尼风味的特色点心。逢年过节，家家户户都忙碌着自制各种南洋式糕点招待客人。

在服饰方面，刚回国时许多归侨带回了"纱笼"等具有印尼民族风格的衣服。经过几十年的变迁，此类服饰已不再作为日常服饰穿戴，但却仍具有特别的象征意义，每逢节日、表演、有重要客人来访或者联欢活动中，一些归侨还是会穿上东南亚特色的服装，并喜欢演奏东南亚音乐，跳东南亚各种民族舞蹈。农场的男性居民在夏天仍常穿件印尼蜡染的花衬衫。

在宗教信仰上，与本地的老百姓相比，归侨们的神佛观念比较淡薄，所以常被本地人称为"番",说他们不懂人情世故。闽南一带农村宗族势力大,民间信仰盛行,宗祠庙宇随处可见,家家户户都有神龛佛像,拜神求佛的节日很多,人情往来也很频繁,常常互相邀请参加酒宴。相对而言,归侨的人情交往较少,现在许多归侨也学着当地人在家中设个神龛,祭拜祖先和土地公,也和本地人一样去北山拜神。

在节日上归侨社区的不同文化风情表现尤为明显,例如中国传统节日春节,归侨强调自己与周围农村的节日文化有所不同。首先是必须制作大量南洋糕点,一般从节前一个月就开始忙碌制作,并且赋予象征意义,如用印尼九层糕和黄金糕来寓意着生活节节高,日子红红火火,此外,以咖喱鸡、黄姜饭、沙嗲牛肉串作为年夜饭主食。其次是在节日期间表演南洋歌舞。春节前夕,每天傍晚印尼归侨们都喜欢身着印尼民族服装"纱笼"到归侨文化活动中心,伴着录像机中播放的印尼民歌,跳舞娱乐。

三、旅游景观:"南洋性"的打造

在当前旅游大潮的推动下,农场居民意识到,他们独特的归侨文化已经不仅仅是一种象征符号,也可以转化为一种可持续发展的经济资源。因此,竹坝华侨农场所拥有的归侨文化和不同于普通农村的农场特色得到了新的强调和挖掘整合。竹坝华侨农场现在也在进行"厦门竹坝农场南洋休闲度假旅游区"的打造,以10多平方公里的整体农场作为旅游资源,将生产的果蔬、米酒、糕点等产品推销出去,同时也向游客推销着自己的南洋风情与认同景观。

竹坝农场针对旅游开发的目标进行了重新规划与包装。除了已有的从农场新村到同安城区的标准水泥路,内部也修建了通车方便的道路网络以及展览和经营性设施。从同安到农场每日有公交班车抵达,自驾车辆和团队游巴士也能方便抵达。南洋风情、生态农产品、回归自然成为竹坝农场的旅游主题,重点打造的风貌是"南洋性景观",旅游吸引力(tourism attraction)是让游客产生不用走出国门便能方便体验异域风情的效果。这些主要通过归侨史迹馆展览、南洋建筑符号的运用、饮食和歌舞等活动来体现。除此之外,自然风光和农作物产品也配合制造竹坝华侨农场的旅游吸引力。

（一）景观打造

1. 归侨史迹馆

在农场停车场也即景区入口处，首先是一座归侨史迹馆，也是当地的文化活动中心。归侨史迹馆坐落于竹坝新村中心区域，2009年揭牌，主要介绍归侨安置历史、竹坝农场生活及与东南亚华侨联系情况，是厦门市爱国主义教育基地。史迹馆共有三层，一楼是管理办公室，二楼三楼为展区，包括"神奇的竹坝"、"特殊的使命"、"耕耘与收获"、"关爱与温馨"、"悠悠桑梓情"以及"竹坝春正浓"六大主题展区。以实物、图片、图表、文字等形式反映竹坝50多年来的沧桑巨变，有关于农场建设的政府文件，反映农场发展的图片，以及水车、犁具等农业生产工具。陈列室还收藏和展示归侨回国时带回来的物品，包括制作糕点的模具、印尼烫斗、新加坡铝锅、印尼铝盘、新加坡马灯、印尼锁和石磨、越南铁盘秤、各种行李箱，甚至还有大床，藤条椅，缝纫机，衣柜等等。归侨史迹馆主要向游客简要介绍归侨回国的背景、过程、农场建立发展的历史、农场的生活与建设等信息，并宣传爱国主义教育。对于本地归侨居民来说，这是一个收藏他们群体共同记忆的一个博物馆，因而很多人也将之视为社区活动中心，或者接待其他华侨华人来访的重要场所。

2. 南洋建筑及符号

竹坝农场的主要旅游区域在农场新村居民区一带。所制造的带有标识性的景观符号有"竹坝欢迎您"的指示牌，上面绘制一位穿着南洋服饰的少女；路两侧的雕塑有借自新加坡的鱼尾狮，来自泰国的金色大象，以及东南亚常见的鳄鱼形象；荷兰式风车造型的路标，风车扇叶上绘有印尼、越南、马来西亚等国的国旗。

景区建有很多呈现东南亚风情和风格的建筑，包括归侨史迹馆、南洋生活馆、巴厘岛餐厅、百味宫、侨居工程小区，以及一整排的纪念品商店。这些建筑有的有三角形的尖屋顶，有的有金色的镂空雕

图 5-1　竹坝农场内新建的带有南洋各国国旗的风车装饰

刻,多使用红、黄、蓝、绿等丰富的色彩。许多居民楼房的外墙上还绘了大海、沙滩、帆船、椰树等图案。中心区矗立着印尼、泰国、马来西亚、越南、柬埔寨、缅甸、菲律宾、新加坡八个国家的国旗。这些建筑大部分是近年来为了开发旅游而新建的,显示出华侨农场的归侨身份和文化特色,以及难以忘怀的南洋风情。这些建筑与周边的闽南传统民居,以及现代化的水泥住房形成了鲜明的对比。这些建筑不仅构成了旅游空间,也成为居民的公共活动空间。

图 5-2　南洋风情的餐馆和纪念品商店

3.南洋美食

竹坝华侨农场以南洋特色美食来招待游客。如上文所言,归侨一直保持着独特的饮食习惯,在旅游开发中,一些居民承包了旅游区的餐馆,制作品种丰富的"南洋美食"、"印尼饭店"、"巴厘岛餐厅"、"百味宫"等来招徕游客。有些饭馆经营某一国家或民族的专门菜系,大部分菜谱中包含多国南洋风味的菜肴,包括巴东牛肉、万隆粉丝、印尼沙嗲串、咖喱鸡饭、粽叶糯米条、黄金饭、九层糕、千层糕、清炒篱笆菜、越南蕉叶粽、越南河粉等。同时,餐馆和纪念品商店也出售南洋风味调料、食品、饮品等,如印尼、越南咖啡、马来西亚白咖啡、泰国绿咖喱等。这些餐馆日接待能力可达千人。

4.南洋歌舞

归侨史迹馆旁边有一个简易的小舞台,可以进行东南亚歌舞表演。每逢节日,归侨居民会表演一些南洋风情的歌舞,如印尼歌舞、印尼乐器、越南独奏琴、泰国乐器和古典舞等。这一活动不仅促进了旅游业的开展,也对当地人尤其是年轻人产生了吸引力,一些原本不跳舞归侨子女也开始对东南亚音乐舞蹈感兴趣,并且学习演奏和歌舞。

5.自然风光与农场产品

竹坝华侨农场地处闽南,气候宜人,一年四季都为绿色,植被丰富,地貌多元,水系发达,除了丰富的水稻、蔬菜等农作物和果树、茶树等作物,还有大型水库、山林,自然风光优美,地域广阔,因而旅游开发除了推广南洋风情,也用自然风光吸引游客。现在已有多家居民经营生态果园或蔬菜园,游客可以买票进入参观,采摘和购买新鲜果蔬,还有一些经营者制作果汁等产品供游客消费。竹坝农场作物众

图 5-3 华侨农场生产的坛装米酒

多,收获量大,除了直接批发农作物给厦门的菜市场,还建成了自己的榨油厂、酱油厂、米粉厂、木器厂、酒厂,其加工的产品也销售给游客。农场生产大量水稻,并有多家加工米酒,这些米酒作坊将产品做成各种型号的瓶装,印制商标,特别受到游客的喜爱。景区的餐馆向游客供应的酒水也有很多是来自农场的米酒坊,形成了内部合作的产业链。

(二)外在力量与自我发展

1.政策支持

华侨农场的旅游开发具有政策优势,之前挂牌为开发区,归属地方管理,比照省级开发区待遇,农场的发展也被纳入地方发展规划,得到地方政府支持。为了带动竹坝华侨农场的经济发展,厦门市同安竹坝华侨经济开发区管委会针对竹坝农场自身的特色,出台了一系列促发展的政策。在中国华侨农场的网页上,可以看到竹坝农场的投资环境、优惠政策、引资项目、特色产品等方面的详细资料,其中在介绍农场投资环境时,把拥有归侨侨眷及归侨社区作为一种突出的人文景观资源,将竹坝农场与同安梵天寺为主景的城区景区、北山寺景区勾连成一线,发展竹坝旅游的区位优势与人文优势。

在厦门市的旅游规划中,竹坝成为发展"农家游、生态游"等特色旅游的试点,政府专门组织有关人员到东南亚一带进行考察学习,以更好地呈现"原汁原味"的南洋风情,建议与专业文艺培训团体合作培训一批专业南洋歌舞表演人才,让游客能领略到浓郁的南洋特色。"侨乡民俗风情小吃一条街"成为竹坝农场一个重要的引资项目。2003年9月,福建省华侨经济开发区第二届招商会和福建省华侨农场文化节相继召开,竹坝华侨农场被作为侨务工作的重要品牌推出,政府支持其进行招商和文化节的活动,为福建华侨农场架起一座对外联络交往的友谊桥梁。

2."侨"牌侨资

1997年起,竹坝农场改为由各农场所在地(市)县人民政府领导,并成立厦门市竹坝华侨经济开发区管理委员会,作为开发区,进行招商引资。由于竹坝华侨农场的特殊性质,地方政府的经济计划和旅游宣传重点推出"南洋风情"这个招牌,效仿闽南其他侨乡,打出"侨"牌,以吸引侨资。

但是,因为农场的投资收益无法与其他工业区等投资类型竞争,所以在吸引侨资方面成效不大。一般侨乡从20世纪90年代以来除了吸引投资,还吸引了很多带有慈善性质的资金,应用于教育、交通、医疗、养老等公益事业,具有一种侨民反哺故乡的性质。但是竹坝华侨农场并非侨乡祖籍地,不具备其他侨乡所有的祖籍、血缘纽带力量,在吸引侨资方面没有什么建树。在招商引资方面,竹坝农场引进的多是台资或者其他境内资本,引资方面的优势主要在于政策优惠、征地方便、资源丰富,而非侨乡情感纽带。因而,农场的经济转型和发展,更多的还是依靠社区居民自身的努力。

3.社区自我发展

在20世纪90年代改制之后,虽然仍有开发区的政策支持,但是农场在发展上需要更多依赖自我,才能跟上时代经济走向市场化的大趋势。在田野中我们发现,有些归侨对政府仍有一些期待,希望政府考虑这个群体的特殊性,予以更多政策倾斜甚至直接的照顾。但是多数职工已经转变观念,立足本地农业、作坊及风景资源,自力更生,谋求发展。年轻的一代,很多也走出农场,不再依赖工作的继承,而是寻找其他出路。

一位农场领导说:"在当时那种政治背景和计划经济体制的条件下,华侨农场的设计以及相应的政策扶持是必要的,它积极推动了安置工作,而且还体现了国家对华侨的关心和温暖。但如果到现在还是这样下去,似乎就没有'断奶'的一天。市场经济要靠市场,靠社会,靠我们自己去发展。华侨农场要适应这个大环境的变化,去求得自身的发展。"他的观点代表了很多农场居民的想法。将社区文化景观开发为旅游项目,是这种自我发展的一个可喜尝试。

四、结　论

竹坝农场与全国各地的华侨农场一样,是中国政府在特定历史时期为了妥善安置归难侨而特别建立的,它在接待安置归难侨、开发地方、发展经济等方面都做出过贡献。归侨及侨眷在国家政策的引导下,在一块原本相对荒芜的土地上,建立起自己的新家园,也形成了自己的独特社区和特色文化及认同景观。它的飞地属性、回而不归的身份认同、侨居地生活的记忆、与周围其他人群及其境外亲属的边界互动与纽带沟通,都为这个闽南地区的农场抹上了一道道旖旎的色彩。

华侨农场在经历了 50 多年的发展之后,其制度、信仰、生计、社会关系都在随时代和代际的转变而发生改变。一些历史记忆被淡化了,另外一些则得到了强化,一些家庭纽带发生了改变,一些对远方的想象又生产出来。在旅游开发的情境之下,华侨农场也找到了新的符号资本和经济资本,更加自主地建设自己的生活社区。华侨农场曾经是个鲜明的飞地,最终将变成归侨自己的家园。

第 六 章

闽北下梅村村寨景观调查

一、下梅：闽江上游的茶市中心

下梅村[①]位于福建省北部武夷山市东部，距离武夷山风景区 8 公里，武夷山市区 6 公里，属福建省武夷山市武夷街道办管辖。现居住人口 2500 多人，住户居民 500 多户，以汉人为主，也有少量畲族。自宋以来，多有人口迁入，又是个运输枢纽，因而村中姓氏很多，主要有邹、江、方、陈、林、张、李、吴、王、彭、孙、岳、衷、郎、袁、黄、赵、郑、刘、周、祝、范等姓。

据方志记载，村落始建于隋朝，村中里坊兴于宋朝，街市隆于清朝。道光年间《崇安县志》记载："康熙十九年，武夷岩茶茶市集崇安下梅，每日行筏三百艘，转运不绝。"可见最晚至清初，下梅茶市盛极一时。

下梅村因茶市贸易兴盛起来。在鸦片战争后，由于当时清政府被迫开放五个通商口岸，武夷岩茶只要顺闽江而下就可出口。于是，武夷山地区的茶市中心从下梅转移到赤石。因茶而繁华兴盛的下梅慢慢又沉寂冷清下来。如同大部分中国的传统农村，下梅村恬静安详地过着春耕夏耘秋收冬藏的岁月。近年来，随着旅游开发的浪潮袭来，下梅村以其"茶市"的历史前身及保存较为完好的水乡古村落景观，开始发展村落旅游。

---

① 下梅村的景观情况参考邱旺土、刘家军、黄鹤：《武夷山民俗文化》，厦门：厦门大学出版社，2013 年；邹全荣：《行走武夷民间》，北京：学苑出版社，2012 年；邹全荣：《武夷山村野文化》，福州：海潮摄影艺术出版社，2003 年；邹全荣：《中国历史文化名村——下梅》，北京：国际炎黄文化出版社，2006 年。

下梅村曾被认为是陆上丝绸之路茶叶路线的起点，它在历史上曾经是输送茶叶特别是武夷山岩茶入欧洲特别是俄罗斯的第一个枢纽。乾隆年间，武夷山的茶多是从下梅村经梅溪水路北上经鄱阳湖转至湖口，经长江至汉口，经汉水至襄樊，唐河至赊店，再改为陆地最终运往晋中、蒙古、恰克图等地，晋商在其中起到重要的中转作用。[①] 茶市贸易的见识累积、风水堪舆文化的世代传承，使得下梅村形成了一个自成体系又贯通他者的文化风貌，在建筑、生计、信仰等方面都有所体现。不管是茶市贸易时代热闹熙攘的下梅村，还是如今期待全球化背景下旅游运动的春风带来另外一次繁华的下梅村，都在这样一种自我与他者的交汇与想望中自成风景。

二、村寨景观

生态、地貌、生计、建筑、古街、信仰，共同构成了下梅村的整体性文化景观。下梅村已经先后获得"福建省历史文化名村"（2001 年）、"中国历史文化名村"（2005 年，第二批）、"中国传统村落"（2012 年，第一批）等称号。

下梅地形是山间的一个小盆地，俗称"锅庄"，意指下梅地形如一口锅。村子四面环山，一面抱水，山峰海拔平均高度在 600 多米以上。村中有当溪穿过，村外又有梅溪环绕南北，因而同时兼具山地和水乡两种景观特色。现保留具有清代建筑特色的古民居 30 多幢，其砖雕、石雕、木雕艺术最为精美。村中主街还保留这清代茶市的遗韵。村落人口众多，来源复杂，经多识广，接受并保存了完好的佛教、基督教、民间宗教等多元的信仰。

（一）自然景观

下梅村的村名来自于一条非常美丽有名的溪流——梅溪，村子正在梅溪下游。梅溪流经武夷山东部，发源于梅岭，因而得名梅溪。梅溪两岸有许多村落以梅命名：如上梅、下梅、梅溪村。关于梅溪，村民说这个美丽的名字应该是因为以前溪水两岸长满了杨梅树，故名梅溪。梅溪是武夷山东部有名的溪流，北宋著名词人柳永，南宋理学家朱熹，都曾在梅溪一带生活过。

---

① 肖坤冰：《帝国、晋商与茶叶——十九世纪中叶前武夷茶叶在俄罗斯的传播过程》，《福建师范大学学报》2009 年第 2 期。

下梅村村中也有一条水道贯穿村落，名叫当溪，当溪与梅溪连通，形成一条丁字形水运渠道，直达崇阳溪，因而当溪具有运河性质，清康熙、乾隆年间，武夷山的茶叶就是通过这些河流运至闽江，继而经陆上丝绸之路出口到欧洲。当溪将下梅村一分为二，营造出水乡风光。当溪是一条天然溪流，发源于芦峰南脉大元岗，穿过下梅村，汇入梅溪，全长2000多米，在下梅村内900多米。当溪如同一条中轴线，民居沿着两岸建成。当溪不仅提供水运，而且具有排洪、水利灌溉等功能。

《崇安县志》载："康熙十九年，武夷岩茶茶市集崇安下梅，每日行筏三百艘，转运不绝。经营茶叶者，皆为下梅邹氏。"可见梅溪、当溪构成的水路网对于下梅村的重要意义。

（二）建筑景观遗产

下梅村民居建筑多为砖木结构，以砖砌墙，外围高大封火墙，门楼饰以砖雕、石雕、木雕，青瓦铺成较为平缓的屋顶。宅落规模较大，一般有多进的厅堂、厢房、阁楼、天井、花园、巷道等部件。宅内有壁龛，以供祖先及家内神灵。

砖雕、石雕、木雕和墙头彩绘是下梅古民居的一大特色，特别是门楼的砖雕装饰，繁复精美，以显示主人的富贵。砖雕有浮雕和镂空雕，内容有历史人物、神话传说、吉祥风物等。石雕主要用在础石、门当、石鼓、花架、水缸等物。木雕主要应用于梁、顶、桌、椅、窗棂等处，也是以汉人传统吉祥图案为主。主要的古民居建筑有：

1. 邹氏家祠

邹姓是下梅村主要姓氏之一，家族历史悠久，在村中有较高地位。邹氏家祠建于1798年，坐落村落中心，毗邻当溪，规模宏大，保存完整，是武夷山地区保存最完善的一座祠堂建筑。邹氏原籍江西南丰，清初携家眷入闽，在下梅村择居创业，以茶叶贸易为主，成为闽北一大商贾，主要与晋商合作。邹氏商贸兴盛之后，大兴土木，除了建宅、家祠、文昌阁，还建了当溪码头。

邹氏家祠门楼气势恢弘，砖雕图案丰富。门两侧分别刻有"木本"、"水源"两幅横批，表达了邹氏教育子孙要追思祖先，不能忘本的家训。门楼左右两侧有圆形砖雕，分别刻着"文丞"、"武尉"字样，以示为门神。门础立着一对抱鼓石，意为"户对"，门楣的上方原有雕花石柱，意为"门当"。大厅的两根立柱是由四片木料拼成，比较特殊，邹氏族人解释说，邹氏祖先希望四个儿子，即四房支能够团结和睦，共同支撑家业，因而煞费苦心设计出此立柱，将家训象征镌刻于支撑厅堂的两根立柱之上，以号召家族的凝聚力。此外门扇等部件刻有二十四孝等儒家伦理作为族训。宗祠神龛除供有祖先牌位，还有扁担麻绳，据说是祖先创业之时所用，邹氏子孙在清明祭祖时需祭拜扁担麻绳，以铭记祖先功德，创业艰辛。这些建筑和祭祀符号使得祠堂建筑成为既带有祖先记忆色彩又带有教育意义传承儒家文化的载体。邹氏家祠还搭有戏台，早时供春秋两季祭祀时请戏班所用。大厅的正门平时紧闭，仅有在特殊的节庆和祭祀活动期间才打开。

2. 隐士居

隐士居为明代隐士程春阜故居，其特色为"百柱立地"，使用柱子数量众多，其门楼在下梅村保存状况最好。有"四厅五门"之称，建筑空间的深度有70多米，为下梅之最。门楼上砖雕八骏图，隐喻"拔俊"之意。建筑的中厅层层递进，排列在一条中轴线上，遵循了中国传统建筑的对称美学，每往里一层大厅都要迈上一层大台阶，从大门到后门，总共要上五层的台阶，表达步步登高之意。大厅两侧有对称式的厢房，上厅堂的左面有书阁。隐者程春阜与武夷云窝隐士陈省有莫逆之交，在程春阜死后，陈省为他撰写了墓志铭，赞美他生前不争名夺利，甘于淡泊的高尚的情操和情怀，录于书阁。这座古宅面积大而空阔，可以同时容纳千人，1958年人民公社时期下梅村曾把这里设为公共食堂。

3. 大夫第

邹氏族人在过去曾出过多位士大夫，如中宪大夫（正四品），朝议大夫（从四品），奉政大夫（正五品），奉直大夫（从五品）等，因而建有大夫第。其中邹茂章获朝廷"中宪大夫"，为正四品，最为荣耀。道光末年，本族邹本熙又成为进士。大夫第同时也是直隶赵州知州邹杰的故居。邹氏大夫第已经被列为福建省第五批文保单位。

大夫第建筑的特点是，门楼四纵并列，各宅旁门相通，各户门第看上去彼此分开，却又连为一体。门前树立四块石板，用来固定表示晋升科举的旗柱。前面先是家中仆人杂役居住的歇屋。正厅采用两厅三进的建筑格局，设有厢房，书阁，后庭东侧还有花园"小樊川"。走过中堂门，可以看到带有精致砖雕的门楼。东侧为书阁，内有花园和藏书楼，饰以玄色漆以示官品。朝北的屏墙则砖雕、石雕共为一体，采用花格砖构图，典雅华丽。杜光操题写"小樊川"为其花园之名，花园为江南园林格局，包括镜台、金鱼井，是家中眷属休闲赏月的场所,历经两百多年的罗汉松依旧枝繁叶茂,被当地学者称为武夷山地区庭院花木的活标本。

4.古巷

除了古建筑,下梅村的古巷也保留较好,显示出村落传统的网络格局及村寨秩序,有的人将之比附为下梅村的"三坊七巷"。这些古巷包括达理巷、鸭巷、新街巷、芦下巷、邹家巷、东兴巷、下陈巷等。

此外一些比较有特色的建筑有邹氏闺绣楼,记载着古代的闺房文化和性别制度。建于清康熙年间、具有廊桥建筑特色的祖师桥,在1958年修建公路时被拆毁,后按原貌重新恢复,现在成为村民们平常休闲聚会的一个公共场所。

三、多教共存的信仰空间

如同下梅村自身的发展与流变,当地传统宗教与民间宗教信仰也在历史上历经繁荣与低迷。在18、19世纪,下梅村因茶市而兴盛,人口逐渐增加,人口流动频繁,地方民间信仰、外来民间信仰以及传统宗教糅杂发展,形成了具有地方特色的民间宗教信仰体系,庙宇众多。这些信仰多与村人祈求健康平安、入朝登科、生子怀孕、谷物丰收、水运顺利有关,与他们的生计、生活关系密切。繁盛时宫庙众多,有祖师桥、镇国庙、三圣天王庙,妈祖庙、华光天王庙、万寿宫、鸣山大帝庙、文昌阁、海龙王宫、圣旨庙等。20世纪80年代,村落中基督教徒渐多,下梅村黄泥头又建起基督教堂。如今的下梅村,保存下来的宗庙仅剩镇国庙、万寿宫、圣旨庙与基督教堂。

(一)镇国庙

镇国庙位于当溪北岸,处下梅村下梅北路,是下梅村重要的宗教宫庙建筑之一。镇国庙修建于清乾隆年间,距今近240年历史,建筑主体保存比较完整,已被武夷山市宗教局列为保护单位。寺庙坐落于村落水口处,平面三进,三个入口对称布局。现为供奉儒、释、道三教的场所,香火鼎盛。同时,随着下梅村作为中国历史文化名村以及"万里茶路"起点的旅游开发,镇国庙亦成为最重要村落宗教景观。

现存的镇国庙的大门门楣上有一块砖雕的门匾,匾上红漆墨字从右往左阴刻"镇国庙"字样，右侧书"乾隆己亥年吉旦"，左下角落款"阖乡同立"。据此，有研究认为镇国庙落成于乾隆己亥年，即公元 1779 年。下梅村镇国庙的建立，地方文献并没有详细记载，关于其建成之初的功用即最初主祀的神灵，主要有三种说辞。一说该庙最早供奉炎、黄二帝，同时供社稷之神，还先后供过苏武、关公等忠烈像，后逐渐演变为供奉释、道的场所①。地方学者则认为下梅镇国庙最初崇祀的是唐朝忠烈镇国公薛仁贵及其子镇国将军薛丁山，这也是镇国庙名字的来源。薛仁贵为开国天保大将军、平东安西两辽王、征西大元帅，其子薛丁山追随其父驱逐外虏、保家卫国，功勋卓越，被封为镇国将军。薛家父子忠义勇武的精神，被历代统治者推崇，下梅村镇国庙就是村民祭祀忠义良将的场所。②薛氏父子为山西人，镇国庙祭祀之或与当时村中望族邹家和晋商茶叶贸易有关。现在镇国庙的旅游介绍多采用祭祀薛氏父子一说。然而大多上了年纪的村民却坚持认为，镇国庙一直以来主祀镇国神娘，"因为一直以来中间都放着三位镇国神娘啊，所以就叫镇国庙。"村中老人如是说。武夷山地区除了下梅村，其他村落中名为"镇国庙"、"奶娘庙"的寺庙众多，多祭祀镇国神娘，这或者也印证了村里老人们的说辞。

图 6-1　镇国庙

---

① 李秋香：《福建民居》，北京：清华大学出版社，2010 年，第 178 页。
② 邹全荣：《中国历史文化名村——下梅》，北京：国际炎黄文化出版社，2006 年，第 42 页。

昔时,镇国庙前殿供奉着镇国神娘三尊女神塑像,两侧为海清与吉祥佛。后殿供奉观世音菩萨。新中国建立后,在破四旧的运动中,村里华光天王庙、妈祖庙、三圣天王庙相继被拆除或改为生产大队仓库,庙宇中佛像都迁移都镇国庙中。其后,镇国庙在"文化大革命"中被改为下梅村生产大队的仓库,用以储存粮食。当中佛像悉数被毁。20 世纪 80 年代初,村民们集资,按原样重塑了佛像重新供奉。20 世纪 90 年代中期,镇国庙作为佛教寺院申报武夷山市宗教局保护单位,又加塑三宝佛像于前殿中央的位置。

现在的镇国庙坐落在下梅村当溪北岸,宫庙坐北朝南,面朝当溪开了三扇门。村中老人多次强调这样建筑规格的象征意义,村里面只有邹氏家祠和镇国庙才是三扇大门,这是一种身份与地位的象征。正门上砖雕阴刻"镇国庙"三字,两旁是砖雕彩绘的花卉图样。门楣上还贴着正月庙会先生①设道场时候所贴的红纸,上面用毛笔正楷从右往左写着"回头是岸"。门前还贴着"胜会""保安"的纸条。东侧大门门楣上刻着"民安",西侧大门门楣上对应地刻着"阜物"。正门和东侧的门常年敞开,而西侧大门则因门后放有神像而经年不开。

宫庙建筑主体呈前中后三进,首进与第二进间以天井区隔,第二进与第三进间立墙分开,东西留有穿堂过道。第三进后还设有厨房,每逢镇国庙庙会便会在此设宴。平日里,老年人在此闲聚、聊天、念经、搓经。镇国庙一年两次庙会,一次是正月十五日游镇国神娘的仪式,另一次是农历九月二十七日的华光天王诞辰。老年人(主要是女性)嘴中念念有词,用当地方言念诵经文或咒文,边念边用手把裁剪好的长约 10cm,宽约 1cm 的白色或黄色毛边纸捻卷成 10cm 长的实心长纸条。50 根纸条集中在一起,用红色纸条将其捆扎称一小束。当地人相信,念诵什么经,经文就能念到搓的纸条中。村中笃信的人家,会请这些庙里的妇女帮忙念经制作搓经卷,并支付一定的费用。经文、咒文有各种各样,常用的有敬寿经、天寿经、地寿经、观音经、童子经、天字经、三宝经、消灾经、护身经、六愿经、姻缘经、千佛经、孔子经等等,这些经文庙中的老年妇女由于常年诵念,都能背诵。若有人提出一些不太

---

①　本村人称仪式主持者为"先生"。

常用的经文制作搓经卷，老人也有经文本①参照来念。这些搓经卷会在庙会或者各种祭拜仪式中烧掉，他们相信在烧掉后，经文祈祷祝佑的内容可以应验在祈祷人的身上。

现庙中供奉儒、释、道三教神明，但当地人对他们的划分是模糊的，他们笼统地认为释、道的神明都是佛教的。他们把庙中的神像都称为菩萨，当地方言发音为"huì da"，对应为普通话的"佛爷"。女性神明多称娘娘，也无佛道区分。

镇国庙首进进门正中处供奉着弥勒佛像，西侧门后从南向北依次供奉着社公社母、祖师、三圣天王。弥勒佛的身后便是天井，东西两侧分别是一个大钟和一面大鼓。西侧靠墙处有个青砖砌成的化宝炉，一米见方，高约两米，下面砌成莲花底座，主体呈楼阁状中空结构，上半部分饰以三幅高浮雕砖雕。正中砖雕为"魁星踢斗"，两边对称为"鹿鼎呈祥"。此青砖砌成的化宝炉，是寺庙中现存唯一与寺庙年代相当的古物，距今有200多年历史。第二进正中坐北朝南供奉有三宝佛像，神龛宝座顶上的红色布幔写着"佛光普照"四个金字；东侧神龛中供奉着如是老佛和华光天王；西侧则供奉着一位女性土地神及其两位童子，神龛顶上写着"本境土主"。坐东向西靠墙供奉着地藏菩萨和十八罗汉中的九位，对面对应地供着另外九位罗汉金身。屋顶正中的横梁上写着"乡邦清洁里社平安，男增百福，女纳千祥"的吉祥如意保平安的话语。第三进同样有个小小的天井，放在水泥砌成的神龛中的韦陀像恰好安放在天井处，韦陀坐南朝北，正对殿中观音像。第三进正中坐北朝南处供奉着观世音立像，观音像前设有香案，上面常年放着供香客礼佛的香烛，还放着一个求签的竹筒和一对筶杯。观音像东侧为地母、妈祖及其童子，西侧吉祥佛、海清、三位神娘，谷神。西厢坐西朝东为千手观音及其童子、孔子及其童子，还有马面与十殿阎君中的五位，对应东厢放着牛头和另外五位阎王爷。第三进后面便是厨房。在妈祖像的后面，一墙之隔处还有一尊小小的神像坐南朝北而设，放在一个离地约两米高的神龛中。各神像前均设有香案。

---

① 这些经文本的样式各异，大体分为印刷本和手抄本两种形式。印刷本多来自武夷山市市区或是附近村落寺庙香客捐资的油印本，基本为近10年印刷品。手抄本种类则多种多样，有的是按照上述的印刷本直接誊抄而成，有的是摘抄不同版本的印刷本集结而成，有的是根据听到的经文记录下来。不同版本间所记载经文出入较大。

祖师像塑以金身，头戴束发金环，五绺长须，左手持剑，后手持铃，正襟危坐。祖师像在移进镇国庙前，放置在从前村口的祖师桥中的一个神龛之上。祖师桥高 30 多米，雄踞于梅溪和当溪交汇重要风水位置的水口处。1958 年修建赤百公路时被拆毁。据村民介绍，祖师桥作为从前出入村子的重要通道，步行进出下梅村的行人都要拜祖师。路过的或是回村的人，要进入村庄或是路经祖师桥都必须祭拜祖师桥上的祖师神像。特别是村里的小孩，只要是外出，进村前必须先拜拜祖师。

社公、社母，又称土地公、土地婆。社公头戴乌纱，左手扶着腰间玉带，右手托着金元宝，社母双手持笏，社公社母并肩端坐。社公社母为掌管一方土地的神仙，被认为是神仙中级别最低的。镇国庙中的社公社母被认为是掌管着整个下梅村的土地神，他们管理着下梅中四个社（伯石社、新兴社、四民社、遥山社）的各项事宜。四个社也有自己独立的社公社母，归镇国庙中社公社母管理。

三圣天王为三位塑以金身、官服打扮的坐像神像。中间一位双手持笏板，左边一位左手扶着腰间玉带，右手秉笏，右边一位则相反，左手持笏，右手扶玉带。三圣天王原安放在村中当溪边上的三圣天王庙中。"文化大革命"期间，庙宇被挪为他用，神像搁置在杂物之中。1982 年，当地村民买下并改为店铺，三圣天王像移入镇国庙。对于三圣天王的解释，当地人有两种说法。一种认为三圣天王是上古的三位皇帝。他们原来为天官，下凡为皇帝造福人民。当他们过世后，人们便将其塑像膜拜，祈求继续福佑一方。另一个说法则认为三圣天王就是道教中的三清祖师，即玉清元始天尊、上清灵宝天尊以及太清道德天尊。

三宝佛，即三世佛，三个佛世界的佛，中间是裟婆世界的现世佛释迦牟尼佛，左胁东方净琉璃世界的药师佛，右胁西方极乐世界的阿弥陀佛，也称横三世佛。三尊佛像均塑金身。当地人多直称三宝。三宝佛是 20 世纪 90 年代中期，镇国庙作为佛教寺院申报武夷山市宗教局保护单位时候，当地要求佛教寺院一定要有三世佛时候增设的。当地人认为三宝佛为三兄弟，三兄弟一起修炼最终成佛，故一并供奉在寺庙之中。这与他们对当地重要神灵三位神娘的理解相近。

本境土主为一位女性土地神形象，一手自然打在膝盖处，一手托着金元宝，端坐平视。本境土主性质与社公社母相近，也是管理一方土地。庙中的土主管理的主要是寺庙所辖的土地。原来包括寺庙占用的土地，庙田、庙产等，现在主要就是镇国庙所辖范围。同时，庙中大小事宜也归其管理。

华光大帝像放置在神龛的神轿之上，神像头戴戏曲金地盔头，饰以彩缨、枪头、绒球、玻璃珠，两边垂下明黄流苏。身披红色戏服龙袍，天眼三目。传说华光天王即二郎神，为汉族民间传说和道教中的神仙。三只眼为火之精、火之星、火之阳是火神的象征，是道教护法四圣之一。相传他姓马名灵耀，因生有三只眼，所以汉族民间又称"马王爷三只眼。"当地人称华光天王为华光爷，认为他是火神，性格暴躁不羁，家中若出现火灾都因得罪华光爷之故。村中原有专祀华光天王的庙宇，立在当溪水口附近。

如是老佛佛像与华光大帝并排而坐，身披红色戏服。相传如是老佛暨姓，号存真，闽之瓯宁人。当地传说如是老佛确有其人，就生活在村子不远处，他所住的宅前还有一块巨大的石头。

金身十八罗汉形态各异，分坐与镇国庙第二进东西两壁。十八罗汉是指佛教传说中十八位永住世间、护持正法的阿罗汉，由十六罗汉加二尊者而来。他们都是历史人物，均为释迦牟尼的弟子。当地人的理解与此大相径庭。当地老人是这样描述十八罗汉的：

> 十八罗汉原来是凶顽的人，如强盗土匪一类的人物。他们有的是强盗咯，有的是杀猪的咯。有一天，他们说不想当坏人了，也要去成仙一下。观世音菩萨得知这一消息，便下凡变了一个女孩子，晚上到这群强盗土匪的家睡觉。这群人说："我们十八个都是男的，你一个女孩子来实在是不合适，不敢不敢，不要你在这里。"观世音菩萨见他们一心向善，就把他们弄成仙。如今十八罗汉，好心做菩萨，保佑人。

地藏菩萨法相庄严，头戴毗卢冠，身着袈裟，手持锡杖和如意宝珠，右腿盘起，左腿自然垂落，端坐莲花宝台。地藏菩萨在当地被认为是穿梭与生死之间的菩萨，每年的农历七月三十日，均有法事祭拜地藏菩萨，为自己前生赎罪，为今世祈福。

观音像放在后进的正中观音堂下。观音女相，双目低垂，站姿，身披长衣，塑金身。外披连帽红色披风。手持碧玉净瓶，脚踏黄缎蒲团。每年农历二月十九日、六月十九日、九月十九日为观音诞辰，庙中会煮三碗长寿面、三杯清茶供奉在观音像前面的几案上。农历六月十九日当天，大量村民带着搓经卷、香、蜡烛、鞭炮前来朝拜，并会供上苹果、糖果、花生等食物。也有祈愿者带上香油等。朝拜者都虔诚跪拜，口中喃喃祈愿。有的老人家来求菩萨问事，跪拜后摔筊杯看凶吉。

对于观世音菩萨的三个生日，当地有两种解释。一种认为农历二月十九是她出生为人的生日，六月十九为成道日，是证得果位的日子，九月十九是她是出家的日子。另一种说法认为，观音三姐妹生日。观音有三姐妹，是同门异姓三位结义金兰的姐妹，三个日子分别是她们三位的生日。然而她们的名字除了观世音另外两个就不清楚。

韦陀菩萨为一名地道的中国古代武将打扮，英俊威武。他身披铠甲，手持金刚杵。与一般寺庙中韦陀像面朝大雄宝殿，以示拱卫着寺院不同，这里的韦陀像在三宝佛身后，面向观音。当地有个关于这个寺庙空间的解释故事。观音是皇帝的女儿，是三公主。皇后十月怀胎生下三公主时，时当正午，天色黑如墨斗，像午夜的天色一样。大家都认为这位金枝玉叶的三公主是个妖怪，会祸国殃民，害到父母。所以派皇宫中的乳母把这位襁褓中三公主扔到河里。乳母实在不忍心，便把这个小女孩拿回家自己养着。乳母家中本来就有一个男孩，这个男孩就是韦陀。他们从小一起长大，最后两人双双成佛。当地人称，韦陀爱慕着观音，两人都成了菩萨后，观音说我们无法结为真正的夫妻，只能在佛堂遥相对望。他们把韦陀称为观音的"对面夫妻"。现在佛像的摆位，真实表现出当地人对这两个神明关系的理解。

三位镇国神娘是镇国庙的主神，也是村民最为重要的信仰神。三位神娘，头戴百珠冠饰，身披红色披风，拱手胸前，手持金漆笏板，恭敬端庄。三位神娘，又称镇国娘娘、镇国奶娘、三位奶娘等。中间一位为顺天圣母陈靖姑，另外两位一位姓陈，一位姓李，三位娘娘义结金兰拜为异性姐妹。当地人事无巨细都会祈求祭拜三位神娘。三位神娘被认为是保佑生子母子平安的，也被认为能求子帮助怀孕。

吉祥佛佛像造型为僧人衣冠打扮，头戴五佛冠，身披袈裟，以坐像安放在三位神娘的神龛西侧的神轿中。正月的庙会中，会有一周左右的时间抬着吉祥佛在村子里进行游神的仪式。吉祥佛被认为是镇国神娘陈靖姑之子。

海清是陈靖姑的弟弟，姓徐。徐海清，又名海清子。《闽都别记》记载，海清属于正一派中海清派的代表，又称徐甲派。

妈祖像头戴戏曲盛装的后冠，身穿大红左襟衣裳。妈祖像原来安放在河对岸的妈祖庙中，后来妈祖庙被撤，便移到镇国庙中。如今的妈祖像为庙中七位搓经的老年妇女合资请人塑造的。古时下梅村水运发达，大量的茶叶物品通过竹筏从当溪、梅溪运出。行水路的人都要去拜妈祖，妈祖被认为是水上的保护神。每遇到风浪或是遇到妖魔鬼怪来翻船，妈祖娘娘都会前去相救。故走水路的人都要拜妈祖保佑在水上平安。

镇国庙中孔子像原存放在溪畔的文昌阁中。清末文昌阁大火被毁，再无重修。大家便在镇国庙中供其孔子像。据村里老人介绍，往昔念书的人，无论是念土书还是洋书，每日上学堂、回家都到孔子像前礼拜。如今，更多的是长辈或是父母带着读书的小孩来拜，求学业进步。

十殿阎君为阴曹地府的十殿阎罗王。庙中十殿阎君分列两边，分别由一位牛首人身、一位马面人身手持关刀的神像侍奉。当地人认为，人之将死，十殿阎君便会负责去拿人性命。虔诚拜下十殿阎君，烧些搓经卷，他们就不会那么凶。

镇国神娘东侧还安放着一位谷神。谷神手拄木棍，身披蓑衣。谷神就是神农氏。下梅村以前为商贾之地，虽运输和贸易茶叶，但是并不怎么种茶，近些年才开始栽种茶叶和其他经济作物。早年村中生计方式还是以谷物耕种为主，故祭拜谷神神农。祭拜谷神没有具体的时间限定，通常都会是正月十五日庙会或是九月二十七日庙会的时候一并完成。但是要求每年一次，连续五年。祭拜谷神会制作一种供奉给谷神的神圣食物，名米果。用炒米和糖，植物油做成。供放在菩萨处，也会赠给念经的老人食用。

太保爷放在妈祖像的后面，佛像坐南朝北而设，放在一个离地约两米高的地方。对于太保爷为何要放在庙后，当地人认为太保爷性格乖张，不愿意与前面的菩萨同处，不愿与他们争香火，故放在后面。也有传说故事解释，称九十九天太保爷爷人很坏，他与太上老君斗法，比下油锅，两人各伸一只脚到沸腾的油锅之中。太上老君法术更高，毫发无损，而太保的一直脚就化掉了。他便与太上老君说只有一只脚难以过活，太上老君用泥给他塑了一只脚，并告诫他要过一百天方可沾水，否则前功尽弃。待到九十九天半，他和太上老君在田埂上走路，遇到一滩污泥，太上老君一脚跨过，但太保跳过去时脚踏在湿泥中，那条泥塑的腿便化了，只能成为一条腿的神了。因为只有一只脚，样子不好，所以不能进正庙。佛像虽小，但管的事却最多。甚至有人认为他在庙中权力最大，相当于"庙长"。太保爷的真身并不在庙中，他整日游荡在外，其负责管理的是"场"（或"厂"），鸡场、鸭场、茶厂、香菇厂、加米厂，只要是这些，他都时刻关注，在开工时候去捣乱。旧时梅溪边上设了三家水转翻车，用以打谷子脱壳。每次开动进行脱壳前，都必须拜拜太保爷，否者太保爷会去捣乱，坐在翻车之上，导致诸事不顺。

（二）万寿宫

万寿宫位于下梅村梅溪溪畔，当地人称之为"溪畔庙"或"江西庙"。下梅万寿宫约建于嘉庆年间（1796年），建成之初规模比现在更为宏大，它曾是江西商人在福建省崇安县下梅村集资所建的公共活动场所。现存万寿宫为2013年重修，面积100平方米，方方正正，里面并无隔间。大门设在宫庙东南处。庙中供奉儒、释、道三教神灵，每年大大小小的庙会众多，是村民宗教活动的主要场所。由于离村落其他旅游景观有一定的距离，并没有太多的游客到此参观。

在新中国成立初期，万寿宫被乡公所占用，1972年至1978年间，用作农村初中班校舍。改革开放后，村民会首集资购回，作为庙会活动主要场所。由于各种历史原因，万寿宫面积越来越小，2013年，庙中失火，整个万寿宫化为一片瓦砾。村民乐助捐款按原样重修了庙宇。2014年八月初一日万寿宫庙会当日重新开门。

民间信仰在中国传统社会中几乎无处不在，明清时期兴盛的会馆最为社会变迁中的新生事物，亦往往最初由民间信仰组织形式出现。在会馆的不断发展过程中，会馆的神灵信仰也历经交融、互渗而延续不绝。会馆中的神灵信仰成为其地域文化的原初标志，先是凝聚同乡人，继而成为文化交流的载体。[①] 万寿宫的前身为江西会馆。清中期，下梅逐渐成为武夷山的茶叶枢纽点，外来到此经商者众多，以江西为最。下梅望族邹氏便是于清顺治年间从江西省南丰县茶溪村迁入。江西籍商人在下梅村修建了江西会馆，供奉许真君，联谊下梅村中江西人士。后来会馆功能弱化，现仅剩下"祀神"功能。

现存万寿宫坐北朝南，方方正正，大门设在宫庙东南处。门外有一个仿阁楼式双层化宝炉。殿内屋顶主梁上画一个阴阳太极图案，图案的一边写着"中华人民共和国"，另一边写着"岁次癸巳六十四年重建"。庙中主神为道教著名人物许逊许真君。然而村民对道教与佛教的界定并没有清晰的界限，大部分的当地村民认为万寿宫供奉的是佛教的菩萨。而宫庙南侧的墙上用红色颜料画了一个大圈，中间写着一个"佛"字，这很好地说明了这一

---

① 王日根：《会馆与民间信仰》，路遥主编：《民间信仰与社会生活》，上海：上海人民出版社，2011年。

点。"佛"字边上还供奉着韦陀像。

万寿宫北侧坐北朝南正中神龛内供奉着许真君像，神龛顶部写着"佑我子民"四个大字，表明许真君为江西人的地方保护神。神龛前放着两个求签的竹筒和一对筶杯，神座前案上常年放着供品、香油和红烛。许真君（239—374），又名许逊、许仙、许旌阳，江西南昌人。道教著名人物，净明道、闾山派尊奉的祖师，晋太康元年（280年）举孝廉，出任旌阳令，人称许旌阳。又称许天师、许真君。同时，十分巧合的是，相传许逊还是镇国神娘陈靖姑的授业师父。作为万寿宫的主神，每年农历八月初一许真君寿辰为万寿宫最热闹的庙会。庙会当日会请来先生设法坛、做科仪。平日里，也常有人到此摔筶杯问菩萨，或求签问药。

许真君的东侧供奉着鸣山大帝。神像以木头雕刻而成，头戴盔头，脸着乌色，身着红袍，坐在神龛木椅中。村中原来有专门祭祀鸣山大帝的鸣山大帝庙，但是在清朝末年被毁，鸣山大帝像迁入万寿宫中。当地并无太多关于鸣山大帝的传说与记忆，庙中主事老人称，她小时候家中的老人曾说鸣山大帝也是江西的菩萨。据《饶州府志》记载，鸣山大帝为东晋人，姓石，讳敬纯，上党太原人，后汉赵王勒之季弟。石敬纯在古鄱阳郡留下许多遗迹传说，江西上饶附近供奉石敬纯的鸣山庙甚多。[1] 鸣山大帝东侧供奉的是地母娘娘和土地公公。地母娘娘双手托八卦符于胸前，土地公公则头戴乌纱腰横玉带，两位比肩而坐。

许真君的西侧为观世音菩萨。菩萨金身，手托翠绿色净瓶，趺迦于莲花台上，神龛内放着粉色莲花绢花盆景。观音菩萨像正好与韦陀像正面相对而立。观音菩萨西侧神龛内从西到东并排放着文昌大帝像、孔夫子像和文曲星官像。

万寿宫西侧坐西向东放着财神、妈祖、双全双圣、太保爷、本境土主、八字佛、父母双圣、吕纯阳、地藏王、阿弥陀佛。最南边的是坐虎持剑的财神菩萨，保佑广进财源。财神一侧是头戴明黄前旒冕冠的妈祖娘娘，为水上营生的人们保驾护航。妈祖像北侧是一对男女坐像，称双全双圣。双全双圣保佑信众父母双全、夫妻和睦、儿女双全。紧邻双全双圣北侧顶上有两个小小的神龛，一个供奉着太保爷爷，一个供奉着万寿宫本境土主。本境土主南侧

---

① （清）锡德修，石景芬纂：《饶州府志》卷三，《古迹》；《饶州府志》卷四，《建置志·坛庙》，台北：成文出版社，1975年。

神龛,供放着一位头戴乌纱官帽,手捧八卦图的八字佛,主管人间出生八字,影响一生命运。八字佛南边是一对男女坐像,称父母双圣,保佑信众父母安康。父母双圣南侧为头戴靛青道士冠,背上背着桃木剑的吕纯阳祖师。吕纯阳祖师一侧为手持锡杖,身披袈裟的地藏王菩萨。最北侧是阿弥陀佛。神龛的边上还整齐地挂着一叠叠求签问药的签诗药方。

图 6-2　万寿宫祭桌

　　现在的万寿宫是下梅村民俗活动的主要场所,除了八月初一的许真君诞辰外,各种小型的庙会众多。每逢庙会,村民都会带着供品、香烛、搓经卷等到庙中祈福祭拜。现以表格形式,把万寿宫各庙会整理如下:

表 6-1　万寿宫庙会

日期(农历)	拜祭的神	仪式与目的
二月十九日	观音生日	
三月二十三日	妈祖娘娘生日,天后圣诞	
三月十九日	拜太阳月亮,太阳神与月亮神	

续表

日期(农历)	拜祭的神	仪式与目的
四月初八日	洗佛仔	溪洲的先生自己带来的一个高约 20 厘米的小佛像,为释迦牟尼指天指地像。先放置一盆水,用杨柳枝舀盆中水从佛像头顶开始浇水。两人轮流。先生在旁念诵经文。
四月十四日	药师佛生日	
四月十八日	文曲星	
五月二十五日	谷子生日	
六月初四日	父母双圣生日	
六月十九日	观音生日,白衣观音成道日	
七月二十二日	财神生日	
七月三十日	地藏菩萨生日,地藏王圣诞	还愿、还债
八月初一日	庙会 许真君圣诞 谷子生日	
八月初八日	八字佛	
八月十五日	在祖师桥烧公婆香	
九月十九日	观音生日	
十月十八日	地母娘娘生日 阿弥陀佛生日	
十一月初四日	孔夫子	
十一月十七日	鸣山大帝	
十二月初三日	太保爷爷生日	
十二月二十四日	二十四个菩萨下凡间来保佑人	请诸佛下界察民间善恶

(三)圣旨庙

下梅圣旨庙位于君山之上。有关圣旨庙的由来民间有两个传说。一说是宋代乡贤江贽供奉圣旨的地方。据嘉庆《崇安县志》载："政和中,太史奏少微星见,特举遗逸。邑宰亲诣其(江贽)庐,聘以殊礼。复以诗勉其行。凡三聘不起,赐号少微先生,立少微坊以旌之。"[①]江贽一心仿效古时隐士巢父、许由,隐居在下梅君山庐峰,并建庙供奉朝廷圣旨,故名圣旨庙。另一传说认为圣旨庙的建立与朱熹有关。南宋初年,朱熹定居于武夷山,并曾在下梅村办学,设立学堂于君山庐峰之上。而陈、林、李三位神娘也曾在庐峰现圣旨庙址所在地修行。因朱熹才华出众,圣诏朱熹上京为官。学堂和三位神娘曾经修炼之处并不在同一个地方,但山上道路不通,下旨的使者没找到学堂,就把圣旨颁于三位神娘修炼的地方。后来朝廷又颁了一道圣旨,朱熹还是进京当官了。之前的圣旨就一直留在三位神娘的修炼之处。在三位神娘成仙以后,为了纪念她们,就在那里建庙,设三位神娘的神像。寺庙取名为圣旨庙。

圣旨庙曾经被烧毁,在20世纪80年代村民集资重建。2003年又加建了前面的大殿。从前"圣旨"两字是用石板雕刻而成挂于门上,后来遗失。平日里往来庙宇的人并不多,偶尔会有在山上种茶的茶农到庙里歇脚。庙中有一个周姓老人看管,男性,七十多岁,江西人,家中已无亲人,庙中用度由山下镇国庙提供。

庙前有石阶,拾级而上,看到圣旨庙的庙门,门楣上从上往下写着庙名"圣旨"二字。门前刷着红底黑字对联,上联是"广行善事佛神必有普度众生",下联为"真心真意拜佛自然家庆吉祥"。

圣旨庙原来只有简单的一个佛殿,十几年前,村民和地方政府合资加建前殿。如今圣旨庙主体建筑分前后两进大殿,后殿东侧配有厨房,西侧配以多间客房,而守庙的老人便住在这里。庙西南侧安放着一个化宝炉。首进大殿内,进门东西两侧供放佛教伽蓝中最为重要的护法神四大天王,东方持国天王、南方增长天王、西方广目天王和北方多闻天王。内侧靠墙处,用绳索吊起两块木板,东西两侧各摆放着九位形态各异的罗汉坐像。正中为金身如来佛坐像。如来身披红色披风,左手捧着金丹,右手扶膝,趺迦而坐莲花台上。两侧是阿南伽叶两位尊者。由于平日寺庙鲜有香客,佛像上铺满蜘蛛网和灰尘。前一进大殿是2003年新落成的,屋顶的横梁上写着"圣旨

---

① 嘉庆《崇安县志》卷八,《人物列传》。

庙癸未年重建泥水袁炳辉木工叶启富"（繁体）字样，殿中供奉的菩萨也都是新造的，对于为什么要造这些菩萨放在圣旨庙中以及这些菩萨在当地人信仰中的地位，报道人是这样解释的：

> 圣旨庙是我们下梅（村）最重要的庙，里面供着三位神娘。十几年前新建了前面的，是政府出的钱，我们会也出了。政府是为了做旅游，还给了一点钱修（上山的）路。建好以后要向上申报登记。上面说佛教寺院必须要有阿弥陀佛这些，所以就造了这些佛像放在前面。听她们（指镇国庙中搓经的老人们）说，四大天王是保佑平安的，不让坏人进来下梅。十八罗汉是菩萨，原来是坏蛋，现在成佛了保佑人。中间的如来佛是最大的佛，就是孙悟空（故事）里面的如来佛，是掌管别的佛的，什么都管，保佑人的。这些菩萨保佑什么我们不懂，反正都要拜。

和镇国庙的三宝佛一样，这里的如来佛、四大天王并不属于下梅村传统宗教信仰中神灵，他们对于这些神灵的理解更多地来自于已有的传说故事、民间神话仙话，或是通过本地已有的神灵故事重新整合出适合这些新传入的神灵的传说故事。

圣旨庙的后殿正中用水泥砌一个长近六米、宽约两米、高半米的香案，正面隐约可见用颜料画着一条龙，然而墙灰脱落，看得不甚清晰。后殿正中处供奉着三位神娘，东侧神娘右手持木剑，当中一位双手持笏板。海清和吉祥佛像安放在东西两侧。三位神娘神龛东侧是一位女性土地神像，为寺庙的土主；西侧供奉着观世音菩萨。观世音像神龛的后面，供奉着太保爷。

圣旨庙内供奉的主神与镇国庙相同，是下梅最重要的神明信仰——三位神娘。镇国庙中的三位神娘被认为是受皇帝敕封的，常年端坐庙堂之上受信众顶礼，当地称为"坐宫"。过年庙会为神娘出巡。圣旨庙中的三位神娘则常年神游在外，扶危济困，当地称为"出宫"，只在庙会之日回来。庙会并不出巡。在闽、浙及粤周边的地区普遍流行着"陈林李三夫人"的故事，她们为结拜姐妹，保护八闽女性。[①] 在下梅村流传的三位神娘故事中，三人也是结拜为姐妹，正月十五是陈靖姑的生日，六月十五是三人学法的归来的日子，也是林奶娘的生日，十月十五则是李奶娘的生日。这三天也是下梅聚落最受重视的会期，正月十五为镇国庙的庙会，六月十五和十月十五则是圣旨

---

① 叶明生：《福建道教女神陈靖姑信仰文化研究》，《临水夫人陈靖姑研究：第三届闽台两岸陈靖姑文化学术研讨会论文集》，2002年，第26～27页。

庙的庙会。

（四）下梅基督教会

下梅村的宗教信仰中，除了传统的地方佛教、道教信仰外，基督教信仰也成了不可或缺的重要组成部分。下梅村住户居民约 500 户，人口约 2500 人，信仰基督教的家庭大约涉及七八十户人家，不过，这些家庭一般是部分家庭成员信奉佛教，部分信基督教。完全信仰基督教的家庭并不多。

基督教传入下梅村的时间不长，20 世纪 80 年代开始出现，最早的信民组成家庭教会，在其中一个人家中聚会祈祷。1984 年前后，武夷山市教会派人员到下梅村，了解到下梅地区存在有基督教徒，无基督教堂的情况，便出资在村北部黄泥头地区设立基督教堂。基督教堂落成后，武夷山教会派传道人到下梅村教会布道传教，一开始是一个月一次，后很快调整为两周一次。随着下梅地区的基督教徒增加，布道礼拜的活动最终规范为每个礼拜天一次。

武夷山市总教会每周所安排过来布道的人员，当地称之为同工。同工，就是"一同作工"的意思，本为动词，现在教会里用同工这个词，一般是称某个传道人：某某同工。当地把市区派来的布道者称为同工而非牧师，因为市教会安排下村布道的人员，大多并没有到神学院进行正规学习，只是在市教会培训班中接受短期训练便轮流到武夷山市下辖乡镇村等教会布道，他们并没有牧师的身份。这些同工来自武夷山各地，每月会安排到下辖地区不同的教会进行布道。下梅村的同工组织分两种，一种为上述的武夷山市每周下派布道的人员，另一种是下梅村中的基督教徒，他们负责组织村中教众举行礼拜以及各种宗教活动。

每个周日，村中的基督教徒都会聚集在教堂进行礼拜，具体如下：

早上八点左右，村中基督教徒们开始准备出门，集聚到教堂之中。村落并不大，大部分的村民都是步行到教堂之中，也有骑自行车和电动车前往的。教堂为一个独立的小院落，院落外白墙上用红漆刷着：敬畏耶和华是智慧的开端认识至圣者便是聪明。院落坐北向南。东侧是教堂，西侧是卫生间和两间小小的课室，课室旁边是厨房。教堂的布置也和课室相像，正前方当中是三尺讲台，讲坛后设一面黑板，黑板上方原画着一个大大的十字架，写着"以马内利"，在今年 7 月的装修中，教堂加盖了天花板，墙上的十字架和字也被粉刷掉。黑板上工整地写着一首诗歌的歌词与简谱。讲堂中留有过道,两边各放置着七条普通的木制长椅,墙上装有挂壁式摇头电扇。八点半左右,大家陆陆续续集中教堂并安坐下来。大部分都是五十岁以上的长者,这天来礼拜的信众有 36 位女性、15 位男性,其中一位为布道的同工。到来的信众按性别分坐在左右两侧的长椅上。教会中一位同工称,基督教传入村子时间不长,村民都此不太了解,认为每个周末男男女女集聚一堂可能有伤风范,未免旁人诟病,下梅村教会的教徒便分坐两边进行礼拜。

八点四十分,一位下梅村的同工站到讲台前,带头引领大家唱赞美诗。教堂中聊天、走动的人们逐渐肃敬下来,一起合唱。同工按着歌曲节奏拍着手,下面众人也一起拍手合唱。一曲唱毕,领唱的同工开始带头祷告:

> 主啊,我们赞美你直到永永远远,主啊,我们赞美你的圣洁！一切歌颂赞美,都归我主我的神,你是配得称颂与赞美,我们高声欢呼高举耶稣圣名,哈利路亚！赞美主哈利路亚,赞美主哈利路亚,哈利路亚阿门……

信众纷纷低头喃喃祷告。祷告过程中,大家或是伏在前排的自己靠背上,或是跪在地上伏在长椅上,虔诚祈祷,陷入一种亢奋、忘我的状态。祷告声音渐少,同工又开始领唱下一首诗歌。唱歌和祷告,如此往复。逐渐地,他们陷入了一种类似涂尔干所提出的"集体欢腾"(collective effervescence)的状态之中。"集体欢腾"是涂尔干后期宗教学研究的重要概念,而这一概念的重要性集中体现在《宗教生活的基本形式》一书中。涂尔干在此书中,曾生动描绘集体欢腾何以能把人从世俗世界带入神圣世界:

> 可以想象,当一个人达到了这种亢奋的状态,他就不可能再意识到自己了。他感到自己被某种力量支配着,使他不能自持,所思所为都与平时不同,于是,他自然就会产生"不再是自己"的印象了。他好像已经变成了一个新的存在,而他佩戴的装饰和遮脸的面具从物质方面也形成了这种内在的转化,并在很大程度上可以用来确定它的性质。与之同时,他的伙伴们也感到自身发生了同样的转化,并把这种情感表达为叫喊、动作和共同的姿态,一切都仿佛是他们果真被送入另一个特殊的世界,一个与他们的日常生活完全不同的世界,一个充满了异常强烈的力量的环境——这力量左右他并使他发生质变。像这样的体验,而且是每天重复、长达几星期的体验,怎么可能不使他深信确实存在着两个异质的、无法相互比较的世界呢？在一个世界中,他过着孤独乏味的日常生活;而他要突入另一个世界,就只有和那使他兴奋得发狂的异常力

量发生关系。前者是凡俗的世界,后者是神圣事物的世界。[①]

这时候教堂中的所有人通过祈祷的念诵、唱诗时候整齐统一的拍手、摇臂或是晃动身躯,使得自己处于一种"忘我"的状态之中,并集体营造出来一个神圣的空间沉浸其中。这种同一性(每周同一时间、同一地点、同一行为)同时也强化了他们的归属感。透过这样的仪式,使他们迅速从世俗世界脱离出来,进入到神圣的境界。

九点二十分,一位 40 出头的中年男性上台布道。他是武夷山市的一位老师,皈依基督教后加入到市区同工的行列,到武夷山各地布道。他分上下午,共花三小时左右的时间,列举圣经与身边见证的例子,完成题为"主为我钉十字架上有十个恩典"布道。他一边讲,一边把提纲挈领的标题板书在黑板上:

一、神有拯救的恩典;二、神有赦罪的恩典;三、神有医治的恩典;四、神有眷顾的恩典;五、神有接纳的恩典;六、神有盼望的恩典;七、神有存活的恩典;八、神有慈爱的恩典;九、神有饶恕的恩典;十、神有怜悯的恩典。

三两个识字的村民,一边听,一边拿着笔纸把这些黑板上的笔记一一记录下来。大部分的教徒都全神贯注地听讲。

教堂旁边的两个小教室,分别有同工在带领小孩子上基督教入门的课程,这些小孩大部分是来礼拜的信众的孙儿孙女。一个教室内有 14 个 5 到 10 岁的小孩,一位同工带领着这些孩子看一些图文并茂的儿童基督教刊物,同时给他们浅显明了地讲解圣经中的故事。另一个课室里,坐着两个中学生模样的孩子,一位同工正在给他们细细地讲解旧约。边上的厨房,三位帮厨的信众正在准备午餐,午餐的开销是由下梅村教会提供。

十一点左右,上午的布道活动结束。家住较远的信众会留在教会的厨房处用午饭。午饭过后,大家留在教堂中休息聊天。他们非常乐于与笔者交流,并不停地通过讲述自身和身边人的见证来传福音。他们大多都有身受严重的疾病折磨,现代医疗和传统救治均医治无效,最终通过皈依和祈祷,在神的保佑下神奇地痊愈的经历。同时,他们也乐于分享听说到的各种见证。

---

① 涂尔干:《宗教生活的基本形式》,渠东、汲喆译,北京:商务印书馆,2011 年,第 300 页。

下午一点左右，在同工的带领下，大家开始唱歌与祷告。一点三十分，上午布道的同工继续上午的题目。基督教布道以及教众之间的交流则大多使用普通话，而当地传统宗教佛教、道教的经文念诵，先生科仪等更多地使用地方闽北武夷山话的方言。这或许与宗教传入时间的长短有直接关系。约三点左右，同工布道结束。最后，他带领大家再一次唱歌和祷告。一日的礼拜正式结束。信众们三三两两的回家。

平日里，除了礼拜日，教会中的活动并不丰富。最为热闹的就是圣诞节了。圣诞节前半个多月，教会会组织大家唱歌跳舞，作为节目表演。每个教会都会推举一个舞蹈队，上报武夷山总教会。通过武夷山市总教会的调度与安排，武夷山整个片区，教会与教会之间互相表演。正月初一春节当天，信众也会集聚教堂相互祝福，以示感恩。

下梅地区基督教徒结婚并不到教堂进行婚礼，只是在村子里摆酒。若双方都是基督徒，有的就会选择去市区教会举办婚礼。基督徒结婚，他（她）会邀请村中的教友一起到他们家祝福祷告，诵读圣经、欢唱赞美诗，联络教众间彼此感情。若是基督教家庭，会请人去祷告，去祝福他们。

若有村中基督教徒去世，别的信众也会去送行。武夷山没有单独的基督教墓地，统一都是安葬在市区的公墓之中。如果是基督教徒去世，墓碑上会增刻一个十字架，标志是信仰耶稣。其他的丧葬仪式还是与当地丧葬习俗相差不大。一人去世，他（她）所在教会的附近几个教会都会派人过来，一起去送，每次大约有一两百人来送行。教会有教会的仪式，会请人去主持丧礼。送行人员为其祷告。20 世纪 90 年代之前实行土葬，送行队伍会一直送到山上，直至下葬仪式结束。同时也会按照当地习俗，宴请吃饭。

新的信徒信奉皈依以后，可以选择受洗。受洗，或说圣洗，是整个基督徒生命的基础，进入在圣神内生活之门（vitae spiritualis ianua），以及通往其他圣事的大门。受洗可以说是一个基督教徒重要的人生过渡礼仪。当地基督教徒坚信"藉着圣洗，我们从罪恶中获得解放，重生为天主的子女，成为基督的肢体，加入教会，并分担她的使命：'圣洗是在圣言中，藉着水而重生的圣事。'"。每个教会每年有推举受洗人员的名额限定。受到推举的人，需要到武夷山市总教会接受考核。考核内容以口头考核的形式，主要考察对基督教的基本知识的了解。

教会中有人生病或是出现家庭困难的情况，教会也会组织人员到其家中看望祷告。每年 10 月底到年终的日子，下梅教会向信众募捐筹集教会经费。这笔经费放在教会当中,用以支助教会中家庭苦难,经济条件不好的教徒。除此以外,这笔钱还用以教会的开支,如平时教会吃饭买菜就是从这里开支的,还有为教会购置一些物事。这笔钱由下梅教会的两位同工同时管理的,一人负责出纳,一人负责会计。年底的时候,会公示出来供大家监督。

信众除了参加下梅教会活动,每周一、三、五都会自发组织家庭教会的活动。周一晚上唱歌,会安排一人教授唱歌,教的人通过一句一句、一遍一遍地重复,带领大家学习记忆。周三晚上会集聚诵读圣经,一个读一节,轮流诵读。从旧约读到新约,一个晚上读十几节。周五则为祷告会,几个人如同礼拜开始前一般祷告,重复地唱歌、祷告、唱歌、祷告……每个晚上的聚会大约持续一个小时,大家在晚饭过后大约 7 点半集中到一户基督教徒家中,直至晚上九点多。同一家庭教会的成员关系异常亲密,形同亲兄弟姐妹。

四、下梅的社与会

(一)社的祭祀与崇拜

社与土地崇拜相关,在历史上曾经作为一级基层的行政建置,与之相关的社学、社仓、社坛、社戏、社井等多随着历史的发展渐次消失。不过,与社相关的文化传统依然存在于下梅村民的日常生活之中,这集中体现在下梅村民拜社公、社母的民间习俗上。下梅村原辖有四个社,新兴社、伯石社、四民社、遥山社,多建于风水树下,社庙中供奉社公、社母。新兴社位于梅溪与当溪的交汇处,有一棵水口树与之相伴,社内对联"四季平安,合坊清吉";伯石社处于当溪北岸邹氏家祠东侧,社庙中常年有人供奉水果,庙中对联"里社和平,乡邦宁静";四民社位于黄泥头自然村,以一棵老樟树作为社树,主要由黄泥头村的居民每月初一、十五日上香;遥山社位于梅溪下游的煤矿工厂附近,主管午兴自然村。现在随着下梅村的行政管辖范围扩大,增加了均山社,桥中社等。

这些社,均归镇国庙、万寿宫的中供奉的社公、社母管辖,换而言之,聚落庙宇中的社公、社母为上一级的单位,总管着下梅村全境各个社。武雅士根据台北市郊三峡乡的田野调查写下《神、鬼和祖先》一文,他将民间观念中的神鬼世界视为帝国时代中国社会结构之反映,提出了神灵世界仿造现实官僚社会的科层性①。在这里,管理一方土地的社公社母即是超自然科层体系中最小的神,他们管理着辖区中社会的最小单位——家庭。他们会把辖区中的情况报告给管理自己社的庙宇中的总的社公社母。而庙中的社公社母则把这些情况分门别类地上报给负责的神佛菩萨。相似地,信众们可以为家中琐事求于社公社母,也可以去庙中拜菩萨。他们拜过菩萨,烧搓经和经文,在经文的最前面,通常会写着:"本邑武夷乡下梅里某某坊某某社下属,奉佛焚经,弟子(信女)某某某,今年某某岁,某月某日某时生,办某某经某包,敬于溪畔万寿宫庵(镇国庙)中。"在经文中,他们会标明自己所属的乡、里、社。菩萨在收到经文后,会知照庙中社公社母,庙中的社公社母则会转达给分管的社公社母,在这个过程中,拜菩萨的村民得到庇佑。

具体而言,每年的农历七月三十日拜地藏王菩萨最能表现出这一过程,凸显神灵系统中的官僚模式。六月十五日庙会之后,先生会给庙中搓经的老年妇女两张手写复印的表格,表格中只是简单地写着 1 岁到 60 岁对应欠经多少卷,欠钱多少贯。两张表格,一张为男性,一张为女性。据报道人解释,这是先生通过经典算出来的,每年都不一样。欠经与欠钱的对象是地藏王菩萨。当地人认为,这辈子的不顺利和不顺心,与上辈子在阳世或过世后在阴间多花了未来钱所致,当地丧事榜文中可见"昔生阳世必借阴财"。地藏王菩萨为管理生死间事宜的菩萨,故需要在农历七月鬼门关打开的期间,把欠的钱和经文一并烧与地藏王。每年七月十五日以后,一些村民便会找庙中搓经的老人核对自己今年要烧多少经文和多少纸钱,特别是一年中感觉自己过得特别不顺利的人。他们会准备好相应数量的纸钱与经文,在七月三十当天,先生会到万寿宫中念经为这些人烧去纸钱和经文并祈福。地藏王菩萨悉数收到后,会告诉庙中的社公社母,哪些人已经还清,这些人分别属于何地何社。社公社母再按照不同社告知下属社的社公社母,其社下何户何人已经缴清前世欠款。通过这个"还钱"的过程,我们不仅可以看到社、总社与菩萨间的科层关系,还能看到神灵是有严格分工的,神灵之间是可以交流与对话的。

武雅士所研究的三峡乡中,土地公有两个功能,一个是管理众鬼,另一个则是监督他负责下的人们的所行所为。②下梅村中的社公社母并不明显

---

①　武雅士:《神、鬼和祖先》,张珣译,《思与言》1997 年第 3 期,第 233～263 页。
②　武雅士:《神、鬼和祖先》,张珣译,《思与言》1997 年第 3 期,第 237 页。

具备管理众鬼的功能,但是他负责监督着辖下村民的生、老、病、死以及各项生活琐事,并分门别类向上汇报。出生需要到社庙中祭拜告知,生病也可以去社中求平安,至于死亡也有到社中的仪式。一位住在伯石社边上的报道人是这样介绍的:

> 老人家过世了,这里就拿香、念过经的搓经卷、鞭炮、蜡烛,蜡烛就点在边上,井(坤井)的边上,然后鞭炮放一下,扔几个硬币下去井里面,用碗从井里装一点水来,意思就是到社这里来买点水。帮老人家把过世时候穿的衣服换一下,把身上的脏衣服都拿走,用水擦一下身子,就稍微意思一下擦一下身子。需要在社里面上一点香,就是拜一下社公社母。

除此以外,原来家中的经济生产也归社公社母管。家里六畜不兴,家禽鸡鸭鹅等生病,就去拜一下社公社母,求保佑家中的家禽病愈。家中养猪怕不好养的,在猪还是小猪仔的时候,去社中,告诉社公社母自己住在哪里,属于哪个邑哪个乡哪个村哪个社,家主是谁。求社公社母保佑小猪平安长大,能卖好价钱,并承诺会还愿,答应把第一份肉献祭给社公社母。猪出栏卖的那天,要把猪头祭在社中,以示还愿。如今村里在养猪的人少了,这样的仪式也就很少能见到了。现在多是初一、十五或是庙会的时候,因袭旧俗的老人会去烧香祭拜一番。

（二）下梅庙会

在下梅村中有正式权威产生的选举的会议,有逢农历二、七举行的墟市集会,有比茶赛茶的斗茶会等等。在这主要记录与村落宗教生活相关的庙会仪式。

劳格文、科大卫指出神灵就像祖先一样可以人格化,也可以泛灵化。又由于这些神灵各自具备神力,这些神灵可能相互冲突,也可能和睦相处。在下梅信仰体系中,太保爷被人格化地描述为性格孤僻而乖张,无法与别的菩萨共同分享神圣空间,表现为神灵间的相互冲突。在社与地藏王菩萨的祭祀中,又可以看出神灵间的和睦相处甚至相互合作。在信众与神灵之间的关系上,劳格文、科大卫如此表述,"祈求者和神灵之间的关系,是靠祈求者的供奉而建立起来的。因为,祈求者定期向神灵供奉,就能得到神灵的庇佑。如果神灵原本并非寓居此地,也可通过定期供奉牺牲而请来"①。而下梅聚落中的庙会,就是一种定时供奉神灵的宗教仪式。

下梅村的三个主要庙宇均有自己的庙会。镇国庙的庙会定在正月十五日游镇国神娘以及九月二十七华光天王诞。圣旨庙的庙会为六月十五日和十月十五日,均是神娘的生日。万寿宫的庙会较多,前文已经以表格形式展示,其主要的庙会是八月初一日的许真君诞。我们主要观察了六月十五日的圣旨庙庙会。

关于圣旨庙庙会,村里老人都认为由来已久。曾短暂地中断了,复办已有 28 年。每年六月十五日,下梅村民及周边的信众都会集聚在圣旨庙中上香祈福。

庙会由镇国庙的会首负责操办。大约在庙会前半个月,镇国庙门前便贴有一张红底黑字手写的圣旨庙庙会启示。

海 报

古历六月十五日圣旨庙三位神娘生日,请善男信女前来参加。

（会首每人交 20 元给张庆华登记）

特此通知。

下梅镇国庙启

2015 年 7 月 12 日

启示一出,庙中会首便每人交 20 块作为庙会前期经费。庙会的所有费用均由镇国庙的经费支出,庙会前期需要准备庙会用品、买菜、做馒头等,所以每次都需要会首首当其冲乐助捐款。会首们也乐于承担这样的责任。

六月初十日当天,村民一早出门,为圣旨庙的六月十五日庙会打扫上山的路。从山下上圣旨庙有两条路,一条是从下梅文化中心后面上山的小路。小路上山需要走一段泥路,走一段拾级而上的石阶。小路平时只有不到一米的宽度,两旁都是杂草树木。平时上山的人不多,大多是在山上有茶地的茶农偶尔到地里施肥除草,或是到了茶叶采摘的季节上山采茶青。山路两旁的草木隔一两天就会枝蔓旁生到道路上,若是遇上雨水天气,草木更是肆意滋长。另一条路则是近几年新开的供汽车拖拉机上山的土路。早上 5 点开始,下梅村的村民就自发地拿着自家的柴刀、手斧、锛子、长的铁刀等各种

---

① 劳格文、科大卫:《中国乡村与墟镇神圣空间的建构》,北京:社会科学文献出版社,2014 年,第 2 页。

可以砍树除草的农具，从山下开始，分两路上山，一边上山，一边开路，砍掉路旁杂树杂草，方便十五正日村民上山。10点左右，两路人马都已经清理完路旁，到达山顶圣旨庙。

除了开路的村民，六月初十这天，村中刚添丁的家庭也会上山。在过去一年中，添了小孩的人家，需要在这天买馒头或是做麻子果带上山给开路的村民食用。添男丁的人家会带上近十斤的馒头，并提前制作当地特色食物麻子果。麻子果由大米蒸好了，捻成糊状。用手捏成一小个丸子状，在芝麻、糖中滚一下即可食用。添女孩的家庭也会按家庭条件适量带上食物上山。在赶墟的广场上能看到东西较多的村民在等顺风车上山，用袋子或塑料篮子装着的食材、馒头、麻子果，一箱一箱的啤酒，一包包粗粗细细的线香等车上山。

到达圣旨庙的村民均虔诚礼拜，他们在圣旨庙后殿正中三位神娘前点蜡烛上香。神龛前水泥砌成香案烛光通明，大家先点上两对或更多对蜡烛插在香案上，然后以蜡烛的火点燃一大把香。随后拿着香按镇国神娘→观音菩萨→太保爷→本境土主→如来佛→十八罗汉→四大天王→大门外拜天地的顺序进行拜祭，并在每个大门外和神像前上香。

六月十三、十四日两天，镇国庙会派人用车把食材、庙会用品送到山上圣旨庙中。六月十四日上午，大约二三十位负责庙会的会首开始上山准备庙会。他们上午打扫好寺庙以及一侧的客房，供提前上山的村民过夜，备好食材以应付十五正日早午晚上山礼拜的村民的餐食，准备好乐助写数捐款的乐助榜等一应物品。下午开始准备庙会特有的一种节庆食品——馒头。这种寺庙中特制的馒头用糯米做成。首先把糯米洗干净，泡几个小时。然后把糯米放水中煮开，沥干水分，放在大灶内隔水蒸软，蒸好就调入红糖、白糖、香料等，搅拌均匀，然后一个一个捏成饼状。待凉后就分放在一个个袋子中。这些馒头分两种大小，大的两斤一个，小的一斤一个，供庙会当天村民购买食用。2015年的庙会共用了320斤糯米做馒头，大小馒头数量相当，最终全部卖出去。十四日晚上八点左右，先生开始设坛念经。陆陆续续有村民上山，静待十五庙会拜神。

六月十五日庙会当天，子时一过，在山上过夜的虔诚的信众便争先恐后地到三位神娘神像前叩拜，上头炷香，以求平安。同时，他们也都会给庙里"写数"，即乐助捐款，进香礼佛的善男信女随缘捐赠。会首们会一一登记。热闹一番后，山上的村民都到客房休息，先生也把请来的神送走自行休息。

上午五点左右，山下村子中的村民也陆续开始上山赶庙会。村里年长的人会自己准备好香、蜡烛、搓好的经文束、纸钱、鞭炮、供品等，带上山参加庙会。有些特别虔诚信佛的，还会用扁担挑着或直接提着一大罐食用的花生油，一担香上山。而年轻人更多的是上山后再购买这些香烛鞭炮等。

早上六点多是庙中人最多的时候。与平时寂静冷清、只有一个守庙的老年男性独自住在庙中不同，这天的圣旨庙分外热闹，香火鼎盛。三位神娘所供放的神龛灯火通明，前殿、后殿地上桌上摆满了村民扛上山的花生米、梅菜、榨菜、豆腐干、馒头、麻子果、啤酒、饮料等食品，殿中每个神像神案上都摆着一束一束的搓好的经文，面前的香案插满了蜡烛和香。太保爷座前放着两个碗，一个碗中放着一些小饼干，碗中还有一个小茶杯，杯中放了些许茶叶；旁边一个碗中盛放着一点饭。镇国神娘前面的香案上插着一对直径有差不多10厘米的大红烛。处处人头涌涌，大家都在虔诚礼拜。这次庙会请来了五位先生，先生在十四日晚上起便设好法坛，念经做法会。他们在庙中贴上迎神保安的榜文，在三位神娘神像前设坛念经。念经过程中，伴以各种乐器以营造庄严感，同时便于掌握诵经节奏与调整音节。五位先生当中一位负责经文诵读，另外三位根据经文奏演，他们有时候同时演奏两样甚至三样乐器，乐器包括二胡，鼓，镲，锣，唢呐，木鱼。还有一位先生负责在每段经文念诵完毕后，烧相应纸钱与经文。三位神娘神像前的神案上，除了摆放着科仪书外，还放着一瓶酒，一个三清铃，一个横放的线香炉，三份糯米做的馒头。先生们每段经文大约30分钟，休息20分钟后紧接着下一段。在后殿入口处设一张长桌，几个负责出纳、会计的会首们坐在桌后，桌子边上是一个功德箱。写数进香礼佛的善男信女们都会随缘捐赠。数目超过五十元的，会首都会把捐献者的名字和金额记在一张提名为"圣旨庙乐助名单"的红纸上。一个老人以写"正"字的方式，负责记录下卖了多少个小馒头、多少个大馒头；另一个老人负责收钱，同时拿着会首的花名册，分发给每个会首一个大馒头并逐一登记。一个老人负责把一百块钱的大面额钞票收拾整理好。

后殿门口的左侧，还有一位老人临时摆了个小摊档，卖一些纸钱、蜡烛、鞭炮、香等拜神用品，也卖一些纸巾等日用品、小零食、牛奶等等。据说，这位老人每年都会提前一两天用车把这些东西运上来，在庙会这天设摊摆卖。厨房里，帮厨的人们忙忙碌碌地准备着早饭和午饭，此外，拜过神的村民三五成群地围聚在餐桌旁聊天、打牌，人声鼎沸。

一早上山的村民,进庙的第一件事情就是先进厨房吃早饭。早饭吃过再行礼拜。庙会厨房中做菜用的米和菜等食材,大部分是镇国庙提前两天出钱采购,然后在庙会前一天用车运到山上的圣旨庙中。厨房内,放着十多张方形的木桌,桌旁摆着长条木凳。村民进庙写数后,便到厨房来吃饭。自行到厨房灶台边的桌子上拿来碗筷,盛上米饭或者米汤,围坐桌旁开始进餐。桌上放着各种下饭的小菜:花生米、芋头、梅菜、用辣椒拌的白菜、冬瓜、豆腐干、米饭、米汤、鸡蛋、黄面馒头、白面馒头、海带丝等。吃的量并没有限制和要求,但是当地认为寺庙中庙会的饮食,每项都以"三"为吉祥之意。吃米饭最好盛三勺,吃米汤最好吃三碗,馒头最好三个,小菜最好夹三箸,不一而足。吃完后,把使用过的碗筷拿到厨房外的水池洗干净重新垒放回灶边的桌子上。厨房内除了会首在整理,村中小食店的掌勺也在帮忙煮制。厨房共有五个灶台,一个用来熬米汤,两个用来热菜,一个煮饭,一个烧开水。锅上均用油漆写着镇国庙的字样。

吃过早饭便开始进香。进香前需要准备香烛、纸钱、经文、搓经卷、供品等。先把供品放在三位神娘神像前,手捧祭拜用品虔诚礼拜祈祷。然后在三位神娘前的香案上点亮一对或三对蜡烛,然后以蜡烛的烛火点燃一大把线香,双手捧着香在每个菩萨神像前揖拜。先拜那个、后拜哪个,大部分的村民其实并不是十分了解,大多是说先"拜神娘,别的按着顺着拜完就好";或说"应该是有顺序的,但是我不知道,点(香)不来,跟着会点的人点"。大部分人的礼拜顺序是镇国神娘→观音菩萨→太保爷→本境土主→如来佛→十八罗汉→四大天王→大门外拜天地,或是镇国神娘→本境土主→太保爷→观音菩萨→如来佛→十八罗汉→四大天王→大门外拜天地。每拜一位菩萨,便把燃香插到神像前的香案之上,然后在双手合十再拜。剩下的香插在大门外门边的石壁上和门前的地上。以示拜天和拜地。庙中神像拜完之后,还要到庙西侧不远处的土地庙中拜庙中的社公社母。至于庙中社公社母为何社,管理什么地方或是管理什么方面的,村民无所知晓。也有的直接拿着没点燃的蜡烛供品等把所有菩萨按上述顺序拜过后,再到各神像前点香上香。上香完成后,信众会把搓经卷和纸钱放到化宝炉烧掉。然后在庙门前点一盘鞭炮。不到八点,庙前的地上已经是厚厚的红色的鞭炮屑。庙中香火很旺,香烛特别多,隔一段时间就有人把过多的香烛拿去化宝炉化掉。

上午八点半,拜过菩萨的人很多都已下山。上山的人也渐少,已经没有人在厨房吃早饭。祭拜完菩萨、闲暇下来的人们围坐在桌子边,特别是年轻人分了六七桌打牌。更小一点的小朋友坐在边上低头玩手机。老人家则更多的坐在后殿中看先生念经做科仪。

将近九点的时候,糯米做的馒头已经卖光。这些糯米做的馒头,在正月十五日当天四五点天微亮的时候就开始卖。小的一斤一个,卖六元;大的两斤一个,卖十二元。当地人认为,这样的庙会食物是神圣的,是有保家保民的功用的,当地人认为这些馒头是"菩萨的东西,保佑你们身体健康,家庭和睦。""吃了这个就菩萨保佑一年到晚身体健康,做生意一定生意兴隆,家庭和睦。"购买了糯米的馒头,需要带下山全家人一起食用,"每一个人,大人小鬼都在家吃。"糯米馒头可以直接食用,可以再次蒸热来吃,也可以切分开一小片,放锅中稍微煎烙来吃。对于村里人来说,这既是一种节庆食品,也是一种神圣的食物。挑着香、油、鞭炮等上山的村民,又重新挑着刚买的馒头下山。

中午的时候,负责写数和登记的会首会整理写数乐助的名单和金额,并且请先生帮忙誊写在红纸之上(先生的毛笔正楷更为工整漂亮)。红纸的抬头写着圣旨庙乐助名单,分四纵列写着每位写数人的姓名和乐助金额。落款为圣旨庙。同时让先生帮忙誊写的还有会首的名单,名单红底黑字,竖排从右往左书写,右上第一行写着:"下梅里君山坊进隆社下属奉",第二行佛字抬头:"佛庆晨祈福保安众姓会首",紧随其后的是各位会首的名字。最后写着"谐集会首人等同启诚信拜千"。乐助的名单会在庙会之后张贴在圣旨庙中,而会首的名单则在誊写完毕之后马上与庙会别的榜文一道悬挂在庙中。

庙中会一直提供米饭、米汤和小菜供留在山上的村民午餐、晚餐。到大约下午四点多,大家就开始清理厨房,陆陆续续把多余的食材和物资运下山。先生仍旧在念经做科直至凌晨。过了零点,先生便撤坛。众人改斋,大家笑言"过了零点,先生走了就可以吃荤"。

六月十六日清晨,庙中的会首收拾干净后,庙中众人也一并下山。庙会结束。

五、旅游景观

(一)发展历程

　　下梅村的旅游开发是从 20 世纪 80 年代末 90 年代初起步的。除了临近武夷山风景区,下梅村美丽的自然风光、历史文化、传统建筑与村寨整体人文景观,也吸引了诸多影视拍摄者,这些媒体客观上也促进了下梅村的对外宣传和旅游业的发展。在下梅村取景的电视剧和电影有,福建电视台以朱熹为题材的《同安主簿》,江苏电视台的《范仲淹》,福建电影制片厂电影《春天的热土》;2006 年在全国热播的电视剧《乔家大院》也有主人公乔致庸到武夷山贩茶的情景。2000 年 12 月 5 日,《福建日报·乡村发现周刊》专版刊登了《武夷山下的"西递村"——下梅》。中央电视台二套《为您服务》栏目摄制介绍了下梅村的旅游情况,七套拍摄了《闽北第一家:村民投资办旅游》专题片,《走遍中国》节目在下梅村拍摄了《古民居探密》、《武夷竹韵》等。中央电视台国际频道的《天涯共此时之中国百家姓》节目制作了一辑《下梅邹姓》,香港凤凰卫视则制作了一期《寻找远去的家园》。这些都将下梅村推向了全国乃至世界旅游市场。

　　20 世纪 90 年代初,村里的产业结构进行调整,老村长带头,村中精英分子开始积牵头发展旅游业。他们首先想到的是充分利用武夷山、梅溪等自然资源优势,开发民俗体验项目。最早的旅游尝试包括:利用当溪、梅溪自然资源组建了竹筏漂流队,同时组织人员去武夷山景区向游客推介下梅村;竹筏队最先由村委会成员和撑竹筏经验丰富的村民承揽,主要活动是载游客体验竹筏漂流,过程中演唱竹筏歌,以展现本地民俗风情,满足游客的猎奇心理;当溪两岸的居民则利用自家民居空间开设商铺,进行一些简单的商业活动,售卖纪念品;此外村民还开发了花轿队游客体验项目,请游客穿上古代传统服饰,坐在花轿上拍照。

　　随着旅游的发展,竹筏漂流的体验式旅游逐渐被古民居为依托的观光旅游方式所取代。2002 年,武夷镇政府(现为武夷街道办)发动下梅村民以户为单位集资入股,成立了武夷山下梅民俗文化旅游发展有限公司,形成了集团公司＋武夷街道办＋下梅村委会＋村民的多头经营模式,但是集团公司为大股东。下梅村开始以古村落景点为依托出售门票，旅游吸引力主要是村中的 30 多幢保存较好的传统古民居，其他接待业服务要素主要包括食、住、行、纪念品等方面。

（二）旅游要素

1. 饮食

下梅风味小吃繁多，历史悠久，制作精细，品种各异，带有闽北地区浓厚的饮食特色，补充了武夷山景区的自然风光游览项目。近年来，随着旅游产业的发展，下梅村的饮食结构、食材、食物的品种等产生了一定的变化。许多传统风味的特色小吃、山间农地产出的土特产等不断被重新挖掘出来，传统得以恢复，并根据游客的需要和喜好有所创新。当溪两侧现在已经建成几家具有农家特色的食杂店、农家乐。一些土菜馆如邹家土菜馆，祖师桥饭店、李先美酒店、瘦肉羹铺等逐渐经营成了招牌菜馆。当溪两岸的商铺也出售本地传统食品，如木印糕子，酸枣糕等传统糕点。

2. 住宿

下梅村主要以经营农家乐为主，游客多为一日游，但是这几年住宿场所在村里也开始逐渐增多起来。"印象下梅"是下梅村最早经营的一家可供食宿的农家乐旅馆（原先叫"仙美酒店"，后来改名为"印象下梅"）。印象下梅紧挨着邹氏家祠，也是全村最高的一幢建筑，共为三层。为了与村落的整体风貌保持和谐，外部也装修成了明清古民居风格。三楼阳台，是俯拍下梅村全景的最佳位置，受到摄影爱好者、写生的学生等游客的喜爱。

店主李掌柜，最早是武夷山景区的一名导游，后来成立了自己的旅行社，买了大巴，自主拓展了旅游接待的经营项目，最后，他在下梅村当溪边买了一栋旧宅，改建成三层小楼，又承包了邹氏家祠旁边的一栋旧房子进行改造，最终建成了可以提供食宿的农家乐。在接待过淮州师范学院的师生写生之后，李掌柜受到启发，将酒店定位为学生写生基地。印象下梅先后已经与来自省内的一些高校、美术学院及福建摄影协会建立了良好的合作关系，以发展写生摄影基地。

随着游客的增多，以及看到印象下梅的成功，更多的村民开始提供农家乐等食宿场所，一些茶厂也在建造可供住宿的地方。

3. 交通

近几年高铁的开通为下梅村的旅游发展带来了巨大的推动，2015 年夏天的游客人数比头一年同期增长了一倍。下梅村游客除了写生和做调查的学生,主要以旅行社大巴带来的团队和周末自助驾车游玩的省内游客为主,村里已经计划提供更好的交通设施,如建设停车场以满足旅行大巴和私家车的停靠需要。在公共交通方面,村子与高铁等枢纽尚缺乏公交车之类的公共运输工具,因而需要一些交通线路的规划和对接。

4.旅游活动

下梅村现在的定位是一个古村落旅游景点,以观光游览为主,门票收入是旅游公司最主要的收入途径,这一点限制了下梅村的旅游发展,村民从业机会较少,游客体验也比较单一,因而村人正在努力增加更多体验性的项目,以创造更多的发展机会和增加旅游的可持续性,比如增加游客对于茶叶生产、制作、品尝等方面的体验,或者开发其他农业产品。村里正在做此尝试的有"颐养天年"农场游,它与海峡都市报合作,开发亲子游活动,吸引一些家庭或团队在周末时体验下梅村的鱼塘、农田、蔬果采摘等活动,取得了较好的效果。

5.旅游商品

下梅村目前主要开发的特色产品有武夷山大红袍、武夷岩茶等茶叶类产品,竹编类手工艺品,打铁铺的手工艺表演和制品,以及木印糕子等特色小吃。

下梅村作为万里茶道的起点,茶叶经济是其经济的重要的组成的部分,除了在当溪两畔的茶叶经销店,还有正在发展壮大的茶厂,如"天驿古茗"、"万里传奇"等,这些茶厂也在建设自己的游客经营场所,以旅游来促进商业发展。游客可以观察或者参与茶叶的采摘制作过程。

下梅村还有大型的葡萄种植园,开发了游客采摘活动,葡萄园周围还建了池塘作为游览项目,不仅是外地来的游客,下梅村周边的城镇居民在周末也喜欢自驾来这里采摘葡萄。

(三)门票经营模式的考验

公司经营、收取门票的方式一开始为下梅村注入了整体性的旅游资金,这种经营模式在中国传统村落旅游开发中比较普遍,但是问题也是显而易见的。

2005年,下梅村引入武夷山旅游(集团)有限公司成立了"下梅民俗文化旅游发展有限公司",下梅村的经营主体变成"集团公司＋武夷街道办＋下梅村委会＋村民"的类型。但是这个经营的入股方式仅为资金入股,集团公司因为有大量资金投入而成为大股东,景点的主要景观产品如村民民居建筑、宗教仪式、饮食特产等非物质文化遗产景观等却不能折合成股份入股。集团公司作为大股东,获得的旅游收益最高,下梅村的售票、游览路线、检票口都是由公司设置和管理的,由此村落成为一个景区,门票收益成为主要收入,并且直接归公司所有,之后进行二次分配。村民作为提供和维护村寨景观的主体,在旅游开发过程中未能参加决策制定,主体性无法体现;所得分配也较少,而且公司的收益并不透明;受到门票经济的影响,游客在买门票之后降低了进行其他消费如购买纪念品的愿望,因而村民不容易通过自主经营来赚取更多的商业性收入。种种问题导致村民不满情绪日益显现。一些居民开始带游客逃票,或者对私人古民宅之类的景点自行收费,或者闭门拒客等等,通过这些对抗性的或者不合作的行为表达自己的不满,并间接影响了旅游者的体验,不利于旅游经济的可持续发展。[①]

其次,以保护古民居的名义,村内旧房改造或改建不能得到当地政府审批,只能在新区另建。同时,因为 2011 年将整改建设承包给"报业集团",由于资金等各种问题,整改工作未完成就搁置起来,武夷街道办与当地居民在征地方面也未达成协商结果,新区建设用地迟迟未批,导致村民改善居住环境的要求得不到满足,有些村民需要新建房屋来分家,或者需要结婚而无法新建住房。住房问题引起了村民的极度不满。

最后,公司经营造成了本地人的一些内部矛盾。在旅游开发中,下梅村村民能够参与公司经营的机会较少,仅获得一些导游、清洁工等职位,村集体获得的旅游补偿也比较有限。一些年轻人受雇佣成为旅游公司的导游,但是所得的基本工资薪酬很低,她们的收入主要依靠村内商店的售卖商品回扣,有些导游则只将团队游客领至自己家开的店中,这也使得当溪两岸的店铺铺主非常苦恼。

[①] 参考纪金雄:《基于共生理论的古村落旅游利益协调机制研究——以武夷山下梅村为例》,《江西农业大学学报》2011 年第 2 期,第 124～130 页;钟涛:《福建古村落的开发与保护——以武夷山市下梅村为例》,厦门大学人类学硕士学位论文,2013 年。

六、结　论

武夷下梅村是个因茶而兴的村寨，临武夷山而居，闻朱熹学而达，美丽的梅溪绕村而过，当溪贯穿其中，具有山地水乡的风采。水稻、民居、祠堂、宫庙、楼阁，遗留给下梅村传统古典的韵味；茶叶、晋商、丝绸之路、欧洲、基督教，将下梅村与国家的历史、远方的想象连接起来；社与会、木印糕子、竹筏、山歌，使下梅村充满了生活的气息。

如今下梅村已经获得了国家历史文化名村、中国传统村落等称号，依托武夷山风景区，努力打造自己的旅游景观，寻求一条新的发展道路。这期间，因为采用了公司资本经营、门票观光旅游等方式，一些静态的景观如古民居被用来开发为主要的旅游资源，而一些非物质性的遗产资源、符号、能够为古民居带来意义和社会文化附加值的无形资源却一度失语。村人的主体性不能得到发挥，积极性也大为受挫，这无疑会损害旅游经济的可持续性。这不得不让人反思经济资本以"保护"之名而封存景观，将建筑景观与社会生活剥离开来的思路之谬。

第 七 章

宁德上金贝畲族村寨景观调查

一、村落概况

畲族是东南地区人口相对较多的少数民族之一，1956 年，畲族被国务院正式确认为中国的一个独立的少数民族。主要分布在福建、浙江、江西、广东、安徽省境内，是中国典型的散居民族之一。根据 2010 年第六次全国人口普查，畲族人口共有 70 多万人，其中 90％以上居住在福建、浙江交界的广大山区地带。畲族是一个以山地农耕经济类型为主的一个民族。无本民族文字，通用汉文。畲族文化遗产独具特色。在漫长的历史发展中，形成了自己民族特有的生活方式、社会结构、物质生活、风俗习惯、语言、生计方式、艺术文化，尤其在服饰、饮食、居住、医药、歌言等方面具有完整独特的知识体系。畲族与汉族有较长的交往交流历史，尤其是在改革开放以后，畲族的现代化、汉化速度越来越快，畲族文化遗产被摈弃、缺乏保护和传承，已经成为一个很大的现实问题。

畲同畬，关于"畲"字的解释，《康熙字典》载："〔古文〕，畭《唐韵》以诸切，音余。《说文》三岁治田也。《易·无妄》不耕获，不菑畲。《诗·周颂》如何新畲。《传》一岁曰菑，二岁曰新田，三岁曰畲。《礼·坊记引易不菑畲郑注》田一岁曰菑，二岁曰畲，三岁曰新。《诗诂》一岁为菑，始反草也。二岁为畲，渐和柔。三岁为新田，谓已成田而尚新也。四岁则曰田。若二岁曰新田，三岁则为田矣，何名为畲。《正字通》据此则《诗传》、《尔雅》、《说文》谓三岁为畲，皆不足信。当从郑注。又《集韵》羊茹切，音豫，治田也。或书作畬。

又诗车切,音奢,火种也。"①

　　由此可见,不管二年为畲还是三年为畲,都表明"畲"是一种治田方法,第一年开荒去草,第二年培育土地,第三年土地成熟可以种田。有些人认为畲是古代人刀耕火种习俗的遗留,本地人则自称"山哈",解释其意思为"山里的客人"。畲也好,山哈也好,都能表达畲民曾穿越山地,迁居开荒,最终定居种田建成聚落的历史记忆。

　　上金贝的村名首先是来自附近的一条溪流"金溪",金贝村名又曾作"金郚","郚"在古代与"邶"字相通,邶曾为商代邑城之名,位于纣都城朝歌以北②。因为村落坐落于古县城以北,因而命名为"金郚",有借用古名之意味。

　　福建宁德市是畲族主要聚居地区之一。全市28个少数民族共约20万人口,其中畲族人口有18万多人,占90%以上。宁德的畲族人口约占全福建省畲族人口的二分之一,全国畲族人口的四分之一。宁德市已经设立了福安畲族经济开发区,以及9个畲族乡。上金贝村是一个人口单一的畲族村寨,属宁德市蕉城区金涵畲族乡管辖。上金贝村位于半山腰,四周多山,风景秀丽,如八座山峰组成的"八仙顶",已经成为主要游览景点。村寨距离宁德市区约7公里,建有7米宽水泥盘山公路,与上下的市区及104国道相连,交通便利。近10年全村人口一直维持在80户,300人口左右,绝大多数为畲族人,畲族主要姓氏有盘蓝雷钟,上金贝以钟姓为主,占75%左右,蓝姓为第二大姓,此外还有少量雷姓及其他姓氏。现有耕地面积824亩,林地面积3185亩,平均海拔350米。

　　上金贝主要地貌为山地丘陵,红壤土为主,村民主要种植水稻粮食作物以及蜜柚、茶叶等经济型山林作物,现在也引进了葡萄、荷花等旅游和观赏型作物。上金贝森林植被茂密,层次丰富,群落多元,生态较好。后山有风景林一处,海拔320米,为亚热带常绿次生阔叶林,有乔木树种18科29属38种,有的树龄已达50年③。山林野地植物种类繁多,且多为畲族传统医药及饮食所采用,如夏枯草、母草、紫花地丁、车前草、乌饭树、蛇莓等。本地村民除从事农业外,还经营农家乐、农家果园等旅游经济。

　　上金贝村目前已被评定为3A级旅游景区,全国文明村、全国生态村,

---

① 转引自"汉典",畲的解释,http://www.zdic.net/z/1f/js/7572.htm.

② 《说文解字》"邶"字注释。

③ "上金贝畲家风景林"碑刻。

2014年又获选进入国家民委首批全国340个"中国少数民族特色村寨"命名与挂牌之名录。上金贝也是率先走向旅游观光市场和景观规划整体建设道路的少数民族村寨，村内已建成旅游景点较多，主要包括元宝湖、风水林、葡萄沟、荷花池、上金贝古寺、古墓、建文帝广场、八仙顶、金贝十景等。因为民族单纯，具有少数民族文化特色，交通方便，当地政府已经把上金贝当作是接待中央及地方各级领导、展示畲族文化的标本。可以说，上金贝已经成为一个带有少数民族文化特色标识的展示性村落，这为上金贝村的景观建设带来了机遇，同时对于其预期建设应该采取什么样的景观形态规划，则带来了挑战，也引起了多方博弈。

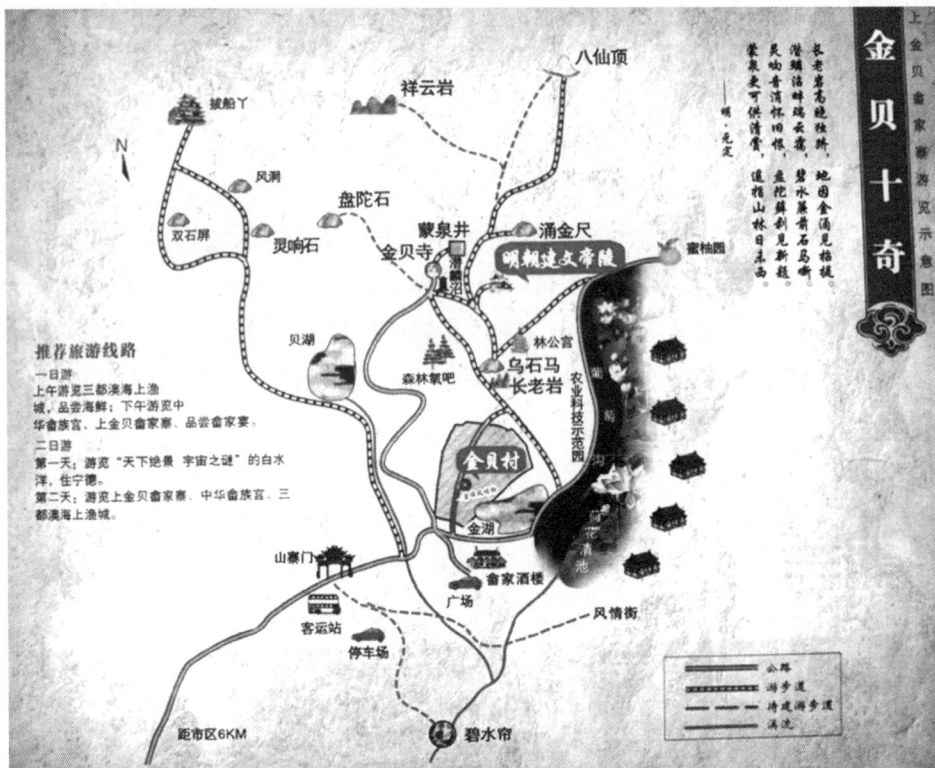

图 7-1　上金贝宣传栏上的游览图

二、景观类型:闽东、畲族

想要了解上金贝村的文化景观遗产样态及规划中存在的问题,需要先了解其所处的宁德地区畲族村落的景观共性,因为上金贝村经历多次景观再造之后已经发生了很大变异。宁德地区的畲族村寨大都隐现在山地丘陵之间,交通相对隔绝,但是畲族村寨却都呈现出一些共同的景观特色。总结而言,宁德的畲村景观可以概括为两个主要关键词:"闽东"和"畲族",也即村寨景观具有较强的地域性和民族文化色彩两大共性,特别体现在村寨建筑上。

(一)畲族建筑

可以从畲寨、畲厝由大到小的层次来了解畲族村寨的建筑景观和居住文化。

1.畲寨

畲族随山而徙,建寨讲究一定的风水,但没有汉族那么严格。畲家所居之地,主要是按农耕文化的特点,凭借经验选择山水田皆佳处,重视栽培树木,认为树木能"培荫风水",许多村子有风水林,林中树木不能触动砍伐。

上金贝村寨所在地,位于半山间平坦处,村后多山,有八仙顶、风水林,前面开阔,有水田,现在修为观景大池塘,符合风水概念,村志、祠堂、族谱、金贝禅寺志也多处提到上金贝所具有的好风水。村后禅师附近有几处规模宏大的古墓葬,其中一座主人不详,为舍利塔墓,三进布局,内为僧人须弥座舍利塔,外间为四柱亭式厅堂,外围墓坪三丈六。整体内圆外方,内外接合处呈瓶颈状,圈椅状主陵,火龙珠罩顶,两边厢刻双鲤朝地,墓手雕螭吻龙头,墓刻落款"御赐金栏佛日圆明大师第三代沧海珠禅师之塔"。[①] 据地方学者考证,认为可能是明建文帝的墓,虽然未达成一致认可,上金贝村已经修成建文帝陵纪念广场和牌坊,广场正中塑建文帝出家像,牌坊上书"明第二陵"字样。另有大型古墓一座,墓碑刻写:"民国十一年岁次壬戌四月商业学

---

① 　上金贝景点"建文帝陵墓"简介。

堂毕业生考爱洲林公妣陈氏孺人继母谢氏孺人"。古墓葬的存在,似乎也印证了村寨建制符合风水的观点。除了风水林受到村人的绝对保护,村人还在两山交岔的垭口栽种竹林,以"垭煞气"和避邪[1],这是应对村落多山的地貌情况所形成的信仰和禁忌。村口也会以竹竿做门,或者在家门口栽种一丛竹子,是垭口竹林禁忌的演变。《金鄮寺志》也写道:"在本县金溪里五云石壁岭下有溪,与瑞迹溪环绕,里中谓之双溪。溪旁有小山曰龟屿,里许为金鄮山。唐初有僧曰居白者,至山中遇异人,告曰此可居。是夜祥光现,居白就视,获金尺一,遂于唐大中(公元八五四年)建寺。"通过传说将风水的理念与佛教信仰联系了起来。

2. 畲厝[2]

基于血缘和姓氏建立的宗族关系及共居方式,是畲族人社会生活的一个主要特征。畲族以蓝、钟、雷、盘为主要姓氏,以同姓近祖的家庭联合成"房"(房支),若干房支又联合成"族"(宗族)。畲族人多聚族或房共居,同房支的家庭,被称为"共房"、"共寮里"、"厝下人",五代以内同房支的家庭,则称为"厝里人",可见,"厝"是畲族人宗族与家族关系在居住空间上的体现,这与闽东地区汉族风俗相似。

瓦寮:或瓦厝。畲族人也称厝为寮,建房子称为"起寮"。畲寨早时有草寮,土寮,比较简陋,已不多见,近代以来闽东畲族以瓦寮为主要民居。瓦寮下方以石头垒成墙基,屋顶盖青色瓦片为主,按照墙体材料,又分为土墙厝(以土筑墙,土木结构)、板壁厝或柴厝(以木板为墙壁,木结构)、砖墙厝或火墙厝(以砖砌墙,砖木结构)、石墙厝或石厝(以石垒墙,石木结构)。上金贝的房屋以土夯墙土木结构为主,这也是闽东畲族的主要民居类型。

四扇厝:传统瓦房,以柱、梁等木料榫合组成纵向单元骨架构件,称为"木扇"或"井架"(畲族专称),并以所用扇数,分为四扇厝、六扇厝、八扇厝、十扇厝和十二扇厝等。四扇厝,又称"四井寮",是普遍居住的代表性瓦寮。

---

① 葛赢超:《金贝:一个东南畲村的社会与文化》,厦门大学中国少数民族史硕士学位论文,2014年,第130~131页。

② 文中关于畲厝的基本知识,参考相关研究文献整理。张晓宁:《畲族传统民居建筑与居住文化研究》,浙江农林大学设计学硕士学位论文,2015年,第15~26页。霞浦县畲族编写组:《霞浦县畲族志》,福州:福建人民出版社,1993年;郭志超:《畲族文化述论》,北京:中国社会科学出版社,2009年。

由四组"扇"架组成,扇中木柱因建房规模用三、五、七根不等。

大厝:畲族传统瓦寮,注重实用,朴实无华,除少数大厝外,旧时建筑都不甚讲究,极少有装饰品,也少设边门。大厝则装饰比较讲究。正厅高大,中庭壁、神龛、窗棂等多有相当精致的镂空雕或浮雕装饰,门口、天井多有石雕装饰。大厅、台阶、墙体多用三合土筑成,围墙多为空斗砖墙("火墙包栋"),大门多有"门楼亭",匾额上有彩绘或灰塑装饰,前有照墙(天地墙)后有回照墙(太极墙),墙上多有"福"字和吉祥寓意装饰。上金贝大厝不常见,以普通瓦寮为主。霞浦县儒乡的樟坑村大厝较为典型,有九个大厅四十四个房间,进深 6 米,柱子有 99 根,面积达 3266 平方米,被称为"樟坑大厝"。为蓝姓家族所盖,人口繁盛时可以达到一个自然村的数量,现在仍居住着十几户人家。

祠堂:畲族人重视宗族关系,因而许多聚族而居的村落都建有祠堂。祠堂建筑多是土木或砖木结构,四扇单层统间瓦房。大厅正中设置大型神祇牌("屏风"),上水村祠堂较为典型,屏风有的安置在精雕细刻的"香亭"内。屏风正面书写或篆刻"xx 堂(蓝姓汝南堂,雷姓冯翊堂,钟姓颍川堂)历代远近宗亲香位",内有活动夹层木板,书写自本支开基祖先以来的所有亡者名字、排行、生卒八字。屏风前设有香炉。厅柱贴有"祖公联"和"祖德难忘谋业远遗恩泽大,孝思不遗蘋蘩时荐水泉香"(牛胶岭祠堂)之类怀祖内容的楹联。

上金贝共有 80 户人家,民居大致分为两排,中间一条主路,大厝不常见。2007 年改造之前,上金贝民居以土墙瓦房为主,也即瓦寮。一般以石做基,夯土为墙,木架构,屋顶铺青瓦,从结构上来看一般有天井、前厅、后厅、厢房,上下二层居多。20 世纪 90 年代以来随着经济的发展,有少量现代化水泥楼房出现。2007 年以后立面改造,传统型和现代水泥房包括村委会全部都增加了高大的白色马头墙立面,外表整体呈现为徽派风格,内里则仍保留原样,因多有高高的院墙,大门常关,所以外人不容易看到内里情况。

上金贝的忠勇王祖厝也即"钟氏宗祠",坐落于村落中部,是最为讲究的建筑之一。初为闽东畲族祠堂风格建筑,但在 2008 年也进行了翻修,现在仍保留燕尾脊、飞檐和木垂花雕饰。祠内神龛上供奉畲族祖先忠勇王、三公主塑像,塑像前竖有一盘龙木雕牌位,上书"封敕钟府忠勇瓠王三公主"字样,黑底金字。忠勇王像左侧放置象征权力的龙首杖一把,此外祠内有幡旗等绣品,上绘有凤凰之类畲族常用的象征性图案,忠勇王形象为古代汉人官

图 7-2　改造前与改造后的民居

2011 年 7 月摄

图 7-3　上金贝村口的村委会

图 7-4　改造过的民居与街道

员形象。三公主膝下有四个孩童塑像,代表他们的三男一女,也即盘蓝雷钟四大姓氏的来源。神位前有供桌,村人逢农历初一、十五日或传统重要节日则来上香祈福,祭拜祖先。

（二）非物质文化遗产景观

畲族文化遗产十分丰富,在建筑、服饰、饮食、医药、手工艺、节日、仪式、族谱、祖先传说及口头叙事等方面,皆有丰富而独特的文化,一脉相承。宁德市申报的"畲族小说歌",福鼎瑞云畲族"四月八"歌会、福安畲族银器制作技艺,已经分别入选第一批、第三批国家非物质文化遗产名录。

畲族人的祖先传说与苗、瑶相似,都传说为盘瓠的后代,关于祖先的记忆,畲族人通过"祖图"表现出来,人类学者多有研究[①]。厦门大学人类博物

---

① 如厦门大学人类学与民族学系的研究成果,包括蒋炳钊:《畲族史稿》,厦门:厦门大学出版社,1988 年;蒋炳钊:《东南民族研究》,厦门:厦门大学出版社,2002 年;郭志超:《畲族文化述论》,北京:中国社会科学出版社,2009 年;黄向春:《畲族的凤凰崇拜及其渊源》,《广西民族研究》1996 年第 4 期,等等。

馆藏有畲族祖图一幅。祖图上下为宽，左右为长，一般宽约半米，长则达十几米甚至数十米，以绘画为主，配有解释性的文字，从右至左，记述关于畲族祖先盘瓠从虫变为犬，杀敌立功，又从犬变为人，与高辛帝的小女儿三公主成婚生子女，继而繁衍为畲族人的故事。祖图多绘制于土棉布上，因为布料不易保存，现存宁德地区的畲族祖图多有虫蛀、火燎、腐烂等破损痕迹。上金贝村藏有祖图一份，年代久远，村人认为应为清代所绘，记载了开天辟地以及"始祖盘瓠出身"的传说。在村寨寨门牌坊附近，私人收藏家阮先生盖了一栋建筑，取名为"凤凰庙"，在旁边又建了简易仓库，收藏了上千件畲族民俗器物，其中也有一幅祖图，收自福安雷姓家族。关于盘瓠的来历，根据祖图记载整理如下：

> 相传黄帝之孙帝喾，也即高辛帝，其刘姓皇后娘娘生耳疾，从耳中取出一条长得像蚕一样的虫子，把虫子放在一个金盆内，以瓠叶盖之上并养起来，第二年虫子化为一只"龙麒"（祖图绘为金色麒麟样的犬），号曰盘瓠。后来有蕃王造反伐，高辛帝放榜称能斩蕃王头者就将三公主嫁给他。龙麒揭榜，在亢金龙星宿夔的帮助下过海跨洋到达蕃王之地，并被蕃王收养，龙麒待蕃王酒醉之时，将其首级咬下来，被蕃兵追赶，又在亢金龙星宿的帮助下顺利回朝。文武官员迎接带回蕃王头颅的龙麒，但是因为龙麒为犬，高辛王有悔意，不想嫁公主与他，并从宫中抽出宫女假扮为公主让龙麒自己挑选，龙麒直接挑出了三公主。龙麒通过金钟罩变身成人，只是因公主命宫女揭开金钟去查看，头尚未变成。高辛帝招龙麒为驸马，笙箫鼓乐，龙麒与公主成婚，洞房花烛，龙麒成为盘王。迁入凤凰山，龙麒游七贤洞。后生三子一女，盘王请帝为其子女取姓名。后取长子姓盘名能，次子姓蓝名光辉，三子姓雷名巨佑；女儿名瑞娘，后嫁给左相钟智清。后来盘王在打猎时被山羊所伤，坠落树杈而亡，子孙寻见其尸体，引魂使者亢金龙星宿将其亡魂召回上天。高辛帝敕封盘瓠为忠勇王，其子孙永不纳税。

不过，村人虽通过祠堂牌位知道自己祖先为忠勇王，但是关于盘瓠的传说却较少有人能说清楚，对于祖先为犬的说法也较为回避，多用"龙"的形象取而代之。关于龙杖，上金贝《钟氏族谱》补充到，盘瓠死后，帝命将士将其树杈砍回，并请人将树杈雕刻为盘瓠王龙像，命名为师杖，因此又称为"龙首师杖"，成为祖先忠勇王盘瓠及其权力的象征。在宁德所建的畲族博物馆"中华畲宫"，我们也看到院中立了一根高数米的龙杖，作为畲族的重要象征符号。

　　除祖先崇拜,畲人也信封佛、道等传统宗教,受到汉人影响较多。上金贝村有金贝禅寺一座,始建于唐代,经历千年历史变迁,多次损毁,近几年进行了重修,来上香者除了上金贝村人,也有部分闽东地区其他香客。道教信仰在上金贝主要是体现在"做法事"之类的仪式中,大致分为"为活人达成愿望和为死者超度亡灵"两类,法事又分"文场、武场"两种,文场主要唱颂经文谱牒,使用宁德方言和本地畲语两种语言,武场则通过斗法来表现,文武并举,以实现人们的祈求。[①] 此外还有民间神灵信仰及相关宫庙,与闽东地区民间信仰传统一致,如临水夫人、齐天大圣、林公大王信仰等。另村人居住区背后进山的地方有风水林,现在又在广场处建了刀山火海等特殊的仪式展演空间和物件。信仰空间有的与生活空间交叉共存,如祖先崇拜空间、某些法事空间,有些与生活空间有一定距离,神圣空间与世俗空间区别明显,如寺庙、宫庙等,有的是专门划定受保护的自然区域如风水林,体现出万物有灵信仰类型中生态与崇拜相关联的典型特征。

　　独特的山林环境和多种植物群落的共存,发展出独特的畲族医药知识,也丰富了当地的饮食食材种类,其中,由本地特殊植物树叶乌树叶(南烛叶)染成的"乌米饭",原先在传统节日"三月三"时期颇为流行,还有端午节包的管叶棕,现在已经成为农家乐特别畅销的一道主食,受到游客的喜爱。此外一些本地的草药、野菜、笋子,后来引进的蜜柚、柑橘、葡萄,也都逐渐开发为旅游产品。

　　村人日常服饰与汉人同,在节日仪式上会梳"凤凰头",表明是三公主的后代。此外,闽东畲族的藤编技艺也颇为卓越,主要编制品为生活盛装器物及家具类,如斗笠、篮、箕、筛、箩、箱、盒、篓等,特别精美的器具编织紧密,根据材料的颜色排列出几何型花纹,能保存几十到上百年。凤凰庙阮先生私人收藏的畲族文物就以民俗、生活器具为主,其中包含大量精美的藤编物件。

---

　　① 葛赢超:《金贝:一个东南畲村的社会与文化》,厦门大学中国少数民族史硕士学位论文,2014年,第117页。

图 7-5　畲族藤编物件

（三）"中华畲家寨"的尴尬

在上金贝村门牌坊上刻有"中华畲家寨"五个大字，《三都澳侨报》2010年 8 月 26 日头版有一篇新闻稿"上金贝将打造'全国畲族第一村'"（记者 池惟强），在被国家民委列为少数民族特色村寨保护与发展试点村之后，上金贝得到当地政府支持建设民族特色村寨。

2006 年上金贝村被列为区级新农村建设示范点，当年 11 月又被列为市级新农村建设示范村。由此上金贝村开始了景观改造建设之路。2007 年宁德市委组织部编制了上金贝新农村建设总体规划并基本实现：(1)将原属村集体的茶叶加工厂整改成旅游接待中心；(2)将原来的集体茶场整平为旅游停车场；(3)将村口民居前的一片田改成人工景观湖，民居边的一片田改造为睡莲池；(4)拓宽进村公路；(5)修建休闲步道；步道两边栽种葡萄和山茶花等景观植物。这个规划基本上确立了上金贝现在的景观样貌和分区。2008 年之后又增加了畲族村寨风情园、建文帝石雕、广场、寺庙等建设，同时对村内全部民居建筑进行了立面改造。2008 年的整改保留了原先的青瓦坡顶和基本建筑结构，立面则统一改造为徽派风格的白色高墙、马头翘角，进村公路上所建的石牌坊寨门也为徽派风格。整改后的村寨民居风格统一、整齐、街道干净，因为白墙立面高于原先的屋顶，院墙也进行了增高加盖，所以在墙体的遮蔽下，上金贝原先的建筑风貌基本完全隐去。

上金贝的新农村建设及旅游规划方案颇多，我们看到，经过频繁的设计与有选择的建设之后，尽管整体风貌变得更加整齐、洁净、环境优美，但是村寨原有的一些特色性景观如山地畲寨、闽东风格的传统建筑风貌等反而被削弱了，出现了被其他来源的一些人文景观（如江南水乡、徽派建筑）所遮蔽或者取代的情况,村寨景观的族群性表征变得十分尴尬。另外,建筑、遗迹等物质性文化遗产和景点得到了较多的规划管理,而畲族生活性的器物、礼俗等非物质文化遗产的保护方式和文化场所的构建则较为模糊。山下的博物馆中华畲宫几乎没有多少实物藏品,大多为图片展示。虽然有阮先生这样的民间收藏家进过十多年的努力收藏到畲族文物上千件,成为畲族民俗文物最多最全的收藏者,但是因为缺少相应的保存空间,文物的境况不容乐观。除了实物,畲族民俗物件的非物质文化遗产价值和知识也没有得到很好的发掘与展示。

畲族有自己的民族语言,但没有相应的文字符号。随着现代化的发展,畲族文物和文化遗产以及非物质文化遗产亟需抢救、保护、传承、管理以及开发。在畲族地区建设具有民族学人类学性质的民族博物馆,应该能更有效地促进畲族遗产的保护传承工作。

三、村寨博物馆尝试

通过对本地人居住观念与生态观念的调查,人类学者可以帮助制定更加符合本地文化习俗的可持续性社区发展计划。在这方面人类学已经有许多的尝试和成功经验。小乔治·埃斯伯(George S. Esber, Jr.)与阿帕契印第安人一起设计房子就是其中一个比较有名的应用人类学案例。埃斯伯在就读人类学研究生期间,美国正在进行对本土印第安人的社区改造和住房改善工程,从事改造工程的建筑设计人员并没有按照当时流行的美国中产阶级住房样式进行统一规划,而是先委托人类学者进行本地社会文化的调查,从而设计出适合当地人社会文化习俗的新居与新社区。[①] 正在读人类学硕士学位的埃斯伯,受阿帕契社区设计人员委托,通过长达半年的田野调查,发现阿帕契人有一些特殊的生活习俗,比如生活空间完全公开,成员之间的互相观察和评价是指导当地人行为的准则,经常性招待客人等等,因此得出结论,新的阿帕契社区不能按照美国白人的住房模式来设计,而是要保

---

① Esber, Jr., G. S., Designing Apache houses with Apaches. in Robert M. Wulff & Shirley J. Fiske (eds.) *Anthropological Praxis*: *Translating Knowledge into Action*. Boulder, Co: Westview Press, 1987. pp. 187-196.

证空间的公开性，厨房与生活空间的通连性和厨房碗柜等用具的大尺寸等等。埃斯伯花费的半年田野调查时间被证明是物有所值。新社区规划在改善阿帕契人生活条件的同时，本地传统、文化习俗、族群认同都得到了维护。经由人类学者的预先考察，坚持从本地人的视角进行景观的整治，则地方景观的整体性、延续性、文化传统都得到了保障；从超越地方的视角来看，地方文化景观的多样性也得到了保护。

埃斯伯的尝试为人类学在民族文化景观遗产保护方面提供了启发。2011年6月到9月间，厦门大学人类学系建筑系师生（包括张先清、葛荣玲、刘婷玉、傅浩相等人）对闽东畲族地区的一些典型村落做了田野考察。此次考察的对象主要为闽东畲族村寨聚落景观，包括建筑景观、生态景观及非物质文化遗产景观三个方面，并在当地畲族文物民间收藏家阮先生和地方政府的共同委托下，帮助设计一个能够收藏和展示畲族物件的博物馆。上金贝村是一个畲族人聚居的村落，具有地理区位优势，已经得到一些旅游开发，而且是宁德市对外展示畲族文化的代言村落，而阮先生的收藏又包含了丰富的畲民族物件，因此，我们计划在上金贝村设计一个博物馆，以民族学博物馆的方式展示畲族的生态、生计、生活、民俗、信仰、建筑等民族文化遗产。

上金贝村已经将民居建筑的外部形貌改造为徽派风格，自然景观也采取江南小桥流水荷塘的园林风格为主，这和山地畲族及闽东方特色的传统聚落及周边其他畲族聚落风貌不太协调，因此，我们主张设计一个半开放型的畲族博物馆建筑群，而不是建设一座封闭式博物馆。以能够在最大限度上整体性展示畲族文化景观全貌。博物馆群建筑的外观全部取材于闽东畲族的典型聚落里的典型民居，这一点是受到了丹麦建于1914年的第一座户外博物馆——"老城"（den gamle by）的启发①。这样，通过博物馆群的景观效应，可以在一定程度上修正村落景观的面貌，最终逐步鼓励和恢复上金贝村山地畲族聚落景观的特色。

---

① 丹麦奥胡斯（Aarhus）的"老城"（den gamle by），建于1914年，是世界上第一个展现城区建筑文化的室外博物馆。在这里，人们可以看到建造于不同历史时期、代表不同建筑风格的老房子，共有来自20个市镇的75栋老房子。这里的所有建筑都是在丹麦各地经过精心挑选，并在保持原貌的基础上迁移到这里的，包含教堂、邮局、民居、学校等各种功能的建筑，以组成一个完整的生活社区。博物馆的工作人员就是这些建筑的使用者。

我们认为,博物馆应该充分展示畲族文化特色与特性,不仅在陈列物上,而且在展示方式、博物馆馆体建筑、所在地整体景观规划上体现畲族的传统精神与文化性格。因此应该突破传统馆体建筑的边界性,增加自然景观与人文景观的交融、静态陈列与表演活动的互动、观赏教育与体验学习的结合,以半开放、体验型、活展示、博物馆群作为上金贝畲族博物馆建设的原则,最大程度的发挥博物馆对畲族遗产的保护、展示、教育、传承等功能。任何一个文化都既是族群的,又是地域的。博物馆群可以采取有机融合畲族的民族文化特色与闽东的地方文化特色,如闽东地区流行的廊桥,它并不是畲族特有的建筑类型,但却是闽东共同的文化建筑特色,我们也可用采用这个元素,既能够将河流两岸的居民区与博物馆区连接起来,又增加了一道美丽的风景与文化空间,比如村人可以在廊桥上唱他们平时喜欢的畲歌。

村居的东面有一条河流,从村后山中向村前山下流去,河的左面为生活区域,右面为丘陵坡地,上面种有茶园。为了不影响村民的生活和占用耕作的土地,我们选取了河流右面茶园之下的坡脚,沿河岸的走向来置放馆体。根据现存的文物类型和地形,我们将这个畲族村寨的博物馆群分为几个组成部分:采取一主四从式博物馆馆体群建设,分别展示畲族总体文化、生产生活、工艺技术、畲族医药、民间信仰,包含了一个民族博物馆的展示要素。主要的思路包括:

1. 馆体与辅助设施,包括步道、药圃、茶园、梯田等相互连接,使博物馆成为半开放型,体现文化与生态交融、人类学整体观的理念。

2. 建筑要素主要使用山地畲厝类型,以典型畲厝造型为博物馆建筑结构元素,体现民族文化特色,因地制宜,使博物馆馆体本身变成畲族建筑的展示。这些典型畲厝分别采自闽东畲族村寨,根据建筑原型的功能来源确定博物馆展示的相应内容,如原先为宗祠的建筑可以作为畲族信仰展示馆。

3. 也采用一些闽东建筑共有的而不仅仅是畲族独有的元素,如增加闽东廊桥设计,结合畲厝建筑元素进行创新,可以体现闽东的地域建筑文化与畲族的民族文化之交融。

4. 使用活的博物馆(living museum)理念,在博物馆及附属设施中增加畲歌、编织、药馆、民间信仰活动等各种"活展示",建成后请村民合作参与。这样既有助于活态地保护和传承畲族的非物质文化遗产,也增强了博物馆的可参与性,增加游客体验和吸引力,同时有利于传播畲族文化地方性知识。

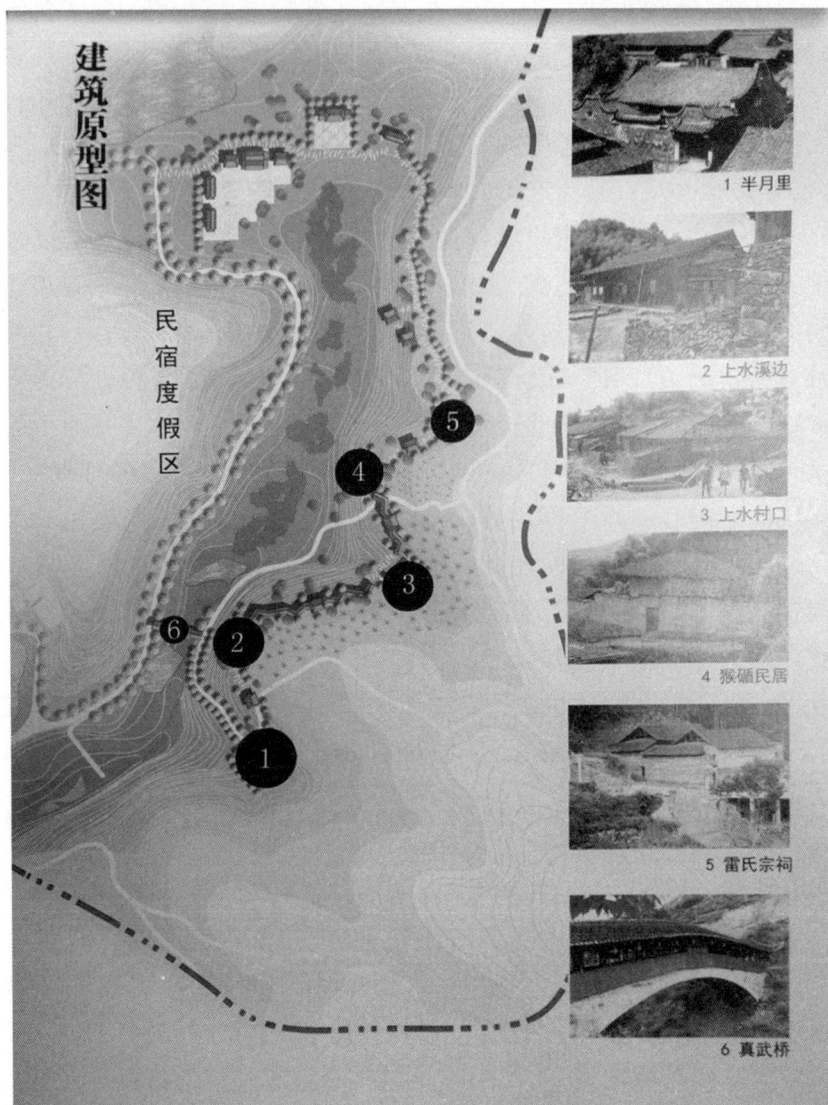

图 7-6　上金贝畲族博物馆设计图

傅浩相等人绘制

　　图例解释：1 主馆：综合展示馆；2 畲族生活馆；3 工艺技术馆；4 畲医畲药
馆；5 畲族信仰馆；6 闽东廊桥。右面为所采建筑原型，均为畲族村寨或闽东
地区比较有特色的建筑。

　　博物馆设计虽然得到了地方政府及民间收藏家的肯定，不过最后因为
与新的投资者规划意图不能契合而归于流产。我们也因此反思希望新博物

馆模式与中国本土的契合问题。最主要的问题是,博物馆在地化需要更详细的田野资料支撑,能够真正让村人参与其中,让博物馆成为他们生活中的一部分。我们所做的民族志田野还远远不够。

四、结　论

Wendy J. Darby 在她的著作《景观与认同》中提出,景观并不是一个静止的、单纯令人愉悦的东西,它在历史上已经成为塑造民族认同的重要资源,在美丽风景中也隐匿着权力与竞争[①]。在传统村落保护与发展过程中,特别要注重村寨景观遗产的保护与延续问题,因为民族村寨文化景观遗产既是村人在当地生态环境中长期适应和生产的结果,反过来也对村人的文化认同具有再生产能力,景观的管理是地方社会关系与权力关系互动的结果[②]。上金贝畲族村寨景观从闽东、畲族特色向徽派的演变与包装,是一次景观在现代旅游背景下的重新制造、更新与生产,因而它反过来也将影响当地人对于村寨景观的认同、记忆与想象,甚至遮蔽了村人的"主体性"[③]。

近年来中国加大了对具有民族、地域多元生态和文化特色的村落文化景观的保护力度。2005 年 10 月中国共产党第十六届五中全会提出了"美丽乡村"作为社会主义新农村建设的目标。2010 年 11 月,由中国民间文艺家协会主持的中国民间文化遗产抢救工程重点项目——《中国古村落代表作》编纂工作在北京正式启动。2011 年,时任中国民间文艺家协会主席冯骥才在全国两会上提出,进一步加强对中国文化遗产的保护工作,落实对古村落的文化保护,从文化层面进一步提升中国的软实力。议案顺利通过,国家已经决定第一批要保护 2 万个古村落,其中重点保护 5000 个。在此基础上,从 2012 年起,由住房和城乡建设部、文化部、财政部三部门(后增加国家文

---

① Darby, W. J., *Landscape and Identity*: *Geographies of Nation & Class in England*. London: Berg, 2000.

② 葛荣玲:《景观的生产——一个西南屯堡村落旅游开发的十年》,北京:北京大学出版社,2014 年。

③ 葛赢超:《金贝:一个东南畲村的社会与文化》,厦门大学中国少数民族史硕士学位论文,2014 年,第 166～168 页。

物局、国土资源部、农业部、国家旅游局，共七部门）联手审查和支持的"中国传统村落"保护项目在全国范围内展开，并成立了包含建筑学、民俗学、艺术学、美学、经济学、社会学等领域专家的"传统村落保护和发展专家委员会"提供专业和学术支持。此外，在联合国教科文组织和世界遗产基金的推动下，一些"村落文化景观"保护项目（以贵州为主）在 2012 年初也开始尝试实施。

国际博物馆协会（ICOM）将博物馆定义为"为社会及其发展服务的非盈利的永久机构，并向大众开放。它为研究、教育、欣赏之目的征集、保护、研究、传播并展示人类及人类环境的见证物。博物馆是有效保存和保护人类文化遗产的公共管理机构。20 世纪 60 年代以来，注重社区性、民族特色、参与性的"新博物馆"[①]，逐渐成为博物馆建设的世界新潮流。社区博物馆、生态博物馆、民族博物馆的建设，对于促进地方民众参与本社区、本民族的遗产项目，包括有效保护与传承民族文化遗产，建立民族文化自豪感和加强认同纽带，以及将遗产保存于本社区并作为社区可持续性发展的资源，具有十分重要的意义。美国、欧洲、日本及台湾地区已经形出了较为成熟的新博物馆建设思路。从世界经验来看，民族博物馆的建设，当注重"在地性"、社区参与、传统的延续、自然及人文生态的整体性，并将民族文化遗产的保护及非物质文化遗产的传承与博物馆工作有机结合在一起。

中国正处在一个大力保护传统村落、开发农村旅游和民族旅游的热切时代，为建设新农村和农村扶贫找到可持续性的发展道路，这不仅为村民提供了重新认识和发扬传统文化、建设自己家园的机会，也为开发投资者、景观设计规划者提供了一个实现自己利益或者理论的舞台。保护传统村落，与当今的新博物馆实践可以有效结合起来，保护本地遗产并将遗产作为社区可持续性发展的资源，但是其中的可行性仍需不断探索。

---

① Vergo，Peter（ed.）*The new museology*，London：Reaktin books，1989. 博寇著，张云等译：《新博物馆学手册》，重庆：重庆大学出版社，2011 年。

第八章

徽州唐模古镇景观调查

一、唐模概况

"唐模古镇"位于古徽州中心腹地,是一个汉人传统古村落。隶属于黄山市徽州区潜口镇唐模行政村,坐落于黄山之口,毗邻棠樾牌坊群,已经获得"中国历史文化名村"(2007年,第三批)、"中国传统村落"(2012年,第一批)、国家5A级景区(2013年)等称号。唐模行政村由唐模、上庄、和善塘、后坞窑、唐美、胡村6个自然村组成,唐模古镇位于唐模村正南方,东侧为胡村,西侧为上庄,北面为后坞窑,西北方与东北方分别是和善塘与唐美村。全村共有15个村民组、425户、1536人,主要姓氏有许、汪、程等。

唐模村落周围地形主要是山地丘陵,村居及田地为平整地带,村落水资源丰富,中间有檀干溪穿村而过。地处北亚热带,属湿润性季风气候,四季分明的特征,冬无严寒,夏季多雨,主要农作物为水稻、茶叶、油菜,也种有林木、果树等山林作物,竹林较多,春季产竹笋。

唐模古镇的村落景观具有历史层累多层次性,拥有众多百年以上历史的建筑群,个体建筑保存基本完好,村落整体布局亦承载了上百年的历史积淀,既体现了深厚的文化底蕴及地方智慧,也体现出历史流变对村落景观的垒造痕迹。

唐模村落景观的主要类型有:以古树古井、稻田农耕为主的自然景观,以古寺、古祠、古民居为主的建筑景观,以水口、亭台、古桥、池湖为主的园林景观。赋予这些物质性景观以文化遗产意义的是以徽商、宗族、儒学为传统的人文景观。

关于"唐模"的名字，村人有多种解释。汪大白认为，"唐模"不是"唐朝模范村"之意，而是"唐朝的规模"或者"唐朝的模样"的意思，唐模村"创建于大唐时代……当初唐模的唐代祖先之所以选定歙西丘陵之间创建村落，无疑就是因为这里的生态环境得天独厚，这里的人居条件极其优越，唐模所在之地正是他们心目中的人间福地。"①旅游公司整理的材料这样来介绍唐模："唐模创建时间是唐宪宗元和元年（即公元806年），因为村落位于檀溪两岸，所以村名就叫'檀干'。《诗经》有首《伐檀》诗说：'坎坎伐檀兮，置之河之干兮，河水清且涟漪。'……唐代末年，朱温发动政变，灭唐朝，建立后梁……在这种社会背景之下，村落又由'檀干'改名'唐模'……意思就是'唐朝的模样'、'唐朝的气象'。这就富有忠孝文化的深刻意涵。"唐朝被灭后，"汪氏子孙不忘唐朝对祖先的恩荣（汪华归顺唐朝后被封为越国公，死后谥'忠烈王'），决定按盛（唐）时的规模建立起一个村庄，取名唐模（一说按盛唐时的模式、风范、标准建立）。"②不管何种说法，唐模的名字与唐朝盛世、唐朝名将汪华等记忆总是联系起来。

二、人文精神：徽商、宗族与儒学

（一）徽商传统

唐模古镇的村落形制与古建筑遗存，都与明清时期盛极一时的经商传统有关，唐模几个主要的姓氏宗族曾经是历史上有名的徽商家族。徽商顾名思义是徽州商人之意。徽州是个历史地名，古时称为歙州，宋徽宗平定方腊起义后，改歙州为徽州。徽州历经宋元明清四代、管辖歙县、黟县、婺源、绩溪、祁门、休宁六县，依历史朝代不同又可分别指代徽州、徽州路、徽州府，现分属皖赣两省三市（除婺源属江西上饶，绩溪属安徽宣城外，其余四县属安徽黄山）。

徽商的形成与徽州的自然生存环境有关，主要是出于生计原因。顾炎武曾在《天下君国利病书·江南》中指出：徽人"中家而下，皆无田业，徽人多

---

① 汪大白：《和谐风情画廊——唐模》，合肥：合肥工业大学出版社，2011年，第8页。

② 百度百科，"唐模村"。

商贾,盖其势然也。"①"山多田少","民皆无田"是徽人出贾经商的主要原因。徽州境内地势以歙县、徽州区、屯溪区、休宁县等河谷平原为中心,丘陵、山地较多。黄山山脉自东北向西南横贯全境,南北多两侧峰峦,中部河谷较多,形成"八山一水半分田,半分道路和庄园"的特征。风景优美,然而山多地少,不利农业。除木、茶、桑、松、油茶、药材等山林作物,粮食类农产品较难耕作出产。唐宋以后,人口增多,粮食产量不足,需依靠江西、江苏和浙江供给。徽州人于是发展手工业造纸、制墨、制砚等手工业,贩卖茶叶等商品,不断地积累从商经验。明中叶以后,徽州人经商蔚然成风。

徽州腹地的唐模,位处丰乐河谷盆地,自然条件相对优越。"唐模既得佳山之势,又得善水之利,特别难得也特别幸运的是,深居万山丛中的这样一个自然村落,竟然还能得享耕地良田之养。"②唐模古镇土地面积有4平方公里,水域面积20公顷③,林地面积105公顷,还有农业耕地面积104公顷。人均占有耕地面积在皖南山区乃至整个徽州地区而言相对较多。明代以前唐模人生计方式基本以农耕为主,后来出贾经商,可能是受到周边经商风气的影响。徽州商帮兴起之后,出贾经商蔚然成风,其中歙县、休宁则领风气之先。明代万历《歙志·风土》写道:"至正德末、嘉靖初,则稍异矣。出贾既多,土田不重,操资交捷,起落不常。"④张海鹏、王延元二位先生编著的《徽商研究》说:"据我们考察,徽人出贾之风大约始于成化(1465—1487)、弘治(1488—1505)之际。"⑤唐模末代翰林许承尧对于唐模人出贾是这样表述的:"吾许族家谱载,吾祖于正统(1436—1449)时已出居庸关运茶行贾,似出贾风习已久。"⑥

唐模出贾,主要以盐业、运茶为主,村中从商者众多,并且多为富商。一位许姓报道人家中挂着曾祖父画像,他称他祖上一直为官商,经营盐业,当年家中富庶,家大业大。徽州人经商的特点是,"吾乡贾者,首鱼盐,次布帛"。明清时期,盐商是徽商中的重要一支,势力很大,基本把持了全国的盐

---

① 顾炎武著,黄珅校注:《天下郡国利病书》,上海:上海古籍出版社,2012年。

② 汪大白:《和谐风情画廊——唐模》,合肥:合肥工业大学出版社,2011年,第9页。

③ 1公顷(ha)=0.01平方千米(km²)

④ 《明·万历,歙志》,转引自歙县地方志编纂委员会,《歙县志》下册,附录一,合肥:黄山书社,2010年。

⑤ 张海鹏、王延元主编:《徽商研究》,合肥:安徽人民出版社,2010年1月,第5页。

⑥ 许承尧撰:《歙事闲谭》,合肥:黄山书社,2001年,第14页。

业运输和买卖。村中的法国家庭旅馆，其建筑是"汪应川故居"。汪应川也是唐模村著名徽商，寓居浙江兰溪，在浙江金华、兰溪一带经商，家境富有，也擅书法、篆刻和收藏。汪应川故居为清末所建，占地面积1200平方米，属典型徽派儒商建筑类型。徽商致富荣归故里，把钱用于村落的景观建设之中，修建学堂、庙宇、祠堂、园林、路桥等等，给当地乡村传统空间带来了巨大变化。正是明清时期一大批这样的富庶徽商，成就了唐模村落别致的徽派建筑群景观。

唐模现在的村寨景观遗存中，以村落公共设施为主的遗迹，如河道、桥梁、交通、亭台、茶坊等，最能够体现当年的徽商风貌。檀干河穿村而过，河运、陆运皆为便利，使得唐模成为明清古驿道中的重要一站。村落民居沿着河两岸而建，宽阔的驿道与河流东西走向并行，贯穿村落。这条贯穿村落的驿道，名为"徽浮古道"，连接徽州府城至江西浮梁县。其中穿过村落的这一段因为沿着檀干河相向而行，故又名"檀干大道"。古驿道东西贯通全村路段，铺筑石板3000余块。村东口的"沙堤亭"、村西口的"石桥头"被认为是唐模在明清时期的村头村尾两端，也体现出唐模作为驿站的色彩。檀干河上的十座古桥连接村落南北两岸，其中最宏伟的高阳桥已经成为人们休闲聊天观景的茶馆。

有一些当年经商时期形成的墟市空间如今仍在发挥作用。村落正中有一块供村民看戏的空地，当地称之为花戏坦，位于唐模村檀干河北岸沿河水街中段，在水街北岸石板大道（即徽浮古道）的北侧让出一块地面，选用清一色的鹅卵石平整铺成。村里长者称，这里原来是河石坦，因为戏坦位置靠近河的一边，本是开河之时顺便用河石（鹅卵石）铺砌而成。水街一侧的公共空间，当时是村民的集市之所，用作村中商品集散交换，同时也是村落仪式的举行场所，村人聚集和交换信息的中心。现在花戏坦仍能执行这些功能。与此类似的还有河边的带有"美人靠"的长廊、凉亭等。

（二）宗族文化

唐模本身就是个奉行祖先崇拜的汉人村落，又由于经商和远程贸易的需要，需要依赖宗族力量等各种血缘、地缘关系网络的支持，因而，徽商与宗族的发展互相促进，形成了唐模颇具气势的宗族景观遗产。徽州按照姓氏宗族单位建村聚居的传统比较普遍，单姓村或者以某一姓为主的村落随处可见。宗族之内相互团结，宗族之间互有竞争，形成了彰显宗族势力和宗族权威的一些宏伟祠堂建筑,目前也是保留情况最好的古建筑遗存。

据考证,在唐模古镇中,程氏和汪氏是最早定居于此的氏族。程氏和汪氏均是徽州境内最古老的姓氏,最晚到唐代,唐模村就有了程氏和汪氏。其中程氏定居唐模古镇的时间比汪氏更早。追溯村落发展历史,唐模各个姓氏的家族兴衰、地位升降,各个阶段确有交替变化。唐宋时期村中汪氏最盛,所以世称"汪氏唐模";其后许姓迁入,明清两代村里许氏极旺,后人又称"唐模许家"。

最早定居唐模的为程姓氏族,自唐末起,汪姓逐渐兴起,程姓大部分人口迁出。到明清时期,许姓兴盛,取代汪姓成为村中第一大姓。故明清时期的唐模村为许姓、汪姓两大姓氏村民为主,人口上,许姓稍占优势。村落的祠堂、寺庙等建筑景观与宗族力量密切相连。

首先被赋予宗族意涵的是村落附近的山泉寺。中央教育科学研究所研究员汪世清先生(1916—2003),属于潜口金紫汪氏后裔,他在童年曾经多次到过山泉寺,所以直到晚年他还记忆犹新。他说:"思立公、馗公和德暹公墓都在灵金山南麓,守墓有一香火院,名叫灵山寺,俗称山泉寺,就在唐模去稠墅的大路边。旧时每年清明前后有一天,集十六族的子孙来这里祭扫,很是热闹。我童时去过好几次。现在恐怕已无遗迹了吧!但状元、榜眼、探花三块匾给我至今还记忆犹新的印象。"[1]山泉寺中还设有汪氏总祠,总祠堂下属共十六族。"汪氏十六族"的说法源于明代汪道昆纂辑的《汪氏十六族近属家谱》。所说"十六族",指的是歙县汪氏的唐模族、金紫族、信行族、丛睦族、惇本族、西山族、古关族、西沙溪族、松明山族、洪源族、运里族、岩镇族、凤凰族、章歧族、稠墅族、大里族。十六族以唐模族为首族,均以唐模汪思立为始祖,祖墓、祖祠都在邻近唐模的这座山泉寺。山泉寺汪氏"溯本堂"总祠标祀的日期,自古以来定于每年古历的三月初三。这是因为唐代贞观二十二年(648)的三月初三,汪氏显祖越国公汪华因病逝世于长安。所以每年到了"三月三"这一天,歙县十六族的汪氏后裔便会风雨无阻地聚集山泉寺,隆重举行全族总祠的祭祖仪式。山泉寺、总祠堂无疑是当时重要的汪姓宗族景观,大量的宗族仪式都会在此进行。在同一地点,定期举行各种宗族仪式,必然唤起族人宗族认同感并得以巩固,有助于"十六族"、各家族间的整合与

---

[1]　姚邦藻等主编:《汪世清谈徽州文化》,北京:当代中国出版社,2004 年。

团结,维护社会秩序的稳定;同时宗族仪式亦使得汪氏族人的传统和记忆代代相传。这是一种类宗教社会功能的宗族社会功用。仪式的景观载体山泉寺也在这一次次的仪式中,被族人赋予宗族性与神圣性。

(三)儒学传统

徽州地区的儒学色彩浓厚,"十家之村,不废诵读"[①],宋代以降,徽州人以程朱故里自居。当地重视儒学与教化,学堂发达,唐模科举入榜者众多,清末唐模有"一村三翰林"的佳话,特别是许氏祠堂中供奉的许翰林,为村中人所津津乐道。

在中国古代,社会名望排列顺序依次是士、农、工、商,"万般皆下品,惟有读书高"。徽州虽重商厚利,但是最终还是以儒名为高,崇儒好儒,亦商亦儒。唐模商人外出经商致富之后,往往把重金投入宗族和村落的儒家教育之中,修谱牒,建祠堂,立牌坊,办学堂,办文会,日积月累,村落儒家文脉形成。

唐模东部的檀干园,有镜亭书法碑刻收藏,创建于清初乾隆年间,一共收集宋、元、明、清名家名作18件,当中有名垂中国书法史的北宋四大家苏轼、黄庭坚、米芾、蔡襄的多幅精品,选品极精,刻工极佳,在徽州古代的书法碑刻中占有极为重要的地位。这里也成为文人墨客相聚的重要场所。唐模许氏在这里成立了许氏文会馆,常年招待文人雅士、画家墨客。

在唐模,人们生活比较富裕,儒商众多,生计、经济上的压力不大,子弟教育具有较好条件。唐模汪姓、许姓均在祠堂中设有学堂,

图8-1　檀干园中的蒙童馆场景展示

---

① 《新安歙北许氏东支世谱》卷三。

请来教书先生教授儒家经典。唐模村在清代被誉为"翰林村",曾出现同胞兄弟同为翰林的现象,分别为唐模许氏家族许承宣、许承家,分别于康熙十五年和康熙二十四年考中进士,被康熙皇帝钦点为翰林,御赐恩准建起"同胞翰林坊"。在当时兄弟俩同时考中进士十分罕见。第三位翰林许承尧,于光绪三十年(1904)中进士,入翰林,成为"末代翰林"之一,晚年返回家乡,著述终老,著有《歙县志》等,成为著名方志学家、诗人、书法家,他的作品成为窥探歙县及唐模当时状况的重要资料。学堂、牌坊的出现,与宗族势力、徽商经济的支持密不可分。

明清以来唐模古镇的徽商经济、宗族势力以及崇儒思想构成了村落文化的三大要素,也成为村落景观布局的文化内核。三种力量共同交融、互相支持和转换,成为唐模人提高自己生存能力和社会声望的重要依托。

三、主要景观

(一)自然风景

唐模地处山间河谷平缓地带,具有山林与稻田、河流与土地交相辉映的特色。农田里出产水稻、油菜等作物,山上则有竹林、茶树、油茶等林木,村中又有成百上千年的银杏树、樟树等古树,这些不仅提供了村人食物来源,而且在不同季节形成不同的美丽风景。尤其是春天3—5月份的油菜花,与整个徽州地区的油菜花连成一片,漫山遍野都是金黄色,吸引了众多游客。丘陵上栽种的大片茶园,茶叶公司新建的茶博物馆,也为唐模增添了不少风景。

穿村而过的檀干河,使得村落具有了山地水乡风貌。清末学者许承尧曾如此描绘村景:"喜桃露春浓,荷云夏净,桂风秋馥、梅雪冬妍,地僻历俱忘,四序且凭花事告;看紫霞西耸,飞布东横,天马南驰,灵金北倚,山深人不觉,全村同在画中居。"

村中古树众多,村人特别重视的是一株逾四百多年的古樟树和千年银杏树,它们已经成为带有信仰色彩的崇拜对象,或者与古老的家族记忆联系起来。古樟树位于檀干园边,树端下部中空,历经沧桑,据称电视剧《天仙配》中为七仙女和董永做媒的槐荫树就是在此拍摄。村人和游客在树上挂满红色布条，祈福平安。

图8-2　系着红布条的古樟树

图8-3　古银杏树

　　村子中现存一棵千年银杏树，据说是五代时期，大唐越国公汪华的11世孙汪思立初定居唐模村时亲手所栽。村人传说，村落最早是汪华太曾祖父叔举建的，曾叫檀干村。据考证，公元923年，汪华的后裔汪思立迁回故乡，用八卦堪舆之术卜宅而居，相中了山泉寺对面狮子山下的这个村子。狮子山上有太祖叔举曾经种植的银杏树。汪思立在几处地方种下了几株银杏幼苗，择成活处定居，结果中汪的一株银杏树长得特别好，汪思立于是率族人定居唐模，并繁衍壮大。到了明清时期，枝繁叶茂的银杏树成了汪姓宗族在村落中的重要象征。

　　这个有关银杏树的叙事文本给观众呈现出清晰的三点：(1)唐模为汪姓族人创建并定居至今，汪姓族人是唐模村最初的"原住民"。这似乎与当地学者考证出来的程姓为唐模村的最初的定居人群有冲突。在王明珂先生有关族群认同的研究与表述，华夏借历史记忆与失忆来凝聚、扩张，华夏边缘人群亦借历史记忆与失忆来成为华夏或成为非华夏①。在唐模村汪姓族人的口述故事中,他们通过传说故事与历史记忆,塑造了汪姓作为唐模开基始祖的想象认同。(2)唐模汪姓族人居住的地方,背靠种满银杏树的祖荫狮子山,并且是先人卜宅而居,这于传统社会的观念中,奠定了其在此的合理性与合法性。(3)通过银杏树与定居的故事,确定了唐模汪姓是汪华的直接后人。汪华被认为是"徽州人文始祖"、"古徽州第一伟人",唐、宋、元、明、清,历代都受到追封,汪华为忠君爱国的忠烈公,受人爱戴,在民间也被逐步神化。这种与历史人物勾连的想象叙事,反映了英雄祖先的历史心性②。

根据唐模汪氏族人的说法,这株银杏树与汪氏族人是一同落户、扎根唐模村,随着汪姓宗族在唐模的壮大,银杏也开枝散叶,蓬勃生长。银杏成了枝繁叶茂的古木,唐模汪姓一族也成为当地望族。当地村民,特别是汪氏把大量的宗族活动和宗族仪式安排在银杏树前举行,他们认为银杏树具有超自然力量,这种超自然力量表现在两个方面:一方面他们认为银杏树与宗族祖先具有同一性,或者说银杏树成了汪氏祖先的象征,因而具有神圣性,族人把宗族活动安排在银杏树前,希望得到祖先的指示或是庇佑;另一方面,当地的乡规民约对银杏树有严格的保护规定,村人不可以随意伤害树干树枝,不可打摘银杏树的果实,只可以捡掉落地上的银杏果,人们认为,老树掉落的银杏果能治百病,甚至能延年益寿。

(二)建筑古貌

唐模古建筑主要包括古寺、祠堂、古民居、翰林府、驸马府等,以明清时期建筑为主。

1.太子庙与汪公崇拜

前文提到的银杏树具有承载汪姓族人祖先记忆的功能,也是汪姓族人进行祖先崇拜及其他祭祀活动的场所,银杏树边又建起了汪氏宗祠、太子堂。宗祠负责宗族事宜,太子堂则供奉汪华长子汪建。徽州人最初祭祀的只是汪王庙或者忠烈庙的神主汪公大帝汪华,后来因为民间感恩汪华而推

---

① 王明珂:《华夏边缘——历史记忆与族群认同》,北京:社会科学文献出版社,2006年。

② 王明珂:《英雄祖先与兄弟民族——根基历史的文本与情境》,北京:中华书局,2009年。

广及于他的儿子，逐渐流行一种祭祀汪华儿子的民俗，那就是"太子祭会"、"太子庙会"。汪华生有九个儿子，他们都曾受到晋封和供奉。按照徽州俗谚的说法："一二三太子，四五六诸侯，七八九相公。"徽州各个村落通过相似的太子庙或太子堂，祭祀不同的汪华之子。"每个村落都祭祀汪华的某一个儿子，形成各个村落不同的祭祀圈。但又有共性，都属太子会。"[①]唐模太子庙供奉的是汪华长子。村落庙会的时间在每年的正月十八与秋收过后的一天，祭祀的对象为汪华、汪建，场所就在太子庙和银杏树前，清末翰林许承尧有诗描述当时的场景：

图 8-4　太子庙神像

> 浩气塞天地，邹孟语绝精。越国出新安，吾感同峥嵘。
>
> 井水处处祠，箫管年年声。遗民讴且思，深厚千载情。

2. 许氏祠堂

村落中的另一大姓为许姓。许姓在北宋年间从旁边许村迁入。据《许氏族谱》记载，郡北许村的许桂一、许桂二兄弟两因父母双亡，于是投靠家住唐模的姑父家。经过几代繁衍，许氏比当地的汪、程、吴三姓人丁更为兴旺，成为唐模的大姓望族。到了明代，许氏势力鼎盛，开始在村中建祠堂。许承尧所作的《歙县志·风俗》有云："邑俗重宗法，聚族而居，每村一姓或数族，姓各有祠，分派别复祠。"许家大祠堂，即"许氏宗祠"，亦即"承恩堂"，族人称为"荫祠"，因为在中心水街的下段，村民多称"下祠堂"。它初建于明代洪武年间，在清代经过重修。祠堂十分宏伟，规格很高，整座祠堂三进七开间，前后由 32 根大青石柱支撑而起。宽至数米的甬道从大门前面石板平坦开始，

---

① 唐力行主编：《国家、地方、民众的互动与社会变迁》，北京：商务印书馆，2004 年。

纵贯而入祠堂之中,中间分为双甬道,由石阶拾级而上,闯过二进通往后殿。祠堂纵深三进,第一进是"仪门",俗称"大门厅";第二进是"享堂",也称"正堂"或"大堂";第三进是"寝堂",又称"寝殿"。三进均为七大开间。整个许氏宗祠占地面积3000多平方米,大门外排列着8个竖立旗杆所用的石墩。可惜现在除了后厅,其他皆以损坏坍塌,其遗址仍显示出大祠堂的宏伟气势。

图 8-5　村落
中间溪流为檀干溪,有门楼的建筑为尚义堂。

　　唐模许氏家族除了村头这个许氏大祠堂,村中还有三个小祠堂,分别叫做"骏惠堂"、"继善堂"和"尚义堂"。翻阅许氏族谱,四个祠堂来历分明,等级有序。唐模许氏始祖许绍祖(即许桂二)生有三子:应一、应二、应三。应三出继本村程氏,应二30岁早卒。应一则生有二字:丙一、丙二。丙二又出继岩寺闵氏,丙一则生二子许嘉、许庆。许嘉分居下门,建有"承德堂",后来成为家庙。许庆分居上门,建有"承恩堂",族人称为"荫祠",即许氏祠堂。许庆生有福荫、善荫、积荫三个儿子,积荫早卒,福荫建了支祠"骏惠堂",而善荫的长子绵童则建有"继善堂",善荫的次子辛童则建有"尚义堂"。所以,四个祠堂之中,各自的地位不同。"承恩堂"即"许氏宗祠"为总祠,其他三个为支祠;三个支祠之中,"骏惠堂"为叔,"尚义堂"和"继善堂"为侄。总祠支祠古来有序,建制严格。总祠设有"祠总"一人,掌管祠规、祭祀、田赋,即总揽祠务。三个支祠,通常称作"三厅",在总祠统辖之下,各设厅长一人,均由各厅之中、辈分最大、威望最高、公正无私而能办事的人担任。

关于三厅的不同,唐模父老口耳相传留下三句话:"草鞋芒履骏惠堂,摇摇摆摆继善堂,穿靴戴顶尚义堂。"这三句话简单形象地反映出,传统社会中三座祠堂所属族人各自不同的人生模式和社会地位。三厅之中,相对而言,骏惠堂经济状况不佳,社会地位不高,是座平民百姓的祠堂;继善堂经济状况最为优越,是一座富商大贾的祠堂;而尚义堂的社会地位最高,族人多有官位,是一座士子官宦的祠堂。所以骏惠堂的位置处于村落北部相对边缘的地方;而继善堂、尚义堂则各自坐落在靠近水街和村落中心花戏坦的位置上。在祠堂的建筑造型方面,以农为主的骏惠堂相对就显得朴实简单,以商为主的继善堂便讲究构建的规模和装饰的华美,以官为主的尚义堂则特别营造成一种肃穆和庄重的氛围。

祠堂不仅仅是族人活动场所,更是宗族力量的重要载体。清明节祭祖为祠堂最重要的仪式活动。另外,祠堂也是家族处理族内纠纷,以及为族人提供支援的场所和组织。尚义堂的许氏老人提到关于"开祠堂门"的规则:

> 我们许家如果儿子媳妇对公婆不好(就会在祠堂商讨处理)。我家就有,清末的时候,我们一个姑婆死掉了,嫁到江村那个,上吊死的。我爷爷在唐模祠堂开门,"开祠堂门",去的100多人,一起去江村讨说法。嫁出去的女儿受到虐待死了,我们宗祠就要"开祠堂门"。祠堂门平时是不开的,祠堂不是在祭祖的时候,一般是不开门的。

许姓家族祠堂基本都分布在檀干河南岸,而汪姓则占据北岸,两姓大致隔河而居。许氏四座祠堂均位于南岸,太子庙、汪氏宗祠则在北侧。明清以来,随着许氏势力日升,许家官商渐多,许家更多地把持住了唐模村的地方权力,成为唐模第一望族。村落的节庆活动也开始逐渐均集到北岸的花戏坦,太子庙和银杏树前的石坦渐渐衰落。许家士人乡绅掌控了唐模村的政治权力,商量宗族事宜的宗祠也逐渐成为商量村落事宜的重要场所。

(三)园林古韵

唐模既有田园风光,又有亭桥古韵,被称为"中国水口园林第一村",形成了以水口、亭台、古桥、池湖为主的园林景观。

村子东首入口的标志是一座青石构筑的三层亭子,名为"沙堤亭"。始建于明代正德年间,清代康熙年间重修。上下共三层,中空,上有回廊,四边有虚阁,每层四个角,当地人也把它称为"八角亭"。亭子并不是用作登高望远,而是村子的水口亭、风水亭,为水口园林的入口。水口是风水学词汇,指水流的入口和出口,"藏风聚气,得水为上,故谓之风水。""气之阳者,从风而行,气之阴者,从水而行。理寓于气,气囿于形。"①古人建寨特别注重水口,民间认为水主财,因唐模村中间有溪流,又是商贾驿站,因而村人对于水口非常讲究。亭上东西两面各有一方匾额:东面匾书"沙堤",西面额题"云路"。村人介绍说:

> "云路"的牌子朝着村子里,每次出村抬头就能看见。"云路"嘛,就是祝福、祝愿我们村子里的人过了这个牌子,踏出这个亭子以后,不论是做生意的还是读书赶考的,都能平步青云,一路高升。"沙堤"就更有意思了。"沙堤"牌子是冲着村外的,他乡回家的游子回来第一眼看到家的方向就是这个牌子。游子衣锦还乡、荣归故里,在外经商、为官的人逢年过节回家,村里族人会把黄沙铺在道上,以示欢迎。

村子西端第一座横亘于檀干河上石桥,俗称"石头桥"。石桥中间不立桥墩,两端直接架于南北两岸。桥身由3块等长的青色茶源石石板拼成,桥面与两岸石板路面齐平,浑然一体成为车马坦途。小桥历经两三百年风雨冲击和车马压踏,至今仍坚固平稳。"石桥头"与"八角亭"分别标志着古村落的两个出入口。

花戏坦是古时村落的经济、文化中心。住在花戏坦附近的一位汪姓村民回忆到:

> 以前秋收过后,请那个戏班子,到这里演戏。解放前一直都有请戏班子到这里来演出,就是这个坦,我对面这个。就是那个空当,(尚义堂和咖啡厅)之间那个空当。原先是用鹅卵石铺的,后来分田到户的,人家门口就搞了水泥,原来是鹅卵石。解放前那时候,我们小时候放电影都在那。原来最早的时候,演戏的时候,河里面还要搞木板铺起来。摆点点心啊之类的东西,可以边吃边看。以前演戏要演好长好长时间,是要一两天的,当时周围的村庄(的村民)到这里来看的。有人在河面上买这个吃的,有各种零食,也有小摊做热腾腾的面条混沌,很热闹。

---

① (晋)郭璞:《葬书》,《文渊阁四库全书》第八〇八册。

　　檀干园是唐模最有名的园林，位于檀干河下游北岸出村处。传说唐模的檀干园是由清初唐模许氏富商仿照西湖景致建成。大部分古迹已经毁坏不见，后来在 20 世纪 90 年代重修起来，"檀干园"三字由原上海博物馆馆长顾廷龙先生题写。园中有西湖特的"三潭印月"、"白堤"、"玉带桥"等景观，亭台楼阁、水榭长桥，湖心有"镜亭"，与湖岸一桥相连。亭柱楹联刻许承尧之作："春桃露春浓，荷云夏净，桂风秋馥，梅雪冬妍，地僻历俱忘，四序且凭花事告；看紫霞西耸，飞布东横，天马南驰，灵金北倚，山深人不觉，全村同在画中居。"

　　唐模溪上原有十座古桥，其中最为宏伟的是中间的高阳桥。高阳桥为廊桥式建筑，廊房现已改建成茶室，茶室面朝西的部分为窗子，东面为墙，墙上挂有一木匾，中间书"亲见七代"四个大字，从右至左，题头为"品三太翁德配叶太母"，落款为"□世再侄柏文蔚拜题/中华民国二年元月穀旦"。根据牌匾内容，应是柏文蔚题赠给本村高寿老人叶氏祝寿之用。柏文蔚为安徽寿州人，时任安徽都督，与唐模村许承尧交好，曾聘请许承尧任省铁路督办等职。

（四）景观的延展与想象

　　唐模是明清时期驿道上的一个村落，它通过盐茶等商贸贩运，不仅为村落和各家族积累了经济资本，而且与整个徽州商道、中华帝国、甚至当时的国外世界联系在一起。包括唐模人在内的徽商通过驿道进行商贸交通，"通过盐业生意，完成了资本的积累。其活动范围东抵淮南，西达滇、黔、关、陇，北至幽燕、辽东、南到闽、粤。徽商的足迹还远至日本、暹罗、东南亚各国以及葡萄牙等地。"[①]此外，他们还将深受外国人喜爱的茶叶与丝绸等货物通过徽歙古道运往浮梁景德镇，最终通过海上丝绸之路运往欧洲。

　　驿道一端始发自所属徽州府的歙县县城，另一端到达江西省浮梁县。浮梁县是一座历史悠久的古城，亦是历史上一座有名的商城，辖内景德镇更是国内通往海上丝绸之路的重镇。唐代诗人白居易曾叹"商人重利轻别离，前月浮梁买茶去"。当时的唐模徽商，有一部分就是通过这一驿道，运送茶叶丝绸等商品至浮梁进行贸易交换，这些货物最终通过海上丝绸之路，运往

---

　　① 　张静：《文化与徽商兴衰浅谈》，《滁州学院学报》2006 年第 2 期，第 79 页。

东亚、东南亚各国,乃至西欧各国。

崇儒重教的传统也表明了唐模对于中央王朝、中原文化的想象。唐模村落中的学堂私塾,建立了通往仕途的道路基点,村中的同胞翰林牌坊,是中央王朝通过恩赐的建筑将中央话语植入地方的一种表述。

此外,村落中的宗族往往是外部更大宗族的一个分支。通过人们的族谱修纂、宗族祭祀、祖先追忆、汪公崇拜等活动,族人建构起自己对于同宗氏族的认同与互动。美国家族史专家古德在《家庭》一书中指出:"在中华帝国统治下,行政机构的管理还没有渗透到乡村一级,而宗族特有的势力却维护着乡村的安定和秩序。"[①]在这样的乡村自治,或者说"乡村绅治"[②]的传统社会环境下,家族祠堂维护着本族本村的秩序,同时也守护着中央的秩序。

此外还有"沙堤亭"。1991年,安徽省人民政府为了感谢北京人民对安徽省抗洪救灾的援助,仿造唐模这座水口亭的独特设计造型,复制了一座精致的"八角亭",亭额题为"风雨同舟",赠与北京市人民政府,安放于陶然亭公园之内。作为传送情谊的形象大使,唐模的沙堤亭进京落户,当地人骄傲地认为,这可以算得上是徽派建筑史上的佳话,因此村人通过沙堤亭,在想象中也与北京城联系起来。

(五)唐模茶厂

根据村里老人回忆,1958年,村民在合作社的带领下开始在山地种植大片的茶园,并建设了国营茶厂,归歙县管理。茶厂是由原来的翰林院故居改造而成的,茶厂工人主要就是本村的村民。到了20世纪八九十年代,随着改革开放包产到户经济政策的推广,集体经济也逐渐式微,茶厂也渐渐没落。现在,一部分茶园和一些原先的场地租给了黄山谢裕大茶叶股份有限公司。谢裕大公司正在附近修建一个大型的茶叶博物馆,将茶叶生产、制茶手工艺、茶叶品尝等展示给合作伙伴或者游客,博物馆计划于2016年9月落成。届时唐模又将增加一处崭新的文化景观。

---

① 威廉·J·古德著,魏章玲译:《家庭》,北京:社会科学文献出版社,1986年,第166页。

② 吴理财:《民主化与中国乡村社会转型》,《天津社会科学》1999年第4期。

四、景观保护与旅游开发

　　唐模村景观资源丰富，交通便利，距离歙县古城仅有 10 公里路程；距徽州区政府所在地 5 公里，黄山市中心 20 公里，距离合肥到黄山的高速公路最近出口 2 公里。2015 年 8 月，当时被称为最美高铁的合福高铁开通，唐模村距离高铁黄山站和歙县站均只有十几公里。2000 年 11 月 30 日在澳门召开的第 24 届世界遗产委员会会议决定，将徽州的西递、宏村列入世界文化遗产名录，唐模村也被列为"世界文化遗产"扩展项目。依托于便利的交通、世界遗产地黄山、徽州古村落文化遗产，唐模村顺利走上了旅游开发之路。

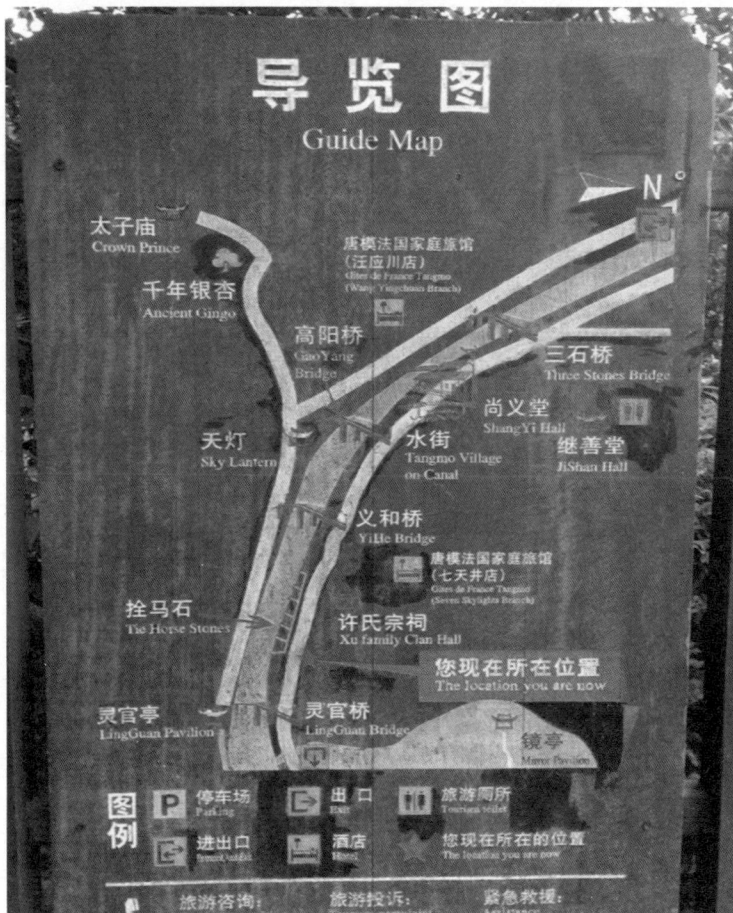

图 8-6　刻于木牌上的唐模村导览图

（一）"百村千幢"工程

在村中，经常可以看到一些古建筑上挂着"百村千幢古民居"、"农村危房改造工程"等字样，这是近几年当地市政府对于古村建筑保护工作的一些规划。

中共黄山市委办公厅、黄山市人民政府办公厅于 2009 年 11 月 5 日印发《黄山市"百村千幢"古民居保护利用工程实施方案》，"在黄山市境内选择 101 个古村落和 1065 幢古民居进行保护性利用。"[①]因此称为"百村千幢"工程。其中古村落和古民居选取标准和保护内容是：

古村落选取标准（以自然村为单位）：已列入世界文化遗产地的古村落；列入国家级、省级历史文化名镇名村的古村落；1911 年以前形成的自然村，徽派古建筑占整个村落建筑总数 10% 以上，现存文化遗产比较丰富和集中，能较完整地反映某一历史时期的传统风貌、地方特色、民俗风情，具有较高的历史、艺术和科学价值的古村落。

古民居选取标准（以单体古民居为单位）：已列入各级文物保护单位的古民居；黄山市境内建于 1911 年以前，未列入文物保护单位但具有历史、艺术、科学价值的民宅、祠堂、牌坊、书院、楼、台、亭、阁、塔等民用建筑物；经市文物部门认定具有特殊价值的古民居，年限延长至 1949 年。

古村落保护内容有：

（1）编制古村落保护利用规划，保护村落的空间形态、平面格局等传统的肌理，延续古村落的风貌特色；

（2）保护乡村特色鲜明、风格独特的传统文化，保护村落古建遗址、道观庙宇、古宅园林、宗祠戏台等历史建筑；

（3）保护乡村古树名木、田野风光等自然生态环境，加强生态建设，加大对村落周边山体的植树造林及古村落"水口"生态环境修复；

（4）对古村落不符合徽派传统建筑风格的民居进行改造；

（5）对古村落原生态文化、风俗等非物质文化遗产进行抢救和保护。

---

① 中共黄山市委办公厅、黄山市人民政府办公厅：《关于印发〈黄山市"百村千幢"古民居保护利用工程实施方案〉的通知》，2009 年 11 月 5 日。

保护利用方式分为原地和异地两种。唐模村及村中多幢建筑已经被列入"百村千幢"工程，被挂牌并实行原地保护利用。而"法国家庭旅馆"二期则为从其他村落整体迁移过来的古民居，属于异地保护利用方式。古民居等建筑得到黄山市"百村千幢"工程挂牌后，由政府资助修护，村民不能再改造或者重建，因而对于村民的居住要求和开发农家乐的要求产生了影响。此外，"农村危房改造工程"也是类似状况，政府对核实的危房会给予一定资金补助，以恢复古民居风貌，但是住户不能改变样式或者翻修，以保证古村落整体风貌。目前许多村民因为拿不到住宅审批，多数都去县城买房子。经济状况不好、买不起新房的家户则出现了很多大龄未婚青年。

（二）新的景观符号

旅游除了重新发掘村落文化景观遗产资源，也将村落景观赋予新的符号和意义。旅游开发商在旅游宣传过程中，为了迎合旅游市场开发，选择性地开发或者增删一些景点，将村落历史记忆重新编写和解读，甚至"发明"一些传统，是比较常见的现象，这些新发明的传统最终甚至能够成为真实的村落记忆[①]。

以唐模的银杏树为例，银杏树与汪姓家族的祖先记忆密切相关，因而对于汪氏家族具有象征意义和信仰功能，但是旅游开发后，"千年银杏"被打造为景区重要游览景观之一，为了吸引游客，古树被赋予新的象征意义：

1. 银杏树宗族性象征弱化，在当地的旅游宣传中，它被赋予新的神性。村落中的旅游宣传选择和叙述了这样一个故事：

> 有关银杏树，当地有一则神奇传说故事。这株银杏的根伸展极远，休宁县万安镇一户姓黄的人家，厨房灶后有条木凳就是它的树根。平时他家都很爱护，但是有一天，小孩劈柴烧饭，一不小心劈破树根，顿时树汁渗出鲜血。不久黄家女主人大病一场，寻医问药，不见好转。无奈之时，有位白发老翁路过门前，讨水解渴，黄家主人热茶招待。老翁听见房内病人呻吟，便掏出药丸交给主人，说是管保药到病除。主人心存感激，请问老翁"尊姓大名，家住何处"，说等病好之后一定上门致谢。老翁笑道："我姓白，家住唐模中汪。"说罢出门远去。黄妻服药之后，不

---

① Hobsbawm，Eric．& Ranger，Terence，（eds.）*The Invention of Tradition*．Cambridge：Cambridge University Press，1983．pp.101-164.

到半月,完全康复。黄家满怀感激之情,来到唐模,寻遍中汪,不见姓白老翁,抬头望着这颗千年白果树,恍然大悟,知道老翁就是白果树的化身。

通过这个传说故事,银杏被拟人化和重新神化。旅游公司还在银杏树旁边做了一个神龛,墙上画着一位白髯白须、仙风道骨的长者盘腿端坐。导游会在介绍中有意无意提及这是一颗神树,让游客产生千年古树修炼成人的想象。

图 8-7　银杏树旁边的神龛

2. 公孙树与孝的符号。银杏树在旅游中被演化为孝的象征与代表。银杏属于高大落叶乔木。因为银杏的果核呈白色,所以这种树又称为白果树。因为这种树从幼苗培植到大树挂果需要数十年时间,这就意味着祖辈种树,孙辈才能尝到果实,所以民间通常又称为"公孙树"。当地村民有诗云:"公孙树下孙养公,公公长寿孙儿荣。银杏树下观此景,当念家中有老翁。"因此,在旅游开发中,逐渐演化出孝的符号。若有小孩跟随父母的游客,导游都会提醒此为公孙树,小孩应时刻感念父母长辈的养育恩情,受到父母游客的喜欢。

3. 长寿的象征。银杏树被誉为活化石。银杏是现存种子植物中最古老的孑遗植物,最早出现于 3 亿多年前的石炭纪,被称为当代植物界的"活化石"、"大熊猫"。唐模村的银杏,据汪氏宗族文献记载为唐代植下,至今矗立不倒,已经经历了 1200 度春秋冬夏,在不同的宣传介绍中,被赞誉为"东方人文圣者"、"徽州第一长者"、"唐模历史的见证者"等等。在唐模最初开发旅游的时候,银杏树被宣传为"长寿"的象征,鼓励游客祈福添寿。

4. 求子。唐模银杏树干中间空出一大块树洞,年深日久树洞上方长出了一个巨大的树瘤,树瘤悬于树洞上方。导游和游客讲解银杏树时候,会让游客观察树洞中的树瘤,提示游客树洞外形像不像胚胎,而倒挂着的树瘤则形似胚胎中的婴儿。银杏树边一位卖银杏果的老人,讲述了这个树瘤的来历:

老人：银杏树很老很老了，结的果子很有营养，老树的果子和普通的白果不一样。你看，导游说那里像怀胎的小孩。

问：嗯，是有点像。是一直都这样吗？

老人：不是的呢，原来不这样。好像就是几年前，有什么专家来看树，然后在上面弄了一下，后来才这样。后来长着长着就下面出来了（指长出树瘤），树本身很灵，大家有时候也会来拜拜，后来有个女人，结婚好久咯，一直没有（生育），也来拜，结果就怀上了。

问：这个女的是谁？我们村的吗？

老人：不是的呢，外面的，外面村的。很灵，外面村子也来求。后来她来还愿，谢谢老树。还愿的时候发现，这棵树中间长得就很像，很像怀小孩的。你看，倒挂着个孩子嘛，下面是头，上面是身子，弯着。前一两年更像呢。所以，就越来越神了。

问：很多人来求子吗？

老人：会有一些。你看，有些游客也拜拜求啊。

老奶奶谈及的"有什么专家来看树，然后在上面弄了一下"指的是1998年的时候，北京园林专家对老树的保护、嫁接工作。当地文人对此事也有详细的记载。

1998年4月8日，桃红柳绿，莺歌燕舞，东风万里，春光明媚。北京园林局专家、年逾花甲的丛生先生，与市林科所的赵德铭先生一行，在考察黄山迎客松生长情况之后，就满怀对生命的关切直奔徽州区唐模村，为宗汪唐代银杏进行了现场检查会诊。丛先生环绕古树细细察看之后，抬头审视良久，突然情不自禁，抚树唏嘘流涕："稀物，稀物也！"作为全国知名的园林专家，在丛生先生心目当中，这样的古树不仅是具有生命的景观资源，能为人居环境添彩，给人以美的享受；而且还是极其珍贵的自然科学研究资料，还是无法估价的人文历史专著。丛生先生为能在唐模这个文化古村见到如此珍稀的银杏古树而兴奋异常，又为古树的生命垂老、日趋枯萎而深感忧虑。他当场就与有关方面人士研究保护措施和扶植方案，商议之后当即决定，即刻拆除钢筋水泥护栏，拆迁附近猪圈牛栏，清除古树周边杂物，浅松土，施培上注意防止异花授粉。老先生现场掏出1000元钱，表示要为古树护养捐款，在场的村民非常感动，如何肯收先生的捐赠？第二天，根据丛生先生的嘱托，赵德铭先生再次赶到唐模，领着村民在古树旁边种下3株直径3厘米的小银杏树,将银杏小树的树干嫁接在银杏古树之中,老小 4 株银杏联结一体。采取这种异体嫁接输养技术,意在通过幼树为古树实现体外输养。又一次令人庆幸的是,专家精心设置的异体嫁接输养方案,10 年来已经创造了奇迹般成效。成活的 3 株小树日益茁壮,古树上方濒临枯萎的南枝,得到幼树养料补充,完全恢复生命活力,整株古树一切正常,风采依旧!人们赞赏专家的科技杰作,人们感激专家的功德无量。

超乎人们预期的是,异体嫁接输养技术,不仅焕发了唐代银杏的生命活力,而且赋予这一独特景观以独特的寓意:"名本公孙名,形即公孙形。携幼亦扶老,公孙总相亲。"居住在银杏树附近的一位学长吴德埔先生,目睹如此奇特景观,心中深有感触,曾经赋有小诗一首,诗云:"公孙树下孙养公,公公长寿孙儿荣。银杏树下观此景,当念家中有老翁。"诗句贴切景观特征,同时由物及人,富有哲理情思,对此奇景新意而言,可以称为点题之作。①

(三) 法国家庭旅馆

2009 年,安徽省旅游集团与法国弗朗什孔泰大区合作,在唐模村开发了"法国家庭旅馆"旅游项目。第一期"法国家庭旅馆"以唐模村中一栋保存较为完好的徽派古民居——汪应川故居改造而成。于 2012 年 2 月 14 日注册为"唐模国际乡村酒店"。汪应川故居为'百村千幢'工程挂牌的古民居。

2013 年 12 月,第二期"法国家庭旅馆"以"七天井"为名,将 10 幢徽派古民居异地迁建至唐模村西侧,并同时在附近新建了 4 幢仿古徽派民居,构造出唐模村的徽派古民居建筑群。安徽省旅游集团认为,"法国家庭旅馆"是西方现代古民居开发与保护理念的产物,对作为徽州传统村落的唐模来说是先进和值得追求的,可以扩大唐模村在国内外旅游市场上的知名度。唐模村"法国家庭旅馆"旅游项目杂糅了对法国浪漫异国情调的想象和传统徽州古民居建筑两种意象。

村人对于"法国家庭旅馆"的看法各种各样,不一而同。法国家庭旅馆虽有法国其名,实际上不管是经营主体、建筑形态还是内部装修,都是完全遵循徽派古建筑形貌保护来做的,在古民居保护方面确实起到了很好的效

---

① 汪大白:《和谐风情画廊——唐模》,合肥:合肥工业大学出版社,2011 年,第 49～50页。

图 8-8　法国家庭旅馆二期"七天井"建筑之一

果,法国之名却让其变得有点不知所以。有的村民持赞同的观点:"法国比较会搞家庭旅馆嘛！这个也是学习经验。旅游公司搞得比较好,环境治理得很干净,对我们村整体面貌都有提升。"有的人则持嘲笑态度:"那个是叫'百村千幢'的资金,把老房子保护好。……其实法国人一分钱没有掏。他是利用法国人当招牌,说学习法国人的经营理念,做得像乡村别墅一样的。实际呢他做的房子都是中式的,房间装潢也是中式的,没有啊,有什么理念。一道法国菜也没有。……开了两个宣传会,法国人过来剪彩。"

随着时间的推移,村民开始逐渐接受"法国家庭旅馆"的存在。他们有些也开始模仿法国家庭旅馆的经营模式,利用自己家的房子,把外表修整改造为传统徽派民居样式,内部修建成一间间独立的宾馆式房间,以经营农家乐和民宿。"法国家庭旅馆"二期"七天井"前的广场现在也有很多村人闲暇时过来进行各类休闲娱乐活动、看露天电影。唐模景区定期组织的民俗体验活动也会在此举行。

（四）农家乐

唐模现在共有 8 家农家乐,第一家"许记农家乐",开设于 2004 年,经营者是一对和蔼开朗的老年夫妻。其余多是从 2015 年高铁修通后开始营业的,有"迎合居农家乐"、"徽味农家乐"、"银杏别苑家庭旅馆"、"明珠土菜馆"、"洪记农家乐"、"五妹土菜馆"、"画中居农家乐",外加"邂逅唐模"咖啡吧,均分布于檀干溪两侧的民居中。

农家乐以制作徽式菜肴和本地农家土菜为主,仅有两三家可以住宿。唐模作为 5A 级旅游景区,向游客收取门票(80 元),来唐模旅游的游客,不管是团队游还是散客,都以观光为主,住宿的不多,以写生和调研的学生为主。现在,原先的茶厂也准备改造为青年旅社,以招待这些学生游客。

农家乐供应的本地特色菜有:毛豆腐、笋干、土鸡、臭鳜鱼、腊肉等。毛豆腐是豆腐经过发酵制成,表面长有一层寸许白色绒毛(白色菌丝),因而被叫做毛豆腐,是徽州地区的特色菜。吃的时候现煎,蘸酱来吃。除了农家乐,也有一些小摊贩在茶厂附近的商业街售卖。臭鳜鱼又俗称"腌鲜鱼",腌鲜在徽州土话中就是臭的意思。鳜鱼经过腌制发酵,有一股臭味,吃起来却有香味。这两款菜最有地方特色,但是外地的游客却经常不敢问津,因而仍以笋干、青菜、土鸡、鲜鱼等菜为主。

"画中居农家乐"老板姓汪,自 2015 年 7 月 24 日开始营业。他的餐馆取名表达了他对自己村落和文化的热爱。他的大门上挂着黑底金字木刻的一副对联:"鸟度屏风里,人在画中居",横批即是农家乐的名字"画中居"。关于这个名字的解释,他是这么说的:"我在十多年前看电视的时候,看到这样一首诗,'人行明镜中,鸟度屏风里'①,特别喜欢,就把它记下来了。我们村的翰林许承尧又写过一句'山深人不觉,全村同在画中居',是说我们这个村子像画一样漂亮。所以我开农家乐的时候,就特别想用'画中居'这个名字。就把它们组合成这副对联了。"汪老板的儿子在杭州亲戚家经营的面馆工作,非常忙,不常回来,但是他利用因特网帮父亲开通了网上页面,游客可以通过网上预定。预定好了儿子就会给父亲打定话,告诉他在哪里什么时候接客人。年轻人利用新的信息技术将这个村子与外界连接起来。

唐模的农家乐在村委会和旅游公司规划下,统一安装了刻有店名的菱形木制广告牌,还在大门口或者院墙上插上黄色的写有店名的幡旗迎风招展,有的门口增加了遮阳伞。村里的环境卫生由旅游公司统一请人打扫和整治,村里所有人的新农合医保也是由旅游公司出资购买。所有的农家乐老板去年都参加了一个农家乐经营者的大会,与贵州、云南等地的经营者交

---

① 李白游池州(今安徽贵池)时所作,全诗为:《清溪行·宣州清溪》:"清溪清我心,水色异诸水。借问新安江,见底何如此。人行明镜中,鸟度屏风里。向晚猩猩啼,空悲远游子。"

流，交了 300 元会费加入了农家乐协会，协会为每个加入者制作了不锈钢的授牌，上面画着黄山的抽象形象，用中英文写着"黄山市农家乐·民俗客栈协会"，"Bed & Breakfast Association，Huang Shan"。

农家乐经营者对于旅游公司整治环境卫生比较满意，认为帮助他们提升了形象；但是对于不准翻修房屋的规定表示不满，认为影响了他们居住和经营空间的需求；对于收门票的规定也有意见，因为这影响了游客的数量及消费欲望，而且自己的亲戚来访有的时候也会被检票员挡在村外，很不合理。非经营农家乐的普通村民则对旅游公司意见更多。

（五）其他尝试

在继善堂，除了古祠堂建筑和精美的家具展览，还有精彩的黄梅戏演出，为旅游公司设置和承包出去的项目。表演者来自邻近地区，技艺精湛，爱好黄梅戏艺术，即使没有观众，也会常常自唱自娱，婉转动听。会唱黄梅戏的游客也可以上去自己表演，或者与演员共唱。游客特别喜欢《夫妻双双把家还》之类耳熟目详的曲目，参与性高。

尚义堂由许姓老人承包，制作本村原有的名人碑刻的拓片作为纪念品售卖给游客，自拓自卖。

景区西侧出村处，有青砖铺成的旅游商品街"徽州老作坊"，按丁字形排列的三排木头商铺。老作坊商业街是本地一个私人承包商投资修建的，本来是要展示和让游客参与本地特色手工艺制作，但是因为游客不常走到这里逐渐有些萧条。现在有些本地人承包了一些铺位，主要出售本地土特产如手工姜糖、笋干、菌类、干菜、文房四宝等，售卖毛豆腐、蓝莓汁等本地饮食。又修了简易的鲤鱼跳龙门、状元坊、金榜题名等雕塑，吸引要高考的学子和家长。在入口屏风处有介绍，配有油榨、水碓、造瓦、酿酒、铸釜五幅古代工艺图绘：

徽州老作坊

这里汇集了徽州古老的集体和家庭式作坊。作坊内所有加工设备都是按照古代的模式和原理设置的，制作工艺全是徽州传统手工艺。徽州老作坊在整体建筑上有着合理的功能布局和古朴的造型，主体建筑以木结构为主，充分利用青砖、古木和盆景、垂柳的搭配。这里汇集了徽州建筑的精华，体现了深厚的徽州文化内涵，更是对徽州一些传统手工工艺的挖掘和展示。走在这样一条仿古街道上，看着人们加工的忙碌,似乎又看见了徽商前期创业的艰辛。在徽州老作坊里展示了徽州农耕文化、手工制作坊等,各位游客可以参观并参与其中,体验徽州文化和徽州手工制作业的精髓。

五、结　论

村落的景观的形成与发展反映着村落的历史变迁。明清时期是唐模传统社会村落景观的定型时期,此时的唐模依托于村落中宗族力量、商贾的经济力量以及崇尚儒学与教化的力量,三方力量综合作用,形成了相对稳定的村落景观与空间结构。新中国时期,传统的宗族、徽商、儒家文化被迫退出历史舞台,以政治挂帅、集体主义为新的文化内核的村落景观打破、颠覆和更新了原来传统村落稳固的空间格局,新形态的村落景观形成。改革开放以来,特别是旅游开发时期,政治的力量慢慢退居幕后,隐而不显,商业资本的力量开始主导唐模村景观重塑。总而言之,唐模村的景观变化并非独立的自发的过程,它受各种社会结构与社会力量作用而产生变化。

同时,无论是传统时期的唐模村抑或是旅游开发情景下的唐模古镇,村落的景观都不是孤立存在的,它通过经济交换、历史记忆等方式,与外部世界密切相连。通过景观,勾勒出对异邦与历史的联想。

附录一

法国家庭旅馆宣传介绍[①]

“法国家庭旅馆”是法国乡村旅游的领军品牌。唐模法国家庭旅馆是安徽省旅游集团与法国弗朗什孔泰大区合作开发的国际乡村旅游示范项目,获得法国家庭旅馆联合会授权,这是该品牌首次在欧洲以外地区使用。

唐模法国家庭旅馆以弘扬徽文化为载体,突出徽派古建筑风格,庭院深

---

① 唐模景区官方网站,http://www.tangmocun.com.cn.

幽、静谧优雅，叠加现代元素，中西文化元素充分融合、相得益彰，格调品味高雅。借鉴和引进法国先进的古民居开发与保护理念以及家庭旅馆的管理模式，最大限度地满足国内外游客度假、休闲、餐饮、体验等需求。现有的唐模家庭旅馆有两家，均分布在水街边上。

汪应川店：由汪应川故居改建。汪应川（1908—1956），近代著名徽商，他亦儒亦商，在浙江金华、兰溪一带经商，同时在书法、篆刻和收藏等方面都有很深的造诣。汪应川故居占地面积 1200 平方米，内有院落，为清末徽派建筑，房屋小巧，前进为一厅二厢，后进为客厅、书房，属典型儒商富宅。店内有客房、餐饮、会议室、乒乓球室、书吧等。

七天井店：由 14 栋徽州古民居迁建改造，其中最大的一栋古民居程家大屋有七个天井，遂命名为"七天井"。程家大屋由歙县承狮村迁建，房主程百万为徽州著名商人，民国时期的上海地皮大王。程家大屋占地面积 694.74 平方米，建筑面积 1130 平方米，为清末徽派建筑，有七个天井，主屋为官厅家族房，后进中间为主人住房，左右五天井为家人住房、账房和私塾，属大户豪宅。店内有客房、餐饮、会议室、棋牌室、书吧等。

继善堂：唐模许氏家族的三大支祠之一。讲究建筑构造的规模和装修的精美，坐落在村落的东西中轴线上，占地面积为 510.27 平方米。内有影展、历代名家书法展，可喝茶、听戏、演出。

邂逅唐模酒吧：由徽州古民居改建，整体外观保持原貌。临街靠水。建筑面积 208.10 平方米。可喝酒、咖啡、品茗、看书、发呆。

附录二

唐模法国家庭旅馆新闻报道[①]

中外合作显高端品牌力量　为游客遴选最美的接待住所，让游客体验乡村度假别墅、居民别墅出租客房的魅力之旅，这是唐模法国家庭旅馆的核心宗旨。随着一批批中外游客入住及中外文化交流的深入，唐模法国家庭

---

① 《黄山晨刊》2015 年 8 月 12 日。

旅馆也日渐风生水起。

"法国家庭旅馆"是法国乡村旅游的领军品牌,唐模法国家庭旅馆是安徽省旅游集团与法国弗朗什孔泰大区合作开发的国际乡村旅游示范项目,获得法国家庭旅馆联合会授权,采用法国家庭旅馆联合会的品牌、标准和管理技术,共同在唐模打造法国模式的乡村旅馆,并获得"法国家庭旅馆"品牌在安徽省内推广的独立授权。

"以弘扬徽文化为载体,突出徽派古建筑风格,庭院深幽,静谧优雅,叠加现代元素,中西文化元素充分融合、相得益彰,格调品位高雅;借鉴和引进法国先进的古民居开发与保护理念及家庭旅馆的管理模式,最大限度地满足国内外游客度假、休闲、餐饮、体验等需求。"唐模景区负责人介绍,唐模法国家庭旅馆是中国第一家法国家庭旅馆联合成员酒店,同时也是法国家庭旅馆联合会品牌首次向欧洲以外的地区输出,完全符合法国家庭旅馆的技术标准,但外部环境的营造和内部设施的装饰设计与当地民俗文化紧密结合,突出乡风土韵,给人一种干净、简朴、舒适的感觉。唐模被很多业内人士称为"国际休闲度假小镇"。

古建保护利用显创新力量 粉墙黛瓦马头墙,古色古香古徽州,唐模法国家庭旅馆最大的特色之一就是对古建筑的保护利用。在唐模,通过采用异地拆迁、集中保护方式建造的 14 栋徽派民居建筑群如今成为游客品读徽文化的好地方。"我们在改建过程中保留了徽派建筑原有的格局,对通风、隔音、保温、空调、热水等服务功能进行改造,并注入法国浪漫风情。"景区负责人介绍。

唐模法国家庭旅馆的古建筑群主宅是被誉为"徽派民居典范"的程家大屋,又名七天井,从歙县富竭承狮村搬迁而来,占地面积 694.74 平方米,建筑面积 1130 平方米,未用过多的砖雕木雕装饰,但格局豪华大气。像这样的古建筑在唐模比比皆是,游客们一方面可以在这里了解徽文化,一方面也可以在这样的古建筑里享受现代生活。

旅游产品有特色力量 8月,徜徉在唐模的慢生活中,从酒吧的一场邂逅开始,单车追随溪水的清波,在清雅的继善堂品茶听歌,在徽州老作坊体验有趣的农事,古巷里,笔下丹青画出素淡光阴,在槐荫树下祈福,如今这些唯美浪漫的画面每天都在唐模上演,唐模的旅游产品也让中外游客流连忘返。

针对不同时节,唐模景区推出不同的特色民俗体验活动,吸引了大批游客,特别是联合省级媒体举办七夕相亲大会,形成上档次、上规模的特色项目;开展农旅结合活动,组织游客割稻子、挖山笋,拓展旅游产品内容。

针对高端消费者,唐模景区通过开展摄影大赛,组织中法文化交流等项目,让游客切实感受乡村旅游的温馨和厚度。

第 九 章

湖州安吉生态博物馆实践调查

　　人类学看问题，最重要的观照方法之一便是"整体观"（holism），人类社会中一个现象的出现，必定与其他多种现象相关联，不管是历时的还是共时的，生物的还是文化的，行为的还是心理的，生计的还是形而上的。由此，人类学常常被看做是一门整体性的科学。在人类学学科发展过程中，尤其是早期人类学尚未进入大学体系之前，博物馆曾经起到非常重要的作用。田野调查、博物馆和档案馆、教学，曾经被认为是人类学民族志的三大机制[①]，1840 年代到 1890 年代更被认为是"人类学的博物馆时期"[②]。人类学被认为是研究人的学问，具体而言，可以看做是研究具体地方的人怎样通过创造文化来适应自然的学问。1970 年代开始出现的生态博物馆，强调人、环境与文化的整体性，暗中契合了人类学的"整体观"；生态博物馆的实践立足于地方经验的多元性和"试验性"、"暂时性"（tentativity）[③]，而无统一的模式[④]，甚至

---

　　① Mauss, M., "L'ethnographie en France et à l'étranger", *Revue de Paris* 20, 1913, p.395. 转引自戴丽娟：《法国人类学的博物馆时代——兼论人类学物件之特性及实证人类学之建立》，《"中央研究院"历史语言研究所集刊》77.4,2006 年，第 636 页。

　　② Sturtevant, William C., "Does Anthropology need Museums?" *Proceedings of the Biological Society of Washington* 82, 1969, pp.622-624. 转引自戴丽娟：《法国人类学的博物馆时代——兼论人类学物件之特性及实证人类学之建立》，《"中央研究院"历史语言研究所集刊》77.4,2006 年，第 629 页。

　　③ Querrien, Max, "Taking the Measure of the Phenomenon", *Museum International*, 37(4), 1985, pp.198-199.

　　④ 毛俊玉：《生态博物馆只是一种理念，而非一种固定的模式——对话潘守永》，《文化月刊》2011 年第 10 期。潘守永：《"第三代"生态博物馆与安吉生态博物馆群建设的理论思考》，《东南文化》2013 年第 6 期，第 86～93 页。

其名称使用上也存在国际差异性①，又契合了人类学的"地方性知识"(local knowledge)理念。由此，用人类学的视角来观照生态博物馆在中国的在地化实践，深挖其经验教训，具有科学意义。

一、"在地化"：生态博物馆在中国遭遇的难题

"生态博物馆"(eco-museum)概念是由法国学者在20世纪70年代提出，作为一种"新博物馆"，它包含着"去中心化"，以地方经验为本，整体性生态保护等主要理念，这与人类学主张的"主位"(emic)观点、"本地人视角"(native point of view)、"整体观"理念相合。生态博物馆在全世界范围内已有400多座，但是并没有形成也不主张形成一定的模式，这与其去中心化的理念相关。总的来说，生态博物馆的价值和意义正在于注重地方特殊性、本土性、实践性，因而具有深刻的文化多元性精神。在各国生态博物馆的实践中，已经达成的共识是"以本地人作为决策与运营的主体"，如馆长一般由本地居民担任。

生态博物馆对于中国来说，是个外来的事物。中国自20世纪90年代引入生态博物馆以来，取得了一些成绩，但是具体案例中也存在一些失败和受人诟病之处。尽管如此，生态博物馆并不应该被看做是另一套话语体系的东西，或者说无法本土化、在地化(localization)的东西，因为生态博物馆的原义本身就不主张形成和采用统一的形式或模式。生态博物馆具有很强的人类学气质，重视"本地人的视角"，按照这种思维方式，就不可能出现无法在地化的问题。问题不在于其理念的外来性，而是在地化过程中的实践问题。德赛图(M. de Certeau)在《日常生活实践》中提出，有两种类型的实践，"战略"(strategy)和"战术"(tactic)②，战略自上而下地统筹，战术则是自下而上地应对。首先我们要真正领会生态博物馆的理念，把它看做是一种语法；其次，更重要的是，在"在地化"实践中做好"战术"准备，将地方性知识的言

---

① 安来顺：《国际生态博物馆四十年：发展与问题》，《中国博物馆》2011年第Z1期，第15～23页。

② de Certeau, Michel., *The Practice of Everyday Life*. Translated by Steven Rendall. Berkeley：University of California Press，1988 (1984)，pp. 36-37.

语、语词看做是实现其精神理念的根基。

（一）生态博物馆的理念

要真正理解和领会生态博物馆理念，应该先从其原义出发。从词源学的角度进行考察，生态博物馆的英文为 eco-museum，其中，eco 这个词根来自于古希腊语 oikos，而 oikos 所代表的事物，包含了人类学中关于"家户"（household），"家屋"（house）、"家庭"（family）等概念及形式。据考克斯（C. A. Cox）考证，雅典社会的核心单位不是个人，也不是家庭，而是一个 oikos，包括一个家庭（包含主人所拥有的奴隶）及其居住的宅落以及土地等财产。Oikos 在男性继承人中平均分配，女儿们则只能得到一定量的嫁妆。[1] 由此可见，Oikos 在古代希腊雅典社会中，不仅是一个基本社会组织单位，也是一个基本的经济生产单位和单边继嗣单位。

无独有偶，eco 既是英文中"生态"（ecology）一词的词根，也是"经济"一词（economy）的词根。这个词根暗含了这样一种理念：一个地区的基本社会组织、居住空间、生计方式具有整合一体性。

尽管世界各国的生态博物馆形式多样，但是总体来看，它们继承了古希腊 oikos 的基本主张，即将一个地域的社会组织、居住空间、生计方式视作一个整体，进行博物馆式的保育、展示和保护性开发。1972 年，在智利圣地亚哥由联合国教科文组织和国际博物馆协会（ICOM）共办的研讨会上，学者们通过了《圣地亚哥宣言》，更是提出了"整体博物馆"（Integral Museum）的概念，与前一年提出的"生态博物馆"概念交相呼应。秉承整体性保育和延续的精神，社区可持续性发展的理念也便能够顺理成章。同时，由于地域的差别，文化的殊异，人类适应环境的方式不同，生态博物馆自然也会因应本地而形式有所不同，并无统一的模式来运行。生态博物馆体现了对于整体观（holism）与地方感（sense of place）的并举，与人类学种整体观、地方性知识、本地人的观点、文化多样性等观念具有相通性。

---

[1] Cox, Cheryl Anne, *Household Interests：Property，Marriage Strategies，and Family Dynamics in Ancient Athens*. Princeton, N. J. ：Princeton University Press, 1998. Review by Josine Blok, *Mnemosyne*, Fourth Series, Vol. 53, Fasc. 2（Apr. , 2000），pp. 251-255.

（二）生态博物馆的实践

鉴于生态博物馆有一致的理念而无统一的模式，生态博物馆在实践层面所取得的经验变得重要起来。1971年，法国学者戴瓦兰（Hugues de Varine-Bohan）最先提出了生态博物馆的概念，后来被总结为，生态博物馆"这种新型的博物馆本质上是一种文化过程，它建立在一定地域之上，包括当地社区（人群）的共同参与，将公共遗产作为社区发展的资源。"[1]从这一概念出发，博物馆开始了"去中心化"的转型。"去中心化"应该包含纵横两重意义，首先是在纵的方面博物馆工作开始强调民间化行动思维，继而是在横的方面生态博物馆理念在全世界范围内得到推广，并且以地方化、本土化作为行动的依据。著名生态博物馆学家皮特·戴维斯总结到，生态博物馆的意义在于能够使人们"获得地方感"[2]，与戴瓦兰的理念不谋而合。

从法国开始，生态博物馆在世界各地推广开来，不同地区展现出不同的样貌。法国第一座以"生态博物馆"自称的、由瓦西纳-博翰主推的科瑞苏-蒙特梭都市社区博物馆（the Ecomuseum of the Urban Community Le Creusot-Montceau），尝试性地采用了中心—"天线"（antennas）式社区共同参与、独立自主的管理结构[3]；日本的乡村生态博物馆则强调千年积攒的"里山"（Satoyama）式浅耕经验，美国阿拉巴马州道顿（Dothan）历史文化古城生态博物馆则重在保留和展现历史过往中的生活社区状态，瑞典萨米（Sami）民族文化生态博物馆则强调人与驯鹿、草原之间的互生与文化生态关系。

生态博物馆在世界不同地区的实践丰富多彩，样式多元，那么它们之间有没有共性呢？答案是有的，其共性不在于它们共同分享了"生态博物馆"这一名号，而是其秉持的"本地性"和"整体性"两种精神，既强调以地方经验为主的自下而上的管理，也强调地方作为一个生态整体的系统协调和共生发展。博物馆陈列的是物，生态博物馆展示的则是"遗产"，这一遗产是包括

---

[1] de Varine, H., Ecomuseum or community museum?: 25 years of applied research in museology and development, *Nordisk Museologi*, 1996(2): 21-26.

[2] Davis, P., *Ecomuseums: a sense of place*. Newcastle: Newcastle University Press, 1999.

[3] 张誉腾：《生态博物馆：一个文化运动的兴起》，台北：五观艺术管理，2003年，第43页。

地方社会、文化和自然环境在内的整体性公共遗产。以博物馆的形式,确保地方生态遗产延续,社会的可持续性发展,并最终促成文化多样性的实现。

苏东海先生主张用"代际"来区分中国的生态博物馆实践的类型。中国从 20 世纪 90 年代开始尝试建设生态博物馆,目前已经发展到第三代。[①] 第一代生态博物馆以 20 世纪 90 年代挪威与中国政府在贵州共建的四处民族生态博物馆为主,包括六枝梭戛苗族生态博物馆、镇山布依族生态博物馆、隆里古城汉族生态博物馆和堂安侗族生态博物馆。可以看出,第一代生态博物馆的关键词是"民族文化"。建立第一代生态博物馆的主要意义是打破了原先馆体式博物馆的理念和管理模式,开始主张以下代上,实现博物馆理念的社区化、民主化。[②] 为了配合挪威博物馆专家提出的社区文化保护理念,采用了"社区+资料信息中心","不主动接待旅游"的收藏、展示和发展方式,基本上实行的是封闭式保护措施。这种方式暗含着人类学"抢救民族志"的隐喻,甚至含有某种"部落主义"(tribalism)浪漫精神。由于过度强调民族文化"保存"的理念,和对于文化发展变迁的谨慎态度,导致其最终几乎成为"政府的花瓶"。

中国的第二代生态博物馆实践是在 21 世纪第一个十年进行的,以广西民族生态博物馆群为代表,包括南丹里湖白裤瑶生态博物馆和三江侗族生态博物馆。这一代生态博物馆虽然也是在民族地区围绕民族文化展开,但是其关键词已经转为"文化遗产",这与国内外学界及社会各界在此时期日益高涨的"遗产热"有一定关系。它们同样主张自下而上的管理方式,同时也开始认可和积极迎接旅游经济与文化接触对本地生态的影响。第二代生态博物馆采用的实践方式比较特殊,它们兼有广西民族博物馆的工作站的双重身份,有专家的参与和跟踪,强调"专业性";在形式上,"信息中心"也改为"展示馆",并且增加了"文化传播"理念。

---

① 潘守永:《"第三代"生态博物馆与安吉生态博物馆群建设的理论思考》,《东南文化》2013 年第 6 期,第 86~93 页。

② 苏东海:《中国生态博物馆的道路》,《中国博物馆》2005 年第 3 期,第 14~16 页。

表 9-1   中国的生态博物馆

地区	名称	位址	民群	开馆时间	管理方式
贵州	梭戛苗族生态博物馆	六盘水	苗族	1998	中国—挪威政府合作
	镇山布依族生态博物馆	贵阳	布依族	2002	
	隆里古城生态博物馆	黔东南苗族侗族自治区	汉族	2004	
	堂安侗族生态博物馆	黔东南苗族侗族自治区	侗族	2005	
	地们侗族人文生态博物馆	黔东南苗族侗族自治区	侗族	2004	民营
	西江千户苗寨生态博物馆	黔东南苗族侗族自治区	苗族	2005	
	怎雷水族生态博物馆	黔南布依族苗族自治区	水族	2008	
	朗德上寨露天博物馆	黔东南苗族侗族自治区	苗族		
	贵州茶文化生态博物馆	遵义		2013	梅潭县文化体育广播旅游局
广西	南丹里湖白裤瑶生态博物馆	河池	瑶族	2004	广西民族博物馆，广西壮族自治区文化厅
	三江侗族生态博物馆	柳州	侗族	2004	
	靖西旧州壮族生态博物馆	百色	壮族	2005	
	贺州客家生态博物馆	贺州	客家	2007	
	那坡黑衣壮生态博物馆	百色	壮族	2008	
	灵川长岗岭商道古村生态博物馆	桂林	汉族	2009	
	东兴京族生态博物馆	防城港	京族	2009	
	融水安太苗族生态博物馆	柳州	苗族	2009	
	龙胜龙脊壮族生态博物馆	桂林	壮族	2010	
	金秀坳瑶生态博物馆	来宾	瑶族	2011	
云南	章朗布朗族生态博物馆	西双版纳	布朗族	2006	
内蒙古	敖伦苏木蒙古族生态博物馆	包头	蒙古族	2007	地方政府
湖南	江永女书生态博物馆	永州		2010	民营
浙江	安吉生态博物馆群	湖州	汉族，畲族	2012	国家文物局，安吉博物馆

（三）生态博物馆"在地化"过程中出现的问题

从生态博物馆的原义和实践来说，生态博物馆并不等于"生态"＋"博物馆"，但是中国前两代生态博物馆实践在某种程度上隐含了上述观念的存在。"博物馆"这个概念，不管是在中国还是西方，很长时间内都曾经被认为是高雅文化的收藏机构。英文语境中的博物馆（museum），可以追溯到古希腊时期的"mouseion"，意指希腊神话中文艺女神缪斯（muses）的神殿，博物馆在很长的历史时期内被看作是文化艺术的殿堂，由此可见一斑。如果将eco-museum理解为生态与博物馆概念的相加，则生态博物馆建设就可能演变成这样一些企图：在村落生活里尽力寻找文化事项尤其是具有"高文化"特征的事项；在小传统中寻找大传统的痕迹；产生"文化攀附"、"中心趋向"行为，与生态博物馆宣扬的去中心化理念南辕北辙；不敢直接提经济、生产的概念，甚至不敢发展旅游经济，等等。同时，将"eco-"仅仅理解为 ecology，或者仅指一个地方民族村落的地理范围，而不是将其看做是生态、生计、社会的多位一体。

2010 年，笔者在梭戛生态博物馆调查中发现，这个中国第一座生态博物馆从 1998 年正式开馆以来，还一直没有馆长人选。按照中挪的协议及后来制定的"六枝原则"，馆长必须由本地社区民众（长角苗）担任；但是按照当地主管部门的考试标准，仅受过几年义务教育的村民根本考不过线；最后的结果是十多年来一直由当地文化部门派人做"代馆长"，或者只有收藏员而无馆长。其他多处生态博物馆都存在类似的问题，很多人认为，在中国发展生态博物馆，其中一个挑战是如何能让当地人真正成为管理者、主人翁。出现这样的问题，不单纯是因为地方民众的教育水平不高，或者当地人缺乏对自己社区文化事务的管理能力。如果这样认为，从人类学上来说是很可笑的。一个重要原因是当地人、当地主管部门是否真正理解了生态博物馆的原义，以及专家是否在其中起到了积极的观念推广作用。

当博物馆这个概念突然降临，地处偏远的少数民族村落的村民可能就会把它理解为一种"发展文化"的要求，而不是本地生活的整体性遗产。这样的理解使得生态博物馆无法"接地气"，在看似以生态博物馆来寻求人类文化多样性遗产的实践中，实际上是用了一套标准和规则制造了同质性的地方。不是获得"地方感"（sense of place），反而变成了一种"地方制造"

(place—making)过程①。由此，生态博物馆除了寻求民族、文化、遗产这些关键词之外，还应该与生计、经济挂起钩来，以生态博物馆原义中的"整体纽带"（holistic tie）理念作为生态博物馆在地化的依据。

二、安吉：第三代生态博物馆的新尝试

在即将进入 21 世纪第二个十年之际，中国开始了第三代生态博物馆建设实践，其代表是浙江的安吉生态博物馆（群）。与前两代相比，安吉生态博物馆有很多新的特色：首先它位处中国经济较为发达的东部沿海省份；其次安吉生态博物馆并不设在民族地区，尽管博物馆群里面有个别馆是在畲族村落；第三是它采用了群落式格局，是由一个位于安吉县城的中心馆和位于各个村镇的 13 个"专题展示馆"②及 26 个"村落文化展示馆"组成的。

安吉生态博物馆的选址和新型格局的设置，暗含着中国博物馆学界对于生态博物馆在地化实践的反思和新主张。与欧洲 1970 年代建立博物馆的大背景即经济发展到一定水准但却面临着能源危机与生态压力不同，中国前两代生态博物馆位处边疆少数民族地区，虽然推动了民族文化遗产的保护与展示的理念，但是大多数馆所在地受制于经济发展水平，在脱贫尚为第一要务的地方语境中，本地人的"文化自信"和"文化自觉"程度偏低，"被动性参与"，"以外来力量为主导"，"官办"色彩较为浓厚。安吉作为浙江省的一个县，曾经经历了 20 世纪 80—90 年代的"工业立县"到 21 世纪初的"生态立县"的转变③，从以发展经济为主到经济发展但生态破坏之后的发展道路重新选择，与欧洲 70 年代开始主张建立生态博物馆时的境遇和环境基础颇为相似。"2006 年国家文物局单霁翔局长提出了中国生态博物馆在巩固

---

① Di Giovine，Michael A.，*The Heritage-scape*：UNESCO，*World Heritage and Tourism*. Lanham：Lexington Books，2009，pp. 5-6.

② 第一批规划中有 12 个专题馆，2014 年祖名豆文化生态博物馆建成后也加入其中，目前有 13 个专题馆。

③ 单霁翔：《关于浙江安吉生态博物馆聚落的思考》，《中国文物科学研究》2011 年第 1 期，第 1~8 页。

民族地区生态博物馆的基础上,向中国富裕地区发展的战略思路。"①浙江省安吉县被选定为战略发展的第一个试验区。安吉生态博物馆作为东部经济发达地区首个生态博物馆,不仅在形态和样式上丰富了中国的生态博物馆实践,也可以看做是在一种新的文脉语境中进行的在地化实验。

能否激发当地人的"文化自觉",一直是困扰中国生态博物馆发展的一个主要问题。从第三代生态博物馆的实验意图来看,中国学界已经突破了就文化论文化遗产保护的层面,意识到经济与文化保护机构协同发展的重要性。与之前民族地区的生态博物馆实践相比,安吉生态博物馆的在地化过程中有一个很大的不同,那就是对于生计参与的并不避讳甚至鼓励,这一点也为安吉生态博物馆的整体性纽带和群落共生的发展样式提供了基础。

（一）生计参与:以竹为例

在西部地区早期的生态博物馆实践中,除了保护民族文化遗产,生态博物馆也曾经被作为社区可持续发展的经济资源,但主要是以发展"旅游业、民族工艺产业"②等"第三产业"为主,而安吉生态博物馆建设,一开始便是将当地的主要生计方式,特别是以"竹产业"、"茶产业"等为基础的主体性生计类型,作为博物馆的主要构成要素来开发和展示的。

安吉的"美丽乡村"计划③为博物馆建设奠定了基础。2008 年,浙江省安吉县正式提出"中国美丽乡村"计划,实施新农村建设目标,并出台了《建设"中国美丽乡村"行动纲要》,提出 10 年左右时间,把安吉县打造成为中国最美丽乡村。美丽乡村计划取得了成功,并在整个浙江省及全国范围内作为典范推广开来。"美丽乡村"的建设理念是"一村一品、一村一韵、一村一景",在县域范围内,村落各自寻求自己的文化特色,进行整体性发展和展

---

① 苏东海:《在安吉生态博物馆建设方案研讨会上的书面发言》,《中国文物报》2010 年12 月 29 日。

② 单霁翔:《关于浙江安吉生态博物馆聚落的思考》,《中国文物科学研究》2011 年第 1期,第 3 页。

③ 安吉生态博物馆:《安吉生态博物馆情况汇报》,内部资料;林智勇,王国栋:《走进中国美丽乡村——安吉》,http://www. beautifulcountryside. net/Item/1. aspx;中华人民共和国财政部:《坚持科学发展打造和谐乡村——浙江安吉县"中国美丽乡村"建设情况报告》,http://www. beautifulcountryside. net/Item/2. aspx。本文关于安吉美丽乡村计划的内容均出自以上出处。

示,最终,安吉县各村分别确定了茶文化、书画文化、畲民文化、蚕桑文化、军事文化、现代产业、扇文化、孝文化、尚书文化等多种具有地域特色的文化作为一村一品、一村一韵、一村一景的核心主题内容,并且很多村落自筹资金建成了展示馆。最终,安吉县创立了三个全国性品牌:"中国竹乡"、"国家生态县"和"美丽乡村"。同时在 2008 年,国家文物局确定安吉县为中国东部发达地区生态博物馆建设的示范点,到 2012 年第一个建设周期完成,1 个中心馆和 9 个主题馆已经建成并开放展览。

安吉生态博物馆在美丽乡村一村一品以及馆群式模式基础上,在内容方面呈现出多元景观样貌特色,包含了"乡村类、山水类、民俗类、产业类、军事类"五大"复合型"文化景观①,除了自然景观、文化景观的丰富陈列,非物质文化景观也得到了呈现,在民俗类景观中包含了"白茶手工制作技艺"(与福建省福鼎市共同申报)、"上舍化龙灯"国家级非物质文化遗产两项。作为中国东部地区的示范点、实验点,安吉生态博物馆在某种程度上实现了"为其他地区生态博物馆探索出一条新路"的理想。

然而,安吉生态博物馆道路之新,其实并不主要体现在表面样貌的多元上,而是潜意识中对于生计、产业生态要素的侧重,特别是对于占据地域生态、生计产业主体的"竹"的关注上。

明代孝丰县令甘元鼎在《孝丰道中》一诗中赞叹本地"川原五十里,修竹半其间",竹子自古以来就是安吉的主要生计资料,在清乾隆年间的《安吉州志·器用属》中,记载的竹制品就有 4 大类 163 种,包含农林牧副渔猎工具类、工业制品及工艺类、家具和生活用具类、文体用品及药品类。如今,随着现代产业和技术的引进,竹制品已经涵盖了吃(竹笋、竹药品等)、穿(竹纤维类纺织品)、住(竹家具、竹地板等)、用(竹工具、竹毛巾、竹炭等)、行(竹桥、竹舟等)、娱(竹龙、竹扇、竹乐器、竹海旅游等)所有用品。除了椅业,竹产业已经成为安吉县的另一个支柱型产业,也是参与就业人口最多的产业之一。安吉的立竹量、商品竹年产量、竹业年产值、竹制品年出口总额、竹业经济综合实力创下了五个全国第一。安吉县由此还获得了"中国竹凉席之都"、"中国竹地板之都"等称号,"安吉竹纤维"也被列入亚太经合组织重点扶持的"一村一品"项目之中。

---

① 单霁翔:《关于浙江安吉生态博物馆聚落的思考》,《中国文物科学研究》2011 年第 1 期,第 4～6 页。

除了现代产业,竹与当地人的日常生活,包括地方性知识、生计方式、风俗文化等,也有着千丝万缕的关系,下文"整体性纽带部分"将会有重点论述。

生态博物馆的地方性思维,以及竹在当地生计生活中的重要占有量,决定了安吉生态博物馆建设绕不开对竹产业的关注和容纳。在安吉生态博物馆群包含的1个中心馆、13个专题馆和26个村落馆中,与竹产业相关的馆有10个(安吉竹文化生态博物馆、上张山民文化生态博物馆、鄣吴竹扇文化生态博物馆、永裕现代竹产业生态博物馆、港口竹文化展示馆、龙王山根雕文化展示馆、龙王手工造纸文化展示馆、上舍龙舞文化展示馆、松坑竹箅产业馆、迂迢农民书画文化展示馆)。其他还有与茶产业相关的馆如安吉白茶文化生态博物馆、浙北农家乐第一村产业展示馆、梓坊茶文化展示馆,与蚕桑产业相关的馆如马村桑蚕产业生态博物馆,与豆制品相关的馆如祖名豆文化生态博物馆,其他产业类馆如上墅生态农业博物馆等。生态产业化,产业生态化,"中国竹乡"为安吉生态博物馆建设提供了基础,生态博物馆反过来则对安吉以竹产业为代表的生态产业发展起到了促进作用。

(二)整体性纽带

虽然安吉生态博物馆主观上在努力寻求本地生态文化的多元性与丰富性,但其实县域生态具有很强的整体性,围绕着竹林、白茶、蚕桑等生态生计资源,形成了一个个整体性社会文化纽带。例如,"竹"作为安吉生态博物馆群多个分馆的展示内容,并不仅仅涉及竹生计这一个层面,而是包含了从竹生态到竹生计到竹文化的完整地方性生态链条。

竹生态:安吉县的地域特征被总结为"七山一水二分田",安吉属亚热带海洋性季风气候,光照充足、气候温和、雨量充沛、四季分明,多山地和丘陵,山地占县域面积的 11.5%,而丘陵更是占到 50%,在这样的生态环境条件下,山林经济占据了当地人千百年来生计方式的重要位置,其中,竹又成为安吉山林生态中产出的主体经济作物之一。《齐民要术·种竹第五十一》提到,"竹宜高平之地。近山阜,尤是所宜。下田得水即死,黄白软土为良。"温暖湿润的气候和山地丘陵的地理条件,为安吉竹作物特别是毛竹提供了良好的先天生产条件。作为"中国第一竹乡",安吉的毛竹种植有上百万亩,约1.5 亿株,形成了"竹海"景观。

竹生计:嘉庆十三年(1808)所立《奉宪禁碑》铭文中写道:"……安吉、孝丰等县,界址毗连,山多田少,居民出息,全赖山竹。"①可见安吉竹业作为本地生计的主要方式已经有很长的历史。由生态决定的竹生计累计生产了丰富的地方性知识,延续着人们培育、种植、打理、加工、买卖和使用毛竹的生活方式。在安吉,关于"劈山—挖褪笋—钩梢"、"捏釉记竹"、"留四砍六"、"小年竹不可伐"、"大年笋可挖"、"编竹雕根"、"水上运竹"等养竹用竹吃竹的知识随处可闻,村民们在竹林中砍竹拉竹的身影也随处可见,20世纪90年代更是引入了现代化的竹产业技术,形成了从原竹买卖到精细加工的产业转型。

竹文化:独特的竹生态和竹生计带来了竹知识、竹文化、竹民俗,而这些文化又反过来促进了竹生态的维护和竹生计的延续。除夕燃竹驱邪、节时祭山拜山,除了生产竹制生活用品,还有丰富的竹乐器、竹叶龙、畲族竹竿舞等民俗娱乐形式,竹剑、竹环、竹马、竹高跷、竹弹弓、竹蜻蜓等儿童玩具。竹子在当地人的信仰生活、审美生活、民俗生活中都占有重要地位。在高雅艺术层面,与竹子有关的书法、辞赋、绘画、竹扇等艺术取得了诸多成就,出现了近现代艺术大师吴昌硕、著名林学家陈嵘、画家诸乐三等名家巨匠。在道德建设层面,虚心有节、挺拔向上的竹子文化已经深入到乡民生活的精神深处。

(三)相反相成,群落共生

安吉生态博物馆采用了博物馆群的建设方式,不能仅仅看做是一种结构形式的完全创新,而应该看到这种形式的出现,正是由上述既多元又一体的地域生态特色决定的。安吉生态博物馆的建设以"美丽乡村"成果为基础,由国家文物局为专家指导,以地方政府为牵头力量,但是它的最终实现是由村落实体来执行的。除了位于安吉县城的中心馆,其他13个主题馆和26个村落馆,建设资金、展示内容、陈列方式,基本上都是由本村提供和提出。单霁翔总结到,生态博物馆的"安吉模式"是,"在这里每个村镇都深入挖掘自身文化内涵,整合丰富的文化元素,彰显特殊的文化魅力。"②

---

① 转引自张宏亮:《近代浙江安吉竹业发展历史初探》,《世界竹藤通讯》2013年第2期,第42页。

② 单霁翔:《关于浙江安吉生态博物馆聚落的思考》,《中国文物科学研究》2011年第1期,第7~8页。

安吉生态博物馆的实践呈现出两个层面上相反相成的理念：地域化生态和生计产业的一体性，以及村落文化的殊异多元性。生态博物馆群表达了安吉以竹为生的经济一体性特色，又努力彰显各个村落由于产业分工不同而带来的文化殊异性。这种既求同又求异的特征，表达了安吉地区对于生态博物馆进行"在地化"尝试的实践理念。而这种看似相反的两个理念，实际上是立足于同一套地方性生态和生计知识的二重表达，因而又具有相成性。由于博物馆与地方性知识的紧密结合，安吉生态博物馆无意之间促成了博物馆的"民间化"转型要求。这为先前中国生态博物馆建设过程中过于强调民族、文化、展演、旅游开发的思路提供了一个替代性选择。

安吉生态博物馆不仅仅是所处地区由西部民族地区转入东部沿海经济较发达地区，与第一代和第二代强调民族文化、文化遗产不同，安吉生态博物馆更多地体现对地方生态与生计的侧重，体现出一种由"生态—生计—文化"构成的整体性生态圈思维倾向。这与生态博物馆词根所代表的"oikos"本体性理念有契合之处。人类学的研究经验告诉我们，生计活动不仅意味着人类对于自然环境的适应从而得以生存和延续，它也往往伴随着一系列文化和社会关系的调适（adaption）和选择。环境、生计方式、社会文化三者是不可分割的生态整体，由此也应该是生态博物馆整体呈现的内容。

不过，虽然安吉生态博物馆已经多少突破了前两代实践中的重心难题，但是我们还不能说它已经成为今后中国生态博物馆实践的样本，除了生态博物馆应该因地而异、没有统一的模式可循之外，安吉生态博物馆自身其实也在某种程度上仍旧为"文化"这一名目所束缚。在博物馆总结及社会评价中，大家普遍认为安吉生态博物馆"提升了美丽乡村的文化品味"，"发动当地村民参与文化的兴趣"。但是博物馆工作人员已经意识到，生态博物馆"具有室内与室外、动与静、局部与整体相结合"的展示特色，"一般主要考虑环境而不是文化"，"产业类生态博物馆促进了经济效益"，从效果来看，"产业类展示馆好于历史类、民俗类，有自然景观的好于纯文化景观类"。副馆长张慧认为，安吉生态博物馆应将重点放在"人与竹、人与茶的关系的理解"，如何"突破传统博物馆模式套用"的问题，应该成为安吉生态博物馆管理上主要攻克的难题。

三、结　论

　　"文化的基本职责是保证那些按其规则生活的人们持续生存下去。"[①]其实文化本生就暗含着一条"生计思维逻辑"，生态博物馆作为一种"新博物馆"，本质上正是将博物馆从"中心化的文化话语"中解放出来，以地方性、整体性生态文化逻辑取代之的一种尝试。我们看到，在中国第三代生态博物馆的安吉实践中，地方生计开始进入博物馆的生态圈和核心议题，但仍旧在"文化品味"与"日常生活"之间左右摇摆，犹抱琵琶半遮面。

　　生态博物馆除了具有"去中心化"的理念，还包含以地方文化作为地方再生与永续发展资源的主张，其中的"地方文化"不止包含传统意义上的"高文化"概念，而是包含生计类型、生态链条、地方性知识的本土文化系统。在生计参与的刺激下，地方社区参与的积极性也被调动起来，整体性的"家园"纽带链条得以析出，才能真正实现地方可持续性发展。

　　在此方面，台湾宜兰县苏澳镇的白米木屐馆值得借鉴。白米社区曾经是台湾水泥公司的生产基地，在饱受水泥厂的污染之后，社区居民开始思考新出路，最终选择了通过建立社区博物馆的方式来重建自己的家园。为此，居民们重新挖掘出本社区独特的手工艺传统，即木屐制造技术作为博物馆的展示内容，并重新赋予木屐一种新的生态定位，具有生产性、生活性、文化性、艺术性、工艺性等多重色彩。在博物馆建设和运营管理工作方面，皆是由本社区协会成员共同讨论而完成，并以合作社的方式和限量股权认购的方式来运营。[②] 社区居民人人都可以成为管理者、经营者、决策者，同时也可以通过学习木屐技艺而成为生产者。由此，博物馆不仅成为地方社会再生的手段，并且对本地文化传统提供了"生产性"保护和传承的支撑作用。

　　由此，我们提出，应以"整体纽带"（holistic tie）作为生态博物馆在地化（localization）的依据，实现生态博物馆理念的在地化，而非某一种生态博物

---

　　① 威廉．A. 哈维兰：《文化人类学》（第十版），上海：上海社会科学院出版社，2006 年，第 160 页。

　　② 陈佳利：《社区博物馆运动：全球化的观点》，《博物馆学季刊》2004 年第 4 期，第 43～57 页。

馆形式的借用和在地化。回到概念之初,将 Oikos 所代表的某一地域范围之上的社会组织、生活空间、生计方式、文化传统进行整体性呈现和保育,将"整体观"与"地方感"作为生态博物馆实践的双重考量标准。体现整体观,就不可回避将生计参与看做是家园纽带、整体纽带不可或缺的一环,从而成为可持续性发展的现实基础。重视地方感,就是对于地方性知识的强调,从而通过多地化、多元化的生态博物馆实践实现文化多样性的最终目标。

第十章

厦门胡里山炮台
的历史记忆与旅游空间

厦门作为中国历史上的边陲海防阵地，留下了许多战地遗存。这些遗存在和平时期获得了新的角色，其主要方式是被改造为观光景点，以服务于厦门经济特区的旅游业发展。将历史战地转变成旅游空间，有着双面的结果。对于地方政府和旅游开发者而言，在获取经济利益的同时，还要面对如何加工旅游空间与历史符号的挑战。对于国内游客而言，战地旅游除了能让自己了解到一个自己民族的历史，也有可能在这个被建构的空间里重新审视自我与他者的关系，如游客/地方，国家边界，内/外，等等。战地旅游空间的建构，其策略和符号的运用，及由此生产出的历史感、潜在的认同或者异化的空间，值得我们反思。本文将以厦门的热门旅游景点胡里山炮台为例，探讨历史战地旅游空间建构过程中的矛盾和潜在问题。

2013年夏天我们最先对胡里山炮台进行了问卷调查和田野访谈，并查阅了相关的文献资料及历史档案，2015年秋天借课题之机我们又补充了一些资料。分两次共发放调查问卷600份，收回有效问卷588份，主要针对游客的基本构成及游客对于胡里山炮台现有游览项目的认知情况进行调查。田野访谈部分，主要访谈了胡里山旅游管理处少量工作人员、保安人员，在胡里山景区内及出口处访谈了大量游客，特别对不同年龄、地域、性别、工作性质的游客进行了抽样访谈，也访谈了胡里山附近其他关联景区如白城沙滩、厦门大学区域的游客，其他接受访谈的还有旅行社导游、附近少量居民及大学学生等。有部分学者特别是原先在胡里山景区工作过的学者，因为条件所限只阅读了其著作、影像制品等。

一、胡里山炮台简介

厦门港古炮台遗址胡里山炮台,于清同治十三年(1871年)开始筹办,光绪二十年(1894年)兴工,光绪二十二年(1896年)竣工,位于厦门岛南岸的厦门港航道海岬突出部,由于其重要的地理位置、优良装备和在历史上的特殊地位,曾被称为厦门要塞的"天南锁钥"。胡里山炮台在清末、民国一直到新中国成立,经历了很多沧桑,其军事使命也随历史发生多次转折,在和平时期更获得了新的角色。

胡里山炮台建成之前,厦门作为八闽福建之门户,已经在海防战略中身处重要地位,"厦门为漳泉保障"[①]、"闽台咽喉"[②],厦门自明初设卫所(厦门时称中左所)即开始有要塞建制雏形,清朝则驻水师提督,据道光《厦门志》记载,厦门"处泉、漳之交,扼台湾之要,为东南门户,十闽之保障,海疆之要区也。故武则命水师提督帅五营弁兵守之,文则移兴泉永道、泉防同知驻焉"。厦门级别虽低,其上所驻行政军事机构级别则高,可见其自明清以来,随着中国与其他国家接触日益频繁,厦门的海防地位也水涨船高。自清道光三年(公元1823年),厦门港一带由千户督造炮台开始,到1840年鸦片战争前,厦门共设炮台六个,其中厦门岛三个,分别是设于厦门西南沙坡尾一带的大炮台(与鼓浪屿隔海相望)、东南的黄厝炮台(与大担岛隔海对望),及西北海道的高崎炮台。胡里山炮台所在之地,前身已有厦门港石壁炮台(英国人称"长列炮台"),在1840—1841年的三次抗击英国战舰的保卫战中,与厦门其他炮台共同发挥了威慑及防守作用。

鸦片战争以后,意识到敌强我弱,尤其是武器和军事水平的落后带来的丧权辱国及边疆危机状况,清政府采取"师夷长技以制夷"的洋务运动来试图富国强兵,派人去西方学习并引进新型火炮武器,添设海防,胡里山炮台

---

① 《光绪朝朱批奏折》第五十九辑,光绪十九年十二月初八日,北京:中华书局,1995年。

② 《光绪朝朱批奏折》第五十八辑,光绪十六年,北京:中华书局,1995年。

由是建立,与其他七座炮台①共同重建了厦门要塞。因为胡里山炮台居于八大炮台中心位置,并引进当时在世界上属于先进火炮之列的德国两尊28生(280毫米口径)后膛克虏伯大炮和两尊15生克虏伯副炮,火力强大,可攻可守,兼顾其他,因而成为厦门要塞炮台的核心。胡里山炮台建成后,先后在重要的历史时期发挥了军事作用。在清朝末年(1908年),厦门被指定为迎接美国太平洋舰队和平访问的锚地,以胡里山炮台和28生克虏伯大炮为代表,展现中国海防水平、武器先进的平台。到了民国时期,胡里山炮台又在闽系海军逐鹿战中发挥牵制作用,甚至对于当时国家海军及其他军阀的力量格局的演变起到了作用。在日本侵华时期,胡里山炮台在1937年与日军军舰对抗首日击沉日舰一艘,成为厦门抗日保卫战的传奇。从20世纪50年代到70年代,胡里山炮台成了两岸军事对峙中的"对敌广播站"前沿阵地。这期间两尊28生克虏伯大炮中位于西炮台的一尊被拆除并"大炼钢铁"。随着历史的战争硝烟散去,火炮武器时代的结束,胡里山炮台的军事使命似乎也已经结束。1982年,胡里山炮台剩下的一尊28生克虏伯大炮被认定为厦门市第二批市级文物保护单位,其名称为"胡里山炮台旧巨炮"。1984年,胡里山炮台由军区被移交给厦门市旅游局,并被开发为旅游景点。1985年,"胡里山炮台"被认定为福建省第二批省级文物保护单位,1996年,"胡里山炮台"被中国国务院列入第四批"全国重点文物保护单位"。从1984年以后,胡里山炮台进入了保护、修复、环境整治和旅游开发的命运新里程。2000年,胡里山炮台28生克虏伯大炮以"现存于原址上最古老、最大的19世纪海岸炮"名号进入上海大世界吉尼斯纪录。②

胡里山古炮台遗址,一直被认为是中国近代军事史、海防史和洋务运动史的重要实物见证和爱国主义教育的基地。在今天的旅游开发过程中,处于海滨旅游城市的胡里山炮台,作为一个历史战地遗存,除了能够为当地财政带来可观的经济收益之外,如何来展示甚至加工这个旅游空间,要向游客推销一种什么样的历史观、价值观,如何来平衡战争与和平、历史与开发、爱国情结与敏感的两岸关系等,也成了胡里山炮台旅游开发的一个难题。从

---

① 其他七座分别是厦门岛上的白石头炮台、鸟空园炮台、磐石炮台、武口炮台,鼓浪屿的燕尾山炮台,龙海的屿尾仔炮台、龙角尾炮台。

② 关于胡里山炮台的沿革,参见韩栽茂:《胡里山炮台与厦门海防要塞》,北京:中央文献出版社,2009年。

游客角度来讲,这些加工、展示和推销在什么程度上或者角度上被认知或者发生偏离,也可以看作是从硬币的另一面展示出来的对历史战地旅游之符号建构的一个检验。

二、战争还是和平——炮台的历史角色再探讨

胡里山炮台在 1896 年建成,经考证及复原后,其南北长 314 米,东西宽 176 米,为矩形城堡式炮台,外城墙用花岗岩条石砌成,宽约 2 米,高约 5 米,坚不可摧,内用红砖墙砌成环台护墙,炮台总区域面积 7 万多平方米,城堡面积 1.3 万平方米。从南至北,分为战坪区、兵营区和后山区三个区域,地下有守炮兵地道,连通炮台发射点、火药库及兵营。炮台结构为半地堡式、半城垣式,战坪区分别设有东西两个 28 生克虏伯大炮主炮位,外侧分别设有 15 生克虏伯大炮副炮位,主副相辅,打击远近敌人。在 20 世纪 50 年代,由于大炼钢铁运动的驱动,西炮位的 28 生克虏伯大炮被锯断拆卸并卖掉。兵营区由东西两个兵营、中间演武场及北面中间的官厅组成,也是用花岗岩条石和红砖砌成,回廊式布局,官厅二层则为单檐单坡面直脊风檐式,中西合璧,又有闽南地方民居建筑特色,兵营区与战坪区有壕沟相连,布局精妙。后面的后山区,东西二面各建有岗楼,北面城墙外东西各建有哨楼,东、西、北各建有城门,山顶建有"望厅",后山区还建有火药库和通往其他区域的坑道。

基于对厦门海防及胡里山炮台建设以来一百五十余年历史的考察,胡里山炮台自 1984 年设立景区以来,逐步展开对历史文物进行考古、寻求证据,对炮台原有历史风貌特别是建筑部分进行修复,对游览空间、观光内容及体验项目进行创设和开发的工程,特别是 2000 年胡里山炮台进入上海大世界吉尼斯纪录名录之后,考古及修复工程更是得到了自国家至地方、自政府至学界的大力支持。除了聘请专家对位于战坪区的克虏伯古炮进行修复和保养,炮台景区管理处自 2006 年以来,又先后在后山区设立并开放了"胡里炮王击沉日舰史料馆",在地道区设"胡里山炮台 28 声克虏伯大炮装配发射演示厅",在兵营区官厅一楼利用硅像、"高仿真机器人硅像馆"力图复原清朝官兵在炮台进行作战、指挥时的人物实景,在官厅后及后山高地处创设了"红夷火炮清兵操演"表演项目,并利用新的全息影像技术,在官厅二楼,

制作了幻影成像剧场展示胡里山炮台在清末设立修建时的情况及在抗日保卫战中驱逐日舰的情况，建设 4D 影院展示 1840 年前后的厦门三次抗英保卫战历史情况。这些新的旅游空间设置打破了之前胡里山炮台景区只有一门大炮的历史，利用平面和立体，静态和动态相结合的手法，将胡里山炮台这个历史占地遗存变成了热闹的旅游景点，仅 7 万平方米左右的炮台城墙内，每年接待游客超过 170 万人。

在胡里山炮台景区材料中，克虏伯大炮本身和红夷火炮操演是近几年旅游项目重点推介的两个核心品牌，其他如工作人员穿清服进行"迎客仪式"表演、高仿真机器人硅像馆、4D 影院、幻影成像剧场、击沉日舰史料馆、光绪朝朱批奏折石雕等则为配套项目。配合大量的惠安影雕历史墙、实物、导游解说，胡里山炮台的旅游在推广中重点突出了三段历史：利用红夷火炮进行的三次清兵抗英保卫战；洋务运动及引进克虏伯炮王建成炮台的盛况；抗日战争中厦门保卫战的英勇壮举。尤其是上下午分别一场清兵红夷火炮操演项目，显然占据了胡里山炮台旅游项目的重心地位，因为其演出的生动性，也为游客所推崇。在调查中，游客按照最喜欢的游览项目进行排列，发现最受欢迎的正是景区重点推荐的两项：东炮台克虏伯古炮王被勾选 354 次；红夷火炮演武表演被选 224 次；其他被推选较多的项目是 4D 影院（110 次）；硅像馆（102 次）；山顶瞭望台（99）次；击沉日舰史料馆（87 次）。

尽管事实上三次抗英保卫战时胡里山炮台尚未存在（前身为石壁炮台，在战争中已经被摧毁），而炮台在建成不久后很快就进入民国时期，除了 1937 年 9 月的抗日保卫战，胡里山炮台在抗击外国侵略的历史中其实并没有很多经验，但是这部分对"外"的历史战事战功显然是胡里山炮台旅游开发和推销的重点，而其他的一些历史表现，尤其是一些关于"内"战的历史记忆，则在空间陈设或叙事上被刻意忽略。例如民国时期的海军与陆军军阀逐鹿争夺厦门、在 20 世纪 50 年代以后炮台演变为"对敌广播站"，促进国家统一事业等，则很少被提及。在旅游空间设置中，民国海军争夺战并没有相关的陈列安排，而"对敌广播站"陈列馆，则实际上是一个纪念品点，里面卖金门一条根、金门刀等商品，只有在入门处有一个较大的喇叭是当年对金门广播所遗留下来的，和少数几张照片在展览，很难引起游客注意。

另外一个在旅游叙事建构中被忽略的是关于战地与和平的问题。在考察中我们发现，其实胡里山炮台在非战争时期所执行和平任务甚至有更加突出的贡献，尤其是在清光绪三十三年（1908 年），胡里山炮台在美国太平洋舰队环球友好访问过程中,作为清政府所精心选择打造的窗口迎来的第一次中美海军交流盛典,不仅在中国与列强邦交史上具有重要意义,更为厦门的"近代化"做出了推动性的贡献。

1907年美国太平洋舰队成立,同年12月16日,该舰队从弗吉尼亚州汉普顿出发,进行了为期一年的环球海军外交活动,用和平"震慑"的方式来显示美国海军实力,由于该舰队一律漆成白色,史称"大白舰队"。舰队沿大西洋一路南下,先后访问了巴西、阿根廷,然后穿越麦哲伦海峡北上,经过智利、秘鲁、墨西哥,抵达美国西海岸城市旧金山。休整两月后,由旧金山出发,先后访问了新西兰、澳大利亚、菲律宾以及日本的横滨后,前往中国访问。此次美国舰队大规模和平来访,可以说是在清朝政府与列强多次海上交战被武力攻袭留下惨痛记忆之后一次没有预期的大事情,因此,清政府一方面大举准备迎接事宜,一方面也欲展示本国海防之威武。由于列强侵略,中国南北洋各炮台均被战火毁坏严重,尴尬面貌不足以待客,而1899年才全部建成的厦门海防要塞配备尚为齐整,武器也较为先进,特别是胡里山炮台的克虏伯大炮为各省所无之"至宝",因此,清政府选定厦门作为迎接太平洋舰队访问的锚地。[①] 从太平洋舰队出发伊始,厦门的迎接准备工作就开始筹划了。1908年9月,清廷下旨派钦差大臣贝勒毓朗,外务部右侍郎梁敦彦前往福建,并聘请了领事馆的领事作为顾问,闽浙总督松寿负责接待及照料,海军提督萨镇冰则率舰前往厦门迎候。

10月30日,美国海军的路易斯安娜号、威斯康星号、弗吉尼亚号等8艘战列舰抵厦门访问。中国海军提督萨镇冰率海圻、海容、海筹、海琛4艘巡洋舰,和其他舰艇编队出港迎接,朝廷文物专员在厦港演武场新建的演武亭欢迎并招待美国官兵。11月3日,中国海军提督萨镇冰在旗舰海圻号上设宴款待美舰司令。11月4日厦门港盛放烟花,为来访的美国舰队水手提供娱乐。11月5日黎明,大白舰队离开厦门。[②] 两国这个盛大交流情况现在仍在厦门南普陀后山崖石刻上有所记录。

据厦门文史专家洪卜仁等学者考证,为迎接此次美国海军访问,清政府拨款40万银两,并且制造新式枪械进两千支,武装和训练新军以壮清军声

---

①　韩栽茂:《胡里山炮台与厦门海防要塞》,北京:中央文献出版社,2009年,第135～142页。

②　洪卜仁:《厦门史地丛谈》,厦门:厦门大学出版社,2007年。

色；又调拨广东能工巧匠搭建能容纳 3000 人同时进餐的演武场宴会招待亭，架设竹棚，饰以彩绸，并特聘请北京厨师 700 名进厦。为了迎接来自先进国家的美国海军，清政府特地从天津运来发电机，用电灯数千盏装点演武亭，由是厦门亮起了第一盏电灯。在演武场周围，政府又修建了馆舍、牌楼，从码头到南普陀一带，则修建了马路、栈桥，从福州等地雇工匠上万人日夜赶工，从广东买来盆景、烟花、酒席用具，市容也整治一新，可谓是盛况空前。从这些准备的数据上来看，我们甚至可以说，此次海军交流活动可谓是厦门自鸦片战争后五口通商以来的"近代化"的又一个契机。

在调查中，共有有 64.3％ 的人表示游览胡里山炮台的原因是想要了解历史文化，其中 39.5％ 的人是自己对历史感兴趣，24.8％ 的人是想要带孩子了解中国历史。在观察中，我们发现很多人会在游览完一个项目后与同伴交流自己的历史理解，例如一个来自山西的团队在参观完炮王、展示厅、演武表演、击沉日舰史料馆后，约有四五个游客开始发表自己关于抗日战争的了解和对于中国人在作战中表现的看法，他们交谈的时间虽然只有不到十分钟，但却是他们在整个胡里山景区游览过程中发表观点时间最长的一次，并且引起了来自其他地方游客的参与。在这样一个背景下，战地遗址旅游开发要建构什么样的历史观、价值观，其实是一个很重要的问题。在胡里山景区的项目设置中，基本上游客的注意力被引导和集中在炮台作为军事阵地抗击外国入侵者、展现清廷海军历史上，而忽略了胡里山炮台在和平时期所起的重要作用。实际上，不管是抗英保卫战还是抗日保卫战，厦门海防都是以初战告捷、再战则艰、最后战败的过程来演绎的，从表现形态来看，其"战"之光彩远不及"和"之辉煌。历史战地遗址，其旅游和宣传策略是只停留在"战"之威武层面，还是可以反思"和平"这个主题，值得当前的开发者思考。战争可以让人反思和平，而历史战地本身在历史上亦有处在和平时期肩负和平之使命的时刻，而当前将之视作被保护文物、视作教育基地、视作旅游观光景点，也都是炮台正需要执行的一项和平使命。如何来完成这种"由战到和"的价值观转变，也是值得我们再去思考的。

三、外地人与本地历史——游客认知状况分析

厦门虽为古代海防要塞，但是厦门旅游重点宣传的是海岛城市之美丽，

海滨生活之休闲,经济特区之发达,以及与台湾关系的特殊性和闽南文化的共享性。胡里山炮台虽为厦门十大景区之一,但是并不能与上述旅游特色相齐肩,因此游客也相较其他景点如鼓浪屿、厦门大学、白城沙滩为少。胡里山的炮台文化,对于其他地方的游客,尤其是来自非沿海地区、没有炮台历史文化经验的人来说可能相对较为生疏。胡里山炮台作为目前厦门幸存下来的最为完整的炮台战地,理应在厦门本地人的历史记忆和文化认同中占据比较重要的地位。但是,通过调查,我们发现,胡里山景区的游客构成中仍旧是外地人占绝大部分,附近社区的许多居民表示从来没有去过胡里山炮台,虽然了解很多关于炮台的历史;有少部分人表示去过,但是仅仅是因为陪外地来访的亲戚朋友游玩。在胡里山景区,通过调查问卷分析,我们发现收回的 588 份问卷中,只有 8 份填写者是厦门本地人,仅占 0.1%;如果将这一范围扩展到福建省,也只有 44 份填写人是来自福建,占 7.5%。如果能够这样推算的话,胡里山炮台每年约 170 万游客中,来自厦门本地的只有约 1700 人。对于来自厦门本地的人,我们做了部分访谈,其中有两位本身就是旅行社导游,因此在近十年来经常出入炮台景区,但她表示这是她的工作,进入或者不进入胡里山,全凭旅游团的喜好和旅行社今日的路线安排;还有两位是杭州人来厦门开店从事商业买卖的夫妻,他们在厦门居住了六年,第一次到胡里山炮台参观。我们所访谈还一位胡里山景区的保安人员,他来自漳州,在厦门工作很多年,包括在胡里山对面的厦门大学当保安有四五年,但是在到胡里山炮台工作之前,他也从来没有想过要进来参观。胡里山炮台除了早上九点到下午六点的开放时间外,其他并没有针对市民的免费开放时间。所以我们可以说,以旅游活动的方式来了解胡里山炮台历史,绝大多数都是外地人执行的。当然本地人有其他途径了解胡里山炮台历史,但是对于炮台景区内的空间叙事和符号结构,并不了解。他们了解的胡里山炮台历史,和游客在观光中了解的历史,有很大差异。

(一)一次足矣

胡里山炮台的游客,绝大多数属于国内游客,只有非常少量的外国人和华人华侨。这些游客多数都是第一次来胡里山,很多也是第一次来厦门,588 份问卷中,有 73 人是两次及以上来厦门旅游,只有 19 人是两次及以上来胡里山旅游。选择会推荐给朋友来胡里山旅游的人次很多,有 464 人,但是自己的话则基本上选择不会再来,问及原因,很多人认为,来过一次,知道了胡里山炮台是什么就好了，不需重复旅游一次；认为不好玩、不能欣赏这种历史战地景区的人也有 14 个。因为我们调查的日期安排在夏天，所以有很多游客认为景区太热了，影响了自己的旅游体验，问他们天气凉爽了还会不会再来，几个人客气地表示也许会再来，但是多数人认为已经了解过，不需要再来。

胡里山炮台景区的旅游线路，基本上是从西门进入，沿城墙向南进入战坪区，参观 28 生克虏伯大炮，其他大炮，战坪区地下通道展区，沿中线向北进入兵营区，参观硅像馆，幻影成像全息影像剧场展区，4D 影院，再向北进入后山区，观看清兵演武表演和红夷火炮发射表演，之后自由拍照、休息，参观其他展厅、石雕、碑刻、自然风景等，从西门或者东门出去。除了上述展区，胡里山炮台还用了大量来自福建惠安的影雕技术，将大量文献资料、历史档案、图片、考古资料、来自德国埃森克虏伯历史档案馆的克虏伯大炮详细资料等雕刻在大理石上。胡里上炮台景区虽然不大，但是作为历史战地旅游景点，要完成参观和相关历史的了解，至少扼要阅读历史碑刻，初步估算也要花一个整天的时间。从参观时间来看，游客参观时间多数是在 1～2 小时之内，用 1 小时完成景区参观的游客最多，有 222 人，1.5 小时的有 20 人，2 小时完成的有 188 人，共占 73.1％。在两个小时之内，甚至一些主要的展区都没有办法参观到。在访谈中，有很多游客因为错过了演武表演而感到惋惜，还有一些游客向我们问路，主要是问 4D 影院在哪里。在问及参观遗憾时，尽管有 190 人次选择了没有阅读碑刻内容①，但是多数人在回答"理想中应该花多长时间来参观"问题时，47.6％的人仍旧选择在 1～2 个小时之内，其回答中填写的理想时间大于本次实际参观时间的人，多数也往往只是超出半个小时到一个小时。因此，我们认为，游客所认为的自己"应该花更多时间来阅读碑刻"仅仅是一个理想行为，几乎不会成为实际行为。

(二)观光式旅游历史

种种现象表明，尽管胡里山炮台的游客中散客与团队游客的比例不相

---

① 其他被勾选最多的两个选项是"错过了 4D 电影"184 次，错过了演武表演 153 次，而这些项目尤其是演武表演由于旅行社的时间安排，多数团队游客都有机会体验到。游客对于活态表演、感官身体体验和新科技体验的兴趣大于对于静态陈列的碑刻历史内容的阅读兴趣。

上下,胡里山炮台景区的游客采取的是仍旧是"观光"为主的游览方式①,对于炮台的战地历史和价值认识停留在表面,并且受到景区对于空间结构的安排、展示方式影响很大,大多数游客只是了解到清兵当年曾在此发射火炮这一事实,游客对于边疆海防、战地炮台的历史功能的认同并没有在旅游过程中得到建构。同时,导游词在历史认同建构中也起到了很大的引导作用。从空间安排上来看,胡里山炮台重点展示的是作为武器的克虏伯炮王,和作为历史场景重现的演武表演,而"击沉日舰史料馆"偏于一隅,本来并不是重点展出对象,但是由于导游的介绍,关于胡里山炮台在抗日战争中起到作用和具有爱国主义教育意义仍被多数游客所肯定。除了前面提到的诸如山西游客讨论抗日战争的话题,还有很多游客在访谈中也纷纷表现出对于这段历史的兴趣。我们在跟随团队进行观察的过程中,发现很多导游在解说克虏伯大炮这门进入吉尼斯世界纪录的武器时,或多或少会提到它在抗日保卫战中立有功绩(击沉日舰一艘),有一个导游甚至用非常带有感情色彩的词语如"小日本"进行解说,并且重复多次。很多游客在游览过程中对于抗击日寇的概念仍有追问和相互讨论。

景区有几个地点,是游客喜欢拍照的地方,我们看到游客分别在克虏伯大炮前面、临海的南部城墙边、山顶等几个地方扎堆拍照,另外演武表演结束后很多游客喜欢和身穿清服的官兵合影留念。尽管胡里山炮台景区之外就是美丽的白城沙滩,但是游客仍旧喜欢在炮台景区内选取合适地点与大海合影留念,调查问卷的结果显示,关于最喜欢拍照的地点,游客对于海景和炮王最为青睐,选择与海景留念的人数占 48.6%,选择与克虏伯大炮合影留念的占 49.9%。我们从这里也可以看出胡里山炮台游客对于风景和观光的偏爱,而炮台战地历史之认同建构,则相对弱化。

四、结　论

在胡里山炮台我们访谈一位老人,他在年轻时参军,曾经在漳州和厦门一带军区工作,后来到北京定居,近几十年来,他经常回来探访朋友,重游胡

---

① 一般认为团队游客倾向于观光式,而散客则更倾向于体验型或者学习型方式进行旅游活动。

里山，他印象中最深的就是胡里山炮台在 20 世纪 50—60 年代用广播和大炮发射传单的方式向金门宣传中国统一和同胞回归祖国的历史，80—90 年代胡里山景区刚开放时几乎只有一尊大炮的情况和现在多项丰富展示内容的强烈对比令他十分感慨。

胡里山炮台的旅游开发已经有三十年的历史，在这段时间内，新的文物不断被挖掘，历史档案不断增添，展出内容不断丰富，同时，展出的结构也在不断调整。旅游为胡里山炮台带来了新的空间建构，官厅和瞭望亭的复原、发射红夷火炮的实地操演、工作人员身着清服的迎宾仪式、击沉日舰证据的考古挖掘和史料馆建设，这一切都在为这个战地遗址生产出历史符号：战争、历史感、爱国精神、武器、清政府，等等。胡里山炮台景区向游客推销的历史观、价值观，诸如古代海防的成就、抗英抗日的爱国壮举，以及它刻意或者无意中忽略的历史和价值观，例如海军内战及与台湾的两岸关系历史，内/外界限的模糊化和模棱两可，让我们看到一个历史战地在旅游开发中的话语策略和符号生产能力。而历史战地所代表的不仅仅是对战争的思考，应该也包含对于和平的反思，正如胡里山炮台在清末中美海军和平交流中的角色一样。

至于历史战地的旅游建构和符号生产，我们还应该从游客体验和认知的角度来考察和检验。有些建构会塑造游客的历史认知和对于战地空间的价值观，有些建构却不容易被游客所接受，比如历史墙影雕，虽然翔实地记录了关于克虏伯大炮的历史来历和数据，也记录了胡里山炮台的百年历史，但是游客却更倾向于从表演、实物、解说等内容去感知历史、观光历史，而不是去阅读和学习历史。胡里山炮台旅游开发中还意外生产出副产品，如游客对于炮台上可以欣赏海景的喜爱，以及气候的炎热带来的负面情绪，这些也同样可以看作是对历史战地的旅游建构的检验。

参考文献

一、史籍

[1](晋)郭璞：《葬书》，《文渊阁四库全书》第八〇八册。

[2](梁)萧统著，(唐)李善注：《文选》，北京：中华书局，1997年。

[3](明)何乔远编撰：《闽书》，福州：福建人民出版社，1994年。

[4](明)谢陛：《歙志》，合肥：黄山书社，2010年。

[5](清)魏大名修：嘉庆《崇安县志》，油印本。

[6](清)周凯：道光《厦门志》，厦门：鹭江出版社，1996年。

[7](清)锡德修，石景芬纂：同治《饶州府志》，台北：成文出版社，1975年。

[8]厦门市修志局纂修：《民国厦门志》，上海书店，2000年。

[9]中国第一历史档案馆：《光绪朝朱批奏折》，北京：中华书局，1995年。

二、专著

[1]博寇著，张云等译：《新博物馆学手册》，重庆：重庆大学出版社，2011年。

[2]陈敬聪：摄影画册《蟳埔女》，北京：今日出版社，2007年。

[3]陈国强主编：《陈埭回族史研究》，北京：中国社会科学出版社，1991年。

[4]陈国强、陈清发：《百崎回族研究》，厦门：厦门大学出版社，1993年。

[5]Cresswell, Tim：《地方：记忆、想象与认同》，王志弘，徐苔玲译，台北：台湾群学出版有限公司，2006年。

[6]福建省民俗学会：《惠安民俗研讨会论文集》，厦门：厦门大学出版社，1992年。

[7]葛荣玲：《景观的生产——一个西南屯堡村落旅游开发的十年》，北

京：北京大学出版社，2014年。

[8]郭志超：《畲族文化述论》，北京：中国社会科学出版社，2009年。

[9]顾炎武著，黄珅校注：《天下君国利病书》，上海：上海古籍出版社，2012年。

[10]哈维兰：《文化人类学》（第十版），上海：上海社会科学院出版社，2006年。

[11]韩栽茂：《胡里山炮台与厦门海防要塞》，北京：中央文献出版社，2009年。

[12]洪卜仁：《厦门史地丛谈》，厦门：厦门大学出版社，2007年。

[13]胡汉辉：《厦门胡里山炮台与克虏伯家族的历史情缘》，厦门：厦门大学出版社，2009年。

[14]蒋炳钊：《畲族史稿》，厦门：厦门大学出版社，1988年。

[15]蒋炳钊：《东南民族研究》，厦门：厦门大学出版社，2002年。

[16]劳格文、科大卫主编：《中国乡村与墟镇神圣空间的建构》，北京：社会科学文献出版社，2014年。

[17]李明欢主编：《福建侨乡调查：侨乡认同、侨乡网络与侨乡文化》，厦门：厦门大学出版社，2005年。

[18]李秋香：《福建民居》，北京：清华大学出版社，2010年。

[19]刘冰清、徐杰舜、吕志辉主编：《旅游与景观：旅游高峰论坛2010年卷》，哈尔滨：黑龙江人民出版社，2011年。

[20]路遥主编：《民间信仰与社会生活》，上海：上海人民出版社，2011年。

[21]莫里斯·哈布瓦赫：《论集体记忆》，毕然，郭金华译，上海：上海人民出版社，2002年。

[22]欧挺木（Tim Oakes）、吴晓萍主编：《屯堡重塑：贵州省的文化旅游与社会变迁》，贵阳：贵州民族出版社，2007年。

[23]潘鼐主编：《中国古天文图录》，上海：上海科技教育出版社，2009年。

[24]彭兆荣：《旅游人类学》，北京：民族出版社，2004年。

[25]彭兆荣：《边际族群：远离帝国庇佑的客人》，合肥：黄山书社，2006年。

[26]邱旺土、刘家军、黄鹤：《武夷山民俗文化》，厦门：厦门大学出版社，

2013 年。

[27]泉州历史研究会：《泉州伊斯兰教研究论文选》，福州：福建人民出版社，1983 年。

[28]唐力行主编：《国家、地方、民众的互动与社会变迁》，北京：商务印书馆，2004 年。

[29]涂尔干：《宗教生活的基本形式》，渠东、汲喆译，北京：商务印书馆，2011 年。

[30]汪大白：《和谐风情画廊——唐模》，合肥：合肥工业大学出版社，2011 年。

[31]王明珂：《华夏边缘：历史记忆与族群认同》，台北：允晨文化（繁体版），1997 年；北京：中国社会科学出版社（简体版），2006 年。

[32]王明珂：《英雄祖先与兄弟民族——根基历史的文本与情境》，北京：中华书局，2009 年。

[33]威廉·J.古德著，魏章玲译：《家庭》，北京：社会科学文献出版社，1986 年。

[34]霞浦县畲族编写组：《霞浦县畲族志》，福州：福建人民出版社，1993 年。

[35]厦门市政协文史和学习宣传委员会编：《胡里山炮台与克虏伯大炮》，福州：海风出版社，2006 年。

[36]许承尧：《歙事闲谭》（1936），合肥：黄山书社，2001 年。

[37]姚邦藻等主编：《汪世清谈徽州文化》，北京：当代中国出版社，2004 年。

[38]俞云平、王付兵著：《福建侨乡的社会变迁》，长沙：湖南人民出版社，2002 年。

[39]张海鹏、王延元主编：《徽商研究》，合肥：安徽人民出版社，2010 年。

[40]张建雄、刘鸿亮：《鸦片战争中的中英船炮比较研究》，北京：人民出版社，2011 年。

[41]张誉腾：《生态博物馆：一个文化运动的兴起》，台北：五观艺术管理有限公司，2003 年。

[42]驻闽海军军事编纂室编著：《福建海防史》，厦门：厦门大学出版社，1990 年。

[43]邹全荣：《武夷山村野文化》，福州：海潮摄影艺术出版社，2003 年。

［44］邹全荣：《中国历史文化名村——下梅》，北京：国际炎黄文化出版社，2006 年。

［45］邹全荣：《行走武夷民间》，北京：学苑出版社，2012 年。

［46］Bender，B.（ed.）*Landscape：Politics and Perspectives*，Oxford：Berg，1993.

［47］de Certeau，Michel.，*The Practice of Everyday Life*. Translated by Steven Rendall. Berkeley：University of California Press，1988（1984）.

［48］Cox，Cheryl Anne，*Household Interests：Property，Marriage Strategies，and Family Dynamics in Ancient Athens*. Princeton，N. J. ：Princeton University Press，1998.

［49］Cosgrove，D.，*Social Formation and Symbolic Landscape*. London：Croom Helm，1984.

［50］Cresswell，T.，*Place：A Short Introduction*. Oxford：Blackwell Publishing，2004.

［51］Darby，W. J.，*Landscape and Identity：Geographies of Nation & Class in England*. London：Berg，2000.

［52］Davis，P.，*Ecomuseums：a sense of place*. Newcastle：Newcastle University Press，1999.

［53］Di Giovine，Michael A.，*The Heritage-scape：UNESCO，World Heritage and Tourism*. Lanham：Lexington Books，2009.

［54］Hall，E. T.，*The Hidden Dimension*.（1966）Re-published New York：Anchor Books，1990.

［55］Hirsh，E. and M. O'Hanlon，*The Anthropology of Landscape：Perspectives on Place and Space*. Oxford：Clarendon Press，1995.

［56］Hobsbawm，Eric. & Ranger，Terence，（eds.）*The Invention of Tradition*. Cambridge：Cambridge University Press，1983.

［57］Lefebvre，H.，*The Production of Space*. Oxford：Blackwell，1991（1974）.

［58］MacCannell，D.，*The Tourist：A New Theory of the Leisure Class*. Berkeley：University of California Press，1999（1976）.

［59］Morgan，L. H.，*Houses and House Life of the American Aborigines*，Chicago：University of Chicago Press，1965（1881）.

[60]Rapoport，A.，*House Form and Culture*. Upper Saddle Rivers，N.J.：Prentice Hall，1969.

[61]Urry，J.，*The Tourist Gaze：Leisure and Travel in Contemporary Society*. London：Sage，1990.

[62]Vergo，Peter（ed.）*The new museology*，London：Reaktin books，1989.

三、论文

[1]安来顺:《国际生态博物馆四十年:发展与问题》,《中国博物馆》2011年 Z1 期。

[2]曹春平:《闽南传统建筑特点概述》,《第十六届中国民居学术会议论文集》(上),2008 年。

[3]陈国强等:《百崎回族乡调查》,《惠安方志通讯》1991 年第 6—7 期。

[4]陈佳利:《社区博物馆运动:全球化的观点》,《博物馆学季刊》2004 年第 4 期。

[5]陈元煦:《浅谈惠安白崎回族来源及社会习俗》,《福建师范大学学报》1996 年第 1 期。

[6]戴丽娟:《法国人类学的博物馆时代——兼论人类学物件之特性及实证人类学之建立》,《"中央研究院"历史语言研究所集刊》(77.4),2006 年。

[7]丁玲玲:《闽南文化生态视域下的泉州回族祭祖习俗》,《东南学术》2011 年第 6 期。

[8]范可:《"再地方化"与象征资本:一个闽南回族社区近年来的若干建筑表现》,《开放时代》2005 年第 2 期。

[9]葛赢超:《金贝:一个东南畲村的社会与文化》,厦门大学中国少数民族史硕士学位论文,2014 年。

[10]郭志超:《百崎回族保生大帝信仰民俗的历史考察》,《惠安民俗研讨会论文集》,1992 年,第 252～259 页。

[11]郭志超:《台湾白奇郭回族及其与大陆祖家的交往》,《回族研究》1992 年第 2 期。

[12]郭志超:《泉州湾白奇回族不吃猪肉风俗演变中之宗教因素》,《东南文化》1988 年第 1 期。

[13]河合洋尚:《景观人类学视角下的客家建筑与文化遗产保护》,《学术研究》2013 年第 4 期。

[14]胡正恒、余光弘:《兰屿的地名:兰屿地志资料库介绍》,《民族学研究所资料汇编》第 20 卷,2007 年,第 185～244 页。

[15]黄向春:《畲族的凤凰崇拜及其渊源》,《广西民族研究》1996 年第 4 期。

[16]纪金雄:《基于共生理论的古村落旅游利益协调机制研究——以武夷山下梅村为例》,《江西农业大学学报》2011 年第 2 期。

[17]林俊杰:《华侨农场政策执行状况研究——以竹坝华侨农场为例》,华侨大学历史学硕士学位论文,2014 年。

[18]毛俊玉:《生态博物馆只是一种理念,而非一种固定的模式——对话潘守永》,《文化月刊》2011 年第 10 期。

[19]潘守永:《"第三代"生态博物馆与安吉生态博物馆群建设的理论思考》,《东南文化》2013 年第 6 期。

[20]单霁翔:《关于浙江安吉生态博物馆聚落的思考》,《中国文物科学研究》,2011 年第 1 期。

[21]苏东海:《中国生态博物馆的道路》,《中国博物馆》2005 年第 3 期。

[22]苏东海:《在安吉生态博物馆建设方案研讨会上的书面发言》,《中国文物报》2010 年 12 月 29 日第 6 版。

[23]王平:《文化遗产:泉州回族历史与文化特性的记忆与表达》,《回族研究》2013 年第 1 期。

[24]吴理财:《民主化与中国乡村社会转型》,《天津社会科学》1999 年第 4 期。

[25]吴文智:《从双第华侨农场的发展看福建华侨农场的发展和未来前景》,厦门大学专门史硕士学位论文,2001 年。

[26]武雅士:《神、鬼和祖先》,张珣译,《思与言》1997 年第 3 期。

[27]萧春雷:《鸦片战争中的厦门之战》,《福建乡土》2007 年第 2 期。

[28]肖竞:《历史村镇文化景观构成与保护研究》,重庆大学城市规划与设计硕士学位论文,2008 年。

[29]肖坤冰:《帝国、晋商与茶叶——十九世纪中叶前武夷茶叶在俄罗斯的传播过程》,《福建师范大学学报》2009 年第 2 期。

[30]徐润林、李侠、陈家平:《泉州蟳埔村"蚵壳厝"牡蛎壳来源初考》,《中国文物科学研究》2013 年第 1 期。

[31]叶明生:《福建道教女神陈靖姑信仰文化研究》,《临水夫人陈靖姑

研究:第三届闽台两岸陈靖姑文化学术研讨会论文集》,2002 年。

［32］杨阳:《国家与国家之外——泉州回族伊斯兰文化重建中的国家与民间社会》,厦门大学人类学硕士学位论文,2009 年。

［33］叶国庆:《李贽先世考》,《历史研究》1958 年第 2 期。

［34］张宏亮:《近代浙江安吉竹业发展历史初探》,《世界竹藤通讯》2013 年第 2 期。

［35］张静:《文化与徽商兴衰浅谈》,《滁州学院学报》2006 年第 2 期。

［36］张晓宁:《畲族传统民居建筑与居住文化研究》,浙江农林大学设计学硕士学位论文,2015 年。

［37］赵红英等:《建国以来侨务政策的回顾与思考》,国务院侨务办公室政研司编辑出版:《侨务课题研究文集》(2000—2001 年度)。

［38］钟涛:《福建古村落的开发与保护——以武夷山市下梅村为例》,厦门大学人类学硕士学位学位论文,2013 年。

［39］ Becken, Susanne. "Developing a Framework for Assessing Resilience of Tourism Sub-Systems to Climatic Factors", *Annals of Tourism Research*, Vol. 43 (2013): 506-528.

［40］Esber, Jr., G. S., "Designing Apache houses with Apaches". in Robert M. Wulff ＆ Shirley J. Fiske (eds.) *Anthropological Praxis: Translating Knowledge into Action*. Boulder, Co: Westview Press, 1987. pp. 187-196.

［41］Greer, C. S Donnelly, and J. Richly, "Landscape Perspective for Tourism Studies", in Daniel C. Knudsen, Michelle M. Metro-roland, Anne K. Soper, Charles E. Greer. *Landscape, Tourism and Meaning*. Burlington: Ashgate, 2008, pp. 9-18.

［42］ Querrien, Max, "Taking the Measure of the Phenomenon", *Museum International*, 37(4), 1985: 198-199.

［43］de Varine, H., "Ecomuseum or community museum?: 25 years of applied research in museology and development", *Nordisk Museologi*, 1996(2): 21-26.

四、其他

［1］安吉生态博物馆:《安吉生态博物馆情况汇报》,内部资料,2012 年。

［2］联合国教科文组织:《保护世界文化和自然遗产公约》,1972 年。

［3］《马六甲同安曾厝社御史熹鲁祖陈氏家族会卅六周年纪念特刊》，曾厝村陈氏家庙藏。

［4］厦门大学人类学研究所竹坝农场调查小组：《竹坝华侨农场田野报告》，2001年，未出版。

［5］中共黄山市委办公厅、黄山市人民政府办公厅：《关于印发〈黄山市"百村千幢"古民居保护利用工程实施方案〉的通知》，2009年11月5日。

［6］族谱资料：陈祯祥编：《陈氏族谱》，民国五年（1916年）；《白奇郭氏族谱》（台北重刊版），1989年；《新安歙北许氏东支世谱》。

［7］网络与媒体资料：百度百科；汉典；中华人民共和国财政部网站；闽南网；泉州历史网；泉州文化产业网；百崎乡人民政府网站；百崎乡政府微信公众号；"微翔安"微信公众号；唐模景区官方网站；《黄山晨刊》。

后 记

本书为厦门大学 2015 年度"中央高校基本科研业务费专项资助项目"课题成果,课题名称为"东南少数民族村寨景观遗产保护与研究",课题号(20720151150)。作为东南族群关系与海洋文化丛书之一,本书特别选取了福建、浙江、安徽等东南地区的 8 个传统村落景观保护与开发案例,采取"整体观"与"多样性"两个人类学视角分别进行资料搜集,并在此基础上进行比较,以总结东南区域的村寨景观的个性与共性,对它们当前采取的旅游开发方式,未来可持续发展的可能性进行了总结分析,同时也补充了村寨生态博物馆概念和实践以及同地区关于旅游景点游客认知的研究论文,以作为参考。

本书得以成稿和出版,特别感谢厦门大学给予的立项资助。感谢厦门大学人类学与民族学系主任张先清教授,他辛苦帮课题组申请到了田野经费,并在我们的研究过程中给予指导和督促。感谢俞云平、林琦、蓝达居、刘家军等老师在课题所涉及的几个田野点对于我们调查组的指导和资料贡献。感谢田野调查中接触的当地报道人,与我们无私分享了他们的各种历史记忆、地方性知识与自己的想法。感谢厦门大学出版社将之出版,尤其是厦大出版社薛鹏志先生为本书的顺利出版给予了特别多的帮助。

书稿是全体课题组成员共同努力的成果。课题组成员较为年轻,除了课题组长葛荣玲助理教授和少部分成员如俞云平副教授、林琦副教授是厦门大学人类学与民族学系的硕士生导师,还有很多硕士研究生和本科生参与了田野工作。特别要感谢这些年轻的学子,他们是硕士生杨文皓、戴洁茹、阿迪娜·扎衣尔、雷鸣、傅浩相(已转学至香港浸会大学)等,本科生王天羽、周向欣然、耿缙、王声枫等等。他们除了参与田野,帮助收集、拍摄和整理资料,也对书稿的写作提供了重要建议,表现出令人欣慰的学术萌芽之态,有的还参与了章节的撰写工作,主要包括第四章(杨文皓),第五章(俞云平、雷鸣),第六章(戴洁茹、阿迪娜·扎衣尔)和第八章(戴洁茹)。

特别需要指出的是,厦门大学近几年来实行了本科生导师制,设立了人文科学实验班、拔尖班、大学生创新创业训练计划等丰富多样的本科培养计划项目,鼓励导师的课题研究与本科生培养结合起来,以研究性方式培养特别具有学术潜力的本科生。获得本课题后,我邀请了我所指导的两个2013级本科生王天羽和周向欣然加入。她们欣然接受,参与了泉州蟳埔社区的田野调查,通过本次训练,她们进步明显,对于村寨景观遗产表现出浓厚的兴趣。在此基础上,她们两个一起组队以"对漳浦诒安堡的人类学研究"为题目申报到了厦门大学"2016年大学生创新创业训练计划项目",继续从人类学景观遗产保护角度对闽南地区的诒安堡古村落进行调查。另外一个我所指导的2014级本科生傅育繁带队的"少数民族传统村落文化景观保护——以阿坝县神座村为例"课题也获得了立项。戴洁茹和阿迪娜·扎衣尔则继续选择徽州的唐模和泉州的百崎回族乡作为硕士学位论文田野点,相信她们在课题研究的基础上会取得更大成就。学生的进步无疑是我们进行本课题研究所得到的最大回报。

葛荣玲

于厦门大学南光楼

2016 年 5 月 30 日